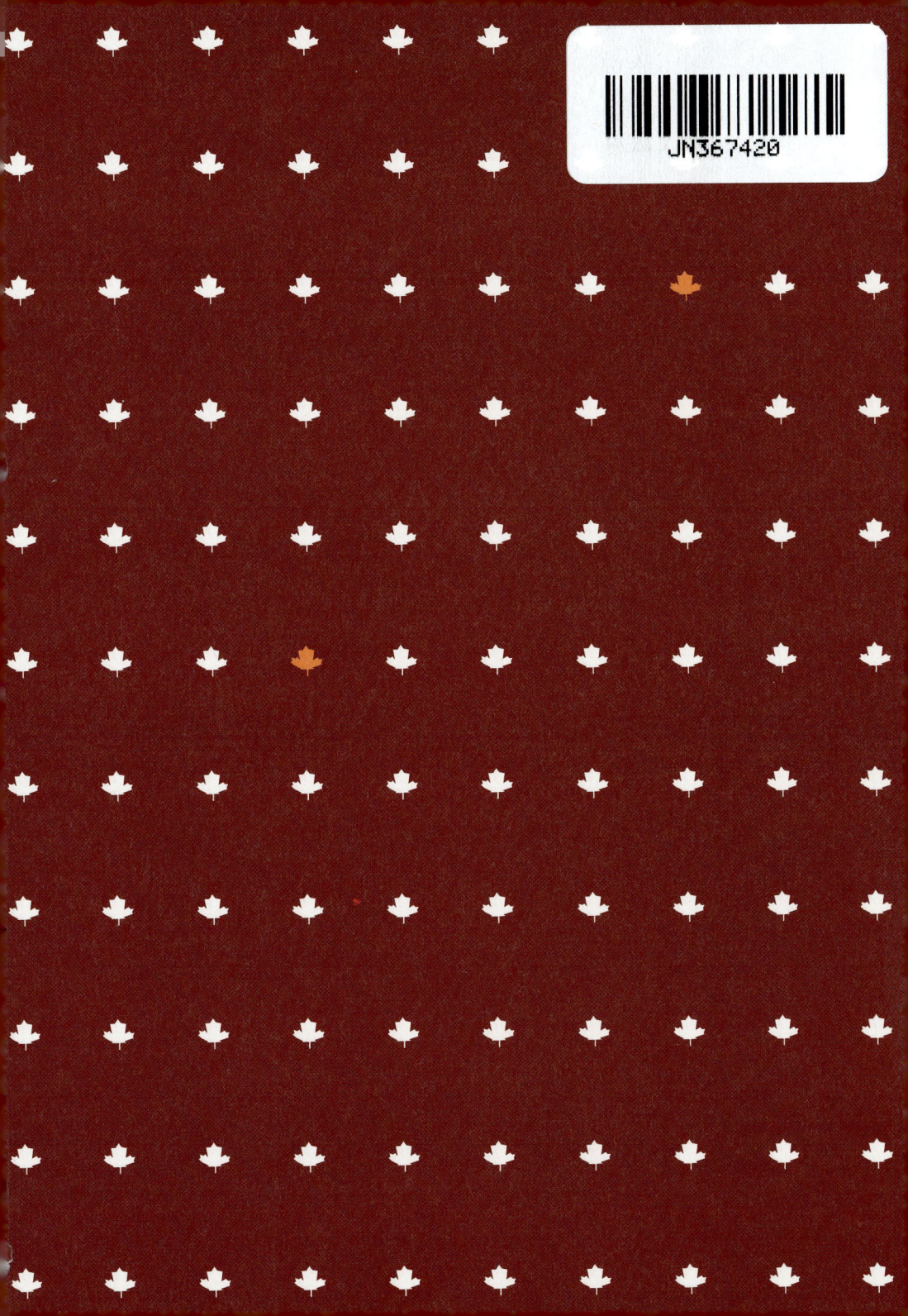

SURVIVAL ENGLISH

내 인생을 바꾸는

NEW 캐나다에서 홀로서기

SURVIVAL ENGLISH

내 인생을 바꾸는

NEW
캐나다에서 홀로서기

지은이 이주영 한용석
감수자 Jeeho Kim 유유현

저자의 말
INTRODUCTION

그동안 캐나다의 이곳저곳을 여행하였고 경험한 것도 많은 터라 캐나다에 대해서는 누구보다 잘 안다고 생각했다. 그러나 이 책을 집필하기 위해 보충자료를 수집하면서 내가 알고 있던 캐나다는 빙산의 일각이라는 생각이 들었다. 그만큼 캐나다는 숨은 매력이 많은 나라였다.

맨 처음 캐나다에 갔을 때만 해도 준비 없이 무작정 떠났다. 그 덕분(?)에 입국심사부터 어려움을 겪기도 했다. 해외연수 경험이 있었기에 나름 충만한 자신감으로 캐나다로 떠날 준비를 소홀히 했던 것이다. 아무리 외국생활을 많이 해봤다 하더라도 그 나라마다 꼭 알아두어야 할 것이 있으며 사전에 준비하지 않으면 안 되는 것들이 있다. 하물며 처음 외국생활을 하는 사람이라면 더 말할 것도 없다.

필자가 말하고자 하는 준비는 관련 책자를 뒤지고 폭풍검색을 통한 정보수집만을 의미하는 것은 아니다. 캐나다에서 어떻게 생활하고 무엇을 얻어올 것인지에 대해 구체적인 계획을 세우고, 그에 맞는 최소한의 경비를 마련하고, 영어공부도 미리 해두라는 것이다. 준비된 사람에게는 그만큼의 기회가 더 찾아오기 마련이다.

영어를 나름 한다고 생각했지만 그래도 늘 캐나다인들 앞에 서면 떨린다. 그러다가도 'Your English is good.'이라는 말을 들으면 금새 기분이 좋아져 마구 말을 쏟아낸다. 영어를 잘 하지 못한다고 해서 입을 꾹 다물고 있다면 캐나다에서 아무리 오래 생활하다 온들 얻는 것이 없음을 명심해야 한다.

그리고 영어공부만큼이나 캐나다에서 할 수 있는 다양한 경험을 해보라고 권하고 싶다. 축제에 참여하여 현지인들과 함께 여흥을 즐겨보기도 하고, 인턴십이나 자원봉사 활동에도 참여하여 보람되고 뜻 깊은 일을 해보라는 것이다. 그 속에서 분명 얻는 것이 있다.

캐나다에서 공부하고 여행하는 동안 우여곡절도 많았지만 좋은 사람들을 많이 만났고 그 삶 속에서 배우고 얻은 것이 더 많았다. 캐나다에서 제2의 삶을 꿈꾸고 있다면 망설이지 말자. 당신의 열정에 이 책을 더하면 거칠 것이 없다.

마지막으로 꼭 해주고 싶은 말은, 캐나다에 있는 동안 마음껏 즐기라는 것이다.
"Enjoy your life in Canada!"

이주영, 한봉석

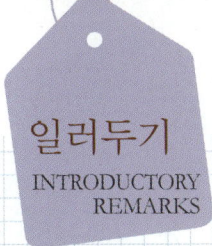

일러두기
INTRODUCTORY REMARKS

1. 이 책은 캐나다 현지 사정과 필자의 캐나다 현지 경험을 바탕으로, 꼭 필요한 정보와 영어 표현을 수록한 알짜배기 캐나다 체험 지침서입니다.

2. 캐나다 비자를 준비하는 과정에서부터 캐나다에서 홀로서기를 위한 유용한 정보들까지 모든 상황에 대한 정보와 상황별 영어회화를 담았습니다.

3. 책 속에 포함된 QR코드는 다양한 콘텐츠와 연동되어 있습니다. 재미있는 파트별 에피소드와 책 속에 수록된 영어회화를 원어민의 음성으로 직접 들어볼 수 있으며, 책 속에 다 담지 못한 플러스 정보까지 준비되어 있습니다. 또한 영어공부를 하고, 캐나다의 정보도 얻을 수 있는 교육자료를 동영상으로 만나볼 수 있습니다.
스마트폰 사용자가 아닌 경우, 〈타임스터디 네이버블로그(http://blog.naver.com/timeuni)〉를 통해 QR코드와 연동된 콘텐츠를 확인할 수 있습니다.

4. 이 책에 실린 정보는 2014년 1월까지 수집한 정보를 바탕으로 하였습니다. 만일 변경된 내용이나 새로운 정보가 있다면 국민출판사(kukminpub@hanmail.net, www.kukminpub.com)로 연락 주시기 바랍니다.

〈QR 설명〉

교육자료
본문과 관련해 알아두면 좋은 스마트한 영상정보를 영어 스크립트와 함께 구성했습니다.

에피소드와 MP3
책 속에 다 담지 못했던 저자의 생생한 에피소드와 상황별 영어회화를 재미난 글과 MP3 음성으로 만나볼 수 있습니다.

플러스 정보
나에게 맞는 비자 찾는 법, 온라인으로 학생비자 신청하는 법 등 실제로 해보지 않고서는 알 수 없는 깨알 같은 정보들을 이미지와 동영상으로 확인할 수 있습니다.

상황별 영어회화
캐나다로 가는 비행기 안에서부터 귀국하는 순간까지, 현장에서 바로 사용 가능한 상황 영어를 책에 있는 예문과 함께 들을 수 있습니다.

3D 지역 정보
캐나다의 주요 여섯 도시의 지역 정보를 생생한 3D로 볼 수 있습니다.

목차
CONTENTS

Part 1. 출국 준비
1. 비자별 종류와 선택 요령 — 12
2. 학생비자 신청하기 — 17
3. 워킹홀리데이 비자 신청하기 — 24
4. 지역 선택하기 — 40
5. 영어연수를 위한 학교 선택 — 51
6. 항공권 구매하기 — 58
7. 출국 전 준비 및 짐 꾸리기 — 61

Part 2. 출발하기
1. 출국하기 — 72
2. 입국심사 및 세관신고 — 77
3. 공항에서 다운타운으로 가는 교통편 — 88

Part 3. 숙박 구하기
1. 호스텔 & 백팩 — 100
2. 홈스테이 — 110
3. 셰어하우스 & 렌트 — 115

Part 4. 생활하기
1. 전화 이용하기 — 128
2. 은행 이용하기 — 141
3. 대중교통 이용하기 — 154
4. 음식 이야기 — 167
5. 식료품 & 생활용품 구입하기 — 178
6. 쇼핑하기 — 189
7. 문화생활 즐기기 — 193
8. 공공도서관 이용하기 — 205
9. 우체국 이용하기 — 210
10. 인터넷 이용하기 — 215
11. 병원, 약국 이용하기 — 221

Part 5. 현지 친구 & 영어 공부하기

1. 친구 사귀기   232
2. 영어 공부하기   236
3. 스펙 높이기(인턴십/자원봉사)   241

Part 6. 일자리 구하기

1. SIN 카드 발급   248
2. 영문 이력서 작성하기   251
3. 일자리 구하기   256

Part 7. 여행 준비 & 주요 여행지

1. 여행정보 수집 및 계획 세우기   264
2. 장거리 여행하기   267
3. 주요 여행지   273

Part 8. 문제상황 해결하기

1. 물건을 분실했을 때   290
2. 교통사고가 났을 때   295

Part 9. 귀국 준비

1. 세금 환급   300
2. 최종 마무리   303
3. 항공예약 상황 체크하기   305
4. 공항에서   307

부록

주요 도시 다운타운 지도   314
주요 도시 전철 노선도   317
캐나다에서 사용되는 단위   321
유용한 무료 스마트폰 앱   322
퀘벡 주에 가기 전 알고 가면 좋은
기본 프랑스어   326
추천 어학연수 학교   329
캐나다에서 대학교 진학   338
체험기   341

성공적인 홀로서기를 위한
10계명

1. 자신만의 목표를 세워라

물론 경험자의 추천에 따라 목표를 세우는 것도 하나의 방법이다. 하지만 남들과 똑 같은 목적, 획일적인 목표를 세우기 보다는 자신이 캐나다에 가는 목적과 얻고자 하는 것이 무엇인지 명확히 정하고, 자신만의 목표를 세워보자. 처음부터 거창하고 어려운 목표를 세우면 쉽게 포기할 수 있다. 작은 것부터 시작해서 목표를 이룰 때마다 좀 더 높은 목표를 다시 정하는 것이 바람직하다.

2. 계획하고 준비하라

아무 계획 없이 자신감만 가지고 떠나는 것이 가장 위험하다. 어떤 이는 백만원만 가지고도 잘 살았다거나 또 다른 이는 영어를 하나도 못했는데도 일자리를 잘 구했다는 말만 믿고 준비 없이 가는 사람들이 제법 있다. 물론 그렇게 떠나도 얻는 것이 있겠지만, 목적에 맞게 계획을 세우고 최소한의 경비와 기본적인 영어를 준비한 사람은 더 많은 기회를 잡을 수 있다.

3. 캐나다에 대해 알고 떠나라

부푼 꿈을 안고 캐나다 행을 결정했다면 현지 친구를 사귀고 싶다는 생각을 할 것이다. 하지만 막상 가보면 생각만큼 쉽지만은 않다고 느낀다. 한국에서와 마찬가지로 처음 누군가와 가까워지려면 공통관심사가 필요하다. 캐나다에 대해 알고 떠난다면 그들과의 대화가 좀 더 수월할 것이다.

4. 한국에서와 똑같은 생활을 하지 마라

간혹 한국에서와 똑같이 생활하는 사람들을 만나곤 한다. 한국 사람하고만 어울리고, 한국 음식만 먹고, 한국 드라마만 보고, 한국 식당에서 일한다. 이민자라면 모르겠지만 1~2년 있다가 돌아갈 사람이라면 캐나다에서의 생활을 최대한 활용하라고 말해주고 싶다.

5. 생활 속에서 영어를 활용하라

캐나다에서 1년을 생활했는데도 영어 쓸 일이 많지 않았다고 말하는 사람이 있다. 그런 사람이 한국 돌아와서 우리말을 쓸 기회가 없다고 말할까? 그렇지 않다. 한국에서 우리말을 쓰듯 캐나다에서도 생활하면서 영어를 활용해야 한다. 영어를 쓸 기회는 스스로 만드는 것이다. 물건을 살 때도 물어보고, 음식 주문도 직접 해보자.

6 외국인 친구를 사귀어라

말이 통하다 보니 캐나다에서도 한국사람 사귀는 것이 가장 쉽다. 하지만 영어가 서툴더라도 외국친구를 사귀도록 노력해보자. 영어실력 향상에 도움이 되는 것은 물론이고 다른 나라 문화를 알아갈 수 있는 좋은 기회가 될 것이다. 외국친구를 사귐으로써 분명 캐나다 생활의 만족도가 배가 될 것이다.

7 초심을 잃지 말라

처음에는 강한 의지를 불태우다가도 3~4개월쯤 지나면 슬럼프에 빠지게 된다. 내가 왜 이 고생을 하러 여기에 왔을까 후회하는 사람도 있다. 그러다 보면 밤새 술을 마시고 그 다음날 생활마저 엉망이 되기도 한다. 이럴 때일수록 초심으로 돌아가 자신이 이루고자 했던 것은 무엇인지 다시금 되짚어 보고, 캐나다 행을 준비하면서 설레었던 마음을 떠올려보자.

8 인턴십, 자원봉사 등의 활동에 참여해 보라

캐나다는 인턴십, 자원봉사 활동이 활성화 되어 있다. 이런 활동에도 적극적으로 참여해 보라고 권하고 싶다. 캐나다의 사회문화를 접할 수 있으며, 의미 있고 보람된 일이기도 하다. 또한 영어실력 향상에 도움이 될 뿐 아니라, 현지인을 사귈 수 있는 좋은 기회이기도 하다.

9 적극적인 자세를 가져라

다른 사람이 먼저 다가와주기를 바라지 말고 내가 먼저 적극적으로 다가가자. 적극적인 사람일수록 주변에 친구가 더 모인다. 영어를 못하는 것도 아닌데 외국친구들과 있을 때면 있는 듯 없는 듯 조용히 있는 사람이 있다. 소극적인 자세는 버리고 조금 더 자신감을 갖고 사람들과 어울리도록 노력해 보자. 어느새 당신은 인기 있는 사람이 되어 있을 것이다.

10 광활한 캐나다를 여행하라

귀국하기 전 꼭 한 번은 광활한 캐나다를 여행해보자. 캐나다에는 로키산맥, 나이아가라폭포 뿐 아니라 빼어난 경관을 자랑하는 곳이 많다. 거대한 자연 앞에 서면 그 경이로움에 한 없는 감동을 받게 된다. 또한 여행지마다 새로운 친구를 만날 수 있다는 설렘도 있다.

ve Money
TC Stude
t Card.
CANA
thing to do.

416-393-INFO (4636)

내 | 인 생 을 | 바 꾸 는 | 캐 나 다 에 서 | 홀 로 서 기

Part I

출국 준비

1. 비자별 종류와 선택 요령

캐나다 출국 전 가장 중요한 준비는 비자법과 특징을 정확하게 알고 자신에게 맞는 비자를 선택하는 것이다.

그러려면 비자를 신청하기에 앞서 자신이 캐나다에 가는 목적이 무엇인지를 먼저 생각해봐야 한다.

대부분의 학생들이 아르바이트, 공부, 여행 등 다양한 목적을 가지고 있겠지만 캐나다에서의 학업기간은 얼마나 계획하고 있는지, 캐나다에서 얼마나 체류할 것인지, 무엇을 할 것인지, 아르바이트는 할 것인지 등을 고려하여, 여러 비자 중 자신에게 맞는 비자를 선택해야 한다.

캐나다 비자로는 방문비자(Visitor Visa), 학생비자(Study Permit), 워킹홀리데이 비자(Working Holiday Visa), 산학연계 비자(Co-Op visa), 취업비자(Work Permit) 등이 있다.

나는 어떤 비자가 필요할까? 체크해보자!

캐나다 이민성 사이트(http://www.cic.gc.ca/ctc-vac/cometocanada.asp)에 접속하여 자신의 상황에 맞게 질문에 답하면 어떤 비자가 적합한지 알려준다.

캐나다 이민성 사이트
http://www.cic.gc.ca/english
비자법은 수시로 변경될 수 있으므로 비자준비 중에는 항상 최신 정보를 이민성 사이트에서 확인해야 한다.

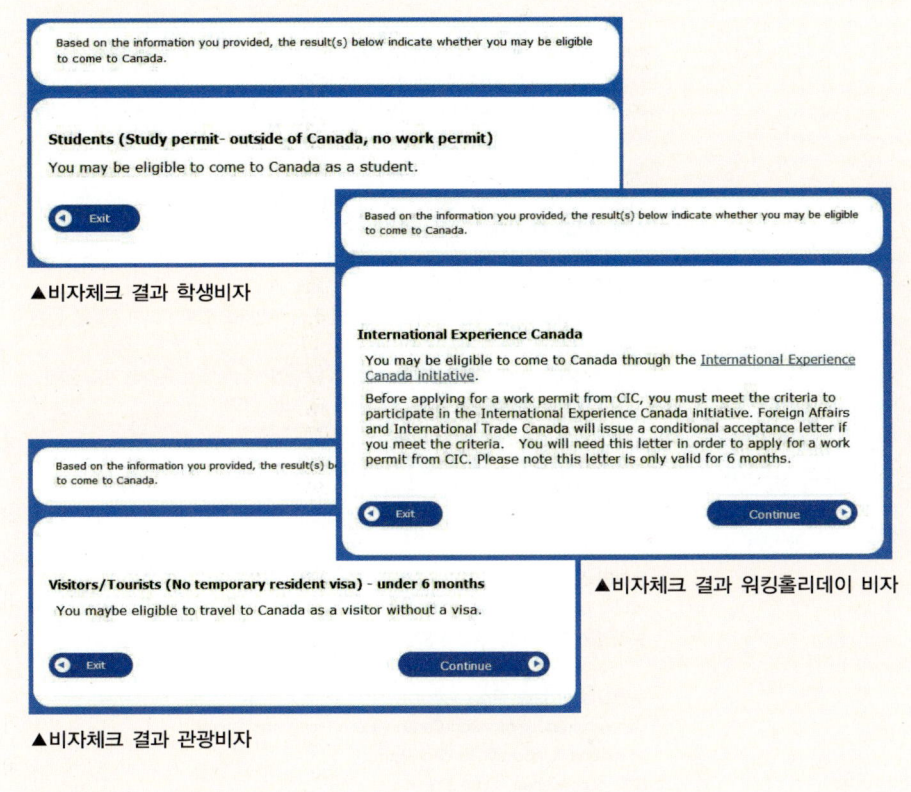

▲비자체크 결과 학생비자

▲비자체크 결과 워킹홀리데이 비자

▲비자체크 결과 관광비자

각 비자별 특징을 비교해 보자.

방문비자 Visitor Visa
한국과 캐나다는 무비자 협정국으로, 국내에서 별도의 비자 신청을 하지 않아도 캐나다 입국 시 입국심사를 통해 체류 기간이 정해진다. 방문비자로 처음 입국 시 허가 받을 수 있는 체류 가능 기간은 최대 180일이며, 현지에서 방문비자 연장신청을 통해 3~6개월 정도 추가로 체류를 할 수도 있다.
방문비자로는 최대 6개월까지 어학연수 또는 전문과정을 수강할 수 있다.
· 장점 별도의 비자 신청 없이 6개월 미만의 어학연수 및 체류가 가능.
· 단점 입국심사 시 체류기간이 정해지므로, 인터뷰 준비를 잘 해야 함.

캐나다 현지에서 방문비자 연장신청

캐나다 현지에서 방문비자 연장을 신청하려면, 비자 만료 약 2~3개월 전에 신청하는 것이 좋다. (최소 30일 전에는 신청해야 하며, 우편 또는 온라인에서 가능하다.) 비자 승인이 되면, 체류 기간이 명시된 승인레터와 함께 신체검사 용지를 받는다. 신체검사 용지를 가지고 지정병원에서 신체검사를 받으면 결과는 이민성으로 보내진다.

* **신청 시 필요한 서류**
  - 여권복사본 (사진과 서명 날인된 면)
  - 사진
  - 입국심사 도장이 찍힌 면의 복사본 (입국 시 이민국으로부터 비자 종이를 받은 경우에는 방문비자 복사본)
  - 방문비자 연장 수수료(CA$75) 납부영수증 (은행에서 납부 또는 온라인 카드 결제)
  - 영문 잔고증명서 (체류희망 기간 1개월 당 천불 정도)
  - 방문비자 연장 신청서 (우편 접수의 경우)
  - Document Check List (우편 접수의 경우)
  - 리턴 항공권 (우편 접수의 경우)
  - 방문비자 연장신청 사유서 (옵션)

* **온라인 신청**
  캐나다 이민성 사이트(http://www.cic.gc.ca/ctc-vac/getting-started.asp)에서 신청 가능
  온라인 신청 시에는 사진과 증빙 서류를 스캔하여 파일로 첨부해야 함.

* **우편신청 시 발송 주소**
  Citizenship and Immigration Canada, Case Processing Centre
  Visitor and Temporary Resident Permit
  6212-55th Avenue - Unit 303
  Vegreville, AB (우편번호 T9C 1W1)

학생비자/유학허가증 Study Permit

캐나다에서 6개월 이상 학업을 계획하고 있다면, 학생비자를 받아야 한다.
학생비자로 체류가 가능한 기간은 보통 학교 등록기간에 플러스 1~2개월 정도이나, 정확한 기간은 캐나다 입국심사 때 결정된다.
학업을 계속하고자 할 경우 캐나다 현지에서 학생비자 연장도 가능하며, 방문비자로 전환도 가능하다.
캐나다는 어학연수를 위한 학생비자만으로는 합법적으로 아르바이트가 불가능하지만, 정규 대학 과정을 위해 학생비자를 받은 경우에는 교내에서의 취업 또는 6개월 이상 학업기간이 지난 후부터 취업허가(off campus work

permits)를 받아 학교 밖에서도 합법적으로 아르바이트가 가능하다.
- 장점 장기영어연수 및 정규대학 과정을 계획하는 학생에게 적합.
- 단점 비자 신청 시 요구하는 서류가 많으며 심사가 까다로움.

워킹홀리데이 비자 Working Holiday Visa

'International Experience Canada'라 불리는 캐나다의 워킹홀리데이 비자는 캐나다에서 합법적으로 1년간 체류하면서 여행도 하고 최대 6개월까지 공부도 할 수 있는 비자이다. 또한 합법적인 취업을 통해 여행경비 및 생활비, 연수 자금을 마련할 수 있다.

캐나다 워킹홀리데이 비자는 1년에 2회로 신청 기간이 정해져 있으며, 워킹홀리데이 비자 선발 인원보다 신청자가 훨씬 많기 때문에 비자를 받기에 어려움이 많다. 또한 워킹홀리데이 관련 비자법이 자주 변경되며 비자를 발급받는 절차나 준비 서류가 까다롭기 때문에, 캐나다 이민성 사이트에서 공지를 잘 체크하여 준비하는 것이 좋다.

- 장점 1년 동안 체류하면서 취업, 어학연수가 가능.
- 단점 나이와 선발인원에 제한이 있으며, 비자승인까지 시간이 오래 걸림.

산학연계 비자 Co-Op work permit

교육내용에 유/무급 현장실습이 포함되어 있는 과정을 등록한 경우, 현장실습을 합법적으로 할 수 있도록 허가하는 코업(Co-Op)비자를 학생비자와 함께 받아야 한다.

코업비자를 받기 위해서는, 학생비자 신청 자격을 갖추고 있어야 하며, 현장실습 과정이 전체 교육과정의 50%를 초과하지 않아야 한다. 따라서 등록한 교육기관으로부터 발급받은 입학허가서 원본에는 현장실습 내용뿐 아니라 정확한 프로그램 기간이 명시되어 있어야 한다. 또한 이러한 취업이 교육과정의 필수적인 부분에 해당한다는 확인서를, 등록한 교육기관으로부터 발급받아 제출해야 한다.

코업비자는 한국 또는 캐나다 현지에서 신청 가능하나, 교육기관에 따라 캐나다 입국 전에 학생비자와 함께 코업비자를 받아야 하는 경우도 있기 때문에 반드시 교육기관에 미리 확인을 받아야 한다.

비자별 심사기간을 체크하는 사이트
http://www.cic.gc.ca/english/information/times/temp.asp

오픈 취업허가증(Open work permit)
오픈 취업허가증이란, 고용주가 정해지지 않아도 신청이 가능한 비자로, 워킹홀리데이 비자, 배우자의 work permit, Post-graduation work permit(공립컬리지 졸업 후 받을 수 있음), Off campus work permit, co-op work permit이 오픈 취업허가증의 일종이다.

취업허가증 Work Permit

캐나다 시민권자나 영주권자가 아닌 사람이 캐나다 현지에서 취업을 하고자 할 경우, 현지 고용주로부터 채용 제의서를 먼저 받고 취업허가증을 신청해야 한다.

또한 HRSDC(캐나다 인력사회개발부)로부터 발급 받은 LMO(긍정적인 고용 시장 의견서)확인서도 고용주로부터 받아 취업허가증 신청 시에 제출해야 한다.

단, 오픈 취업허가증(Open work permit)을 신청하는 경우나 취업허가증 면제 직종일 경우에는 LMO가 요구되지 않는다.

비자종류	체류 가능 기간	학업	아르바이트	비자연장
방문비자 (Visitor Visa)	최대 6개월	YES (최대 6개월)	NO	YES
학생비자 (Study Permit)	학업기간+1~2개월	YES (과정기간만큼)	NO (예외:정규과정/ 코업과정)	YES
워킹홀리데이 비자 (International Experience Canada)	1년	YES (최대 6개월)	YES	NO

2. 학생비자 신청하기

캐나다 학생비자는 유학허가증(Study permit)이라 부르며, 6개월 이상 영어연수를 계획한 경우나 정규 대학 과정으로 진학을 목적으로 하는 사람이라면, 캐나다 학생비자를 신청하면 된다.
캐나다 비자법에 학생비자 신청이 가능한 나이가 제한된 것은 아니지만, 현재 대학생도 아니고 오랫동안 특별한 경력이 없는 경우, 자신의 전공이나 과거 경력과 무관한 전공으로 학교 등록 후 학생비자를 신청할 경우, 비자가 거절될 확률이 높은 편이다. 따라서 학생비자를 신청할 경우에는 전문 유학 수속기관에 상담을 받는 것이 좋다.
기존에는 학생비자 신청서와 필수 서류를 주한 캐나다 대사관으로 보냈으나, 2013년 1월 28일부터는 주한 캐나다 대사관에서 비자관련 업무를 보지 않게 되면서, 필리핀 마닐라 주재 캐나다 대사관에서 비자심사가 이뤄진다.
변경 이후 학생비자 신청은 온라인, 오프라인으로 모두 가능해졌다.

온라인 비자 신청

먼저 캐나다 이민성 사이트에서 몇 가지 질문에 답하면 온라인 비자 신청에 필요한 'personal checklist code'를 부여 받게 되며, 질문에 대한 자신의 답변을 기준으로 제출해야 할 서류들이 무엇인지 알려준다. 비자 신청서를 작성하고 필요한 서류들을 스캔해서 파일로 준비 후, 온라인으로 신청한다.
온라인 비자 신청 시 도움말을 클릭하면서 따라하면 어렵지 않게 할 수 있다. 하지만 영어 실력이 부족한 경우에는 실수를 할 수 있으므로 전문유학센터의 도움을 받도록 하자.

주필리핀 캐나다 대사관
웹사이트
http://manila.gc.ca
비자관련 문의
manila-im-enquiry@international.gc.ca

캐나다 이민성 CIC
(Citizenship and Immigration Canada)
http://www.cic.gc.ca

1) personal checklist code 받기

이민성 사이트(http://www.cic.gc.ca/ctc-vac/cometocanada.asp)에서 기본 정보를 입력하고 질문에 답하면 마지막 단계에서 온라인 비자 신청에 필요한 personal checklist code를 받을 수 있다.

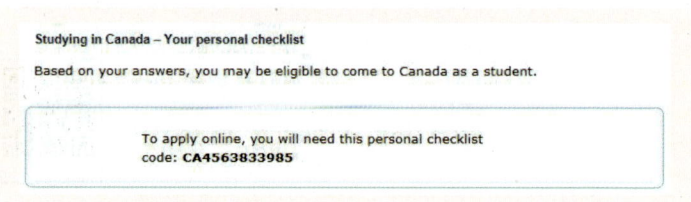

2) 마지막 단계에서 Personal checklist code가 생성되면, 자신이 제출해야 할 서류들이 무엇인지 알려준다.

똑같은 케이스라 해도 요구하는 서류는 달라질 수 있다. 작성해야 할 서류들은 모두 링크되어 있으니, 다운받아 작성하면 된다.

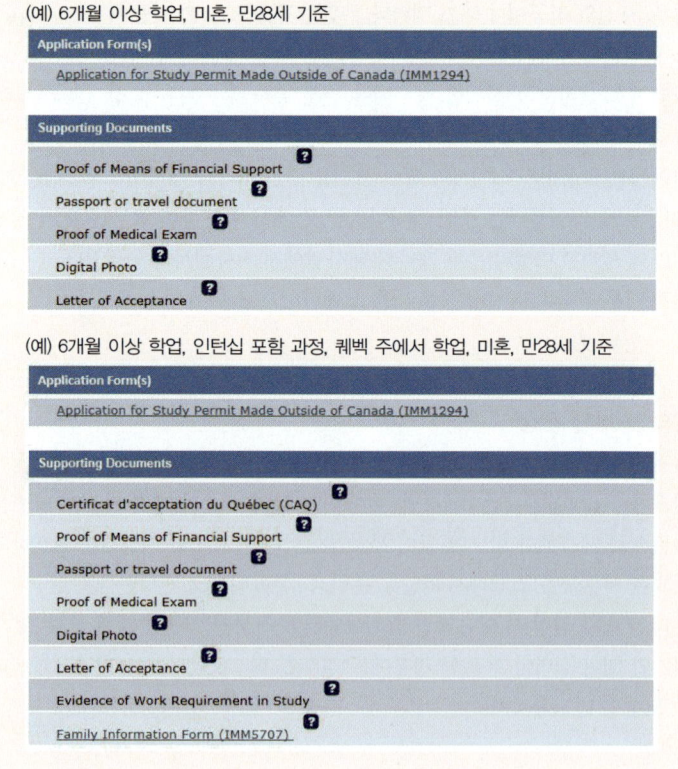

비자 신청 시 업로드 할 서류

- **IMM1294 Application**
  학생비자 신청서
- **여권 Passport**
  개인정보와 서명이 있는 페이지
- **재정증명 Proof of Means of Financial Support**
  자신의 경제력을 증명하는 것으로, 잔고증명은 1년에 만불(퀘벡 주 1년에 CA$11,000불) 기준으로 캐나다에서 체류하는 기간 동안 충분한 자금이 있음을 증명해야 한다. 본인 또는 직계 가족의 재정증명도 가능하다.
  아래의 서류 중 해당하는 서류들로 준비한다.
  지난 4개월 간의 은행거래내역(bank statements for the past four months), 급여명세서(pay stubs), 고용확인서(employment letter), 재산/사업증명서(proof of assets or business), 세금납부 관련서류, 학자금 대출증명서, 학비/숙박비 납부 증명서(proof of payment of tuition and accommodation fees) 등.
- **업로드 가능한 사진 Digital Photo**
  사이즈 35mm×45mm, 포맷형식 JPG파일, 해상도 420×540픽셀, 파일 크기 60~240KB, 24비트 컬러
- **퀘벡 주 허가서 CAQ**
  퀘벡 주에서 유학 예정인 경우에 제출해야 한다.
- **입학허가서 Letter of Acceptance**
  캐나다에서 학업을 하게 될 교육기관으로부터 발급받는다. 입학허가서에는 납부해야 할 정확한 학비와 학업 시작일과 끝나는 날이 기재돼 있어야 한다.
- **신체검사결과서 Proof of Medical Exam**
  캐나다 대사관 지정병원에서 병원에 비치된 Medical Form으로 신체검사를 받은 후, 결과가 나오면 병원에서 주는 Upfront Medical Notification을 받아서 첨부한다.
- **학업에 인턴십이 포함되어 있다는 레터 Evidence of Work Requirement in Study**
  학업에 인턴십이 포함되어 있다는 레터나 커리큘럼을 학교로부터 발급받아 제출한다.
- **가족 정보 Family Information Form IMM5707**
  링크된 양식을 다운받아 가족에 대한 정보를 입력한다.

* 모든 서류는 온라인에 업로드 가능하도록 파일로 준비해야 하며, 영어 또는 불어로 작성되어야 한다.
* 주의사항 : 영어 또는 불어로 작성되지 않은 서류는 반드시 번역본을 함께 제출해야 한다. 기본서류 외에도 개인 상황에 따라 제출 서류가 달라질 수 있음을 꼭 명심해야 한다.

3) 비자 신청서(IMM1294 Application)를 다운받아 작성하고, 제출할 서류를 준비한다.
4) 캐나다 이민성 온라인 서비스 시스템 MyCIC(http://www.cic.gc.ca/english/e-services/mycic.asp)에 접속한다.
5) 온라인 비자 신청에 앞서 먼저 로그인에 필요한 아이디와 비밀번호를 생성해야 한다. (MyCIC 계정 생성)

비자 심사기간 확인
http://www.cic.gc.ca/
english/information/times/
temp.asp
통상적인 비자수속기간 내에 문의사항은 답변해 주지 않는다.

'GCKey Log In' 버튼을 클릭한다. ('Sign-in partner'는 기존에 가지고 있는 캐나다 은행 아이디를 이용하는 것)

'Register' 링크를 클릭하여 온라인 로그인에 필요한 아이디(User ID)와 비밀번호(Password)를 만든다.

6) GCKey Log In 하여, 여권번호 등 기본정보를 입력하면 Client Identification Number(Client ID)를 부여 받는다. 이 번호는 개개인마다 부여되는 고유번호(Unique Client Identifier Number UCI)로, 추후 다시 온라인 비자를 신청할 때도 필요하니 잘 메모해둔다.
Client ID는 8자리 숫자로 되어 있다. (예: 0000-0000)

7) Client ID를 입력하고 MyCIC에 로그인하여 'Apply Online'을 선택한다. personal checklist code를 입력한다.

8) 필요한 서류들을 업로드하고, 비자 신청비(CA$125)를 신용카드로 결제한다. 사용 가능한 신용카드는 Visa, Master, American Express이다.

9) 온라인 비자 신청이 완료되면 'MyCIC account'에서 온라인 비자 신청서가 제출됐다는 confirmation message를 확인할 수 있다.

비자 신청 후 온라인 상에서 자신의 비자 신청 진행사항(Check application status)을 체크할 수 있다. 모든 서류에 문제가 없다면, 약 4주 정도 후에 이메일로 비자승인레터가 발급된다.

비자승인레터에는 비자만료일이 명시되어 있지 않으며, 정확한 캐나다 체류 가능 기간은 캐나다 입국심사 때 정해지는데, 보통 학업기간에 1~2개월 정도 더 체류가 가능하도록 허가를 받는다.

우편 또는 방문 접수

캐나다 비자지원센터
VFS.Global
http://www.vfsglobal.ca/
Canada/Korea
주소: 서울시 중구 소월로 10 단암빌딩 5층(우편번호 100-704)
전화상담
02-779-8781
이메일
info.cankr@vfshelpline.com
업무시간
9am~5pm(월~금)
접수시간
9am~2pm(월~금)

캐나다 비자지원센터인 VFS.Global이 2013년 8월 7일부터 서울에서 운영된다. 따라서 비자 신청에 필요한 서류를 직접 마닐라로 보낼 필요 없이 캐나다 비자지원센터에 우편 또는 방문 접수하면 된다.

캐나다 이민성 사이트(http://www.cic.gc.ca/english)에서 학생비자 신청서 등 비자 신청에 필요한 서류를 다운 받을 수 있으며, 학생비자 신청서 체크리스트를 참고하여 자신에게 해당하는 서류를 준비한다.

캐나다 비자 신체검사 지정병원

미리 전화로 예약 후 방문한다. 신체검사 소요시간은 약 1시간에서 1시간 반 정도 걸리며, 제출해야 하는 사진 매수 등의 준비물은 병원마다 약간씩 다를 수 있으므로 예약 시 미리 확인한다.

- **신촌 세브란스** TEL. 1599-1004/02-2228-5808 (예약필수)
  평일 오전 9:00~11:00, 오후 1:30~3:30 (토 오전 9:00~11:00)
- **강남 세브란스** TEL. 02-2019-2804/1209
  평일 오전 9:00~11:00, 오후 1:30~4:00 (토 오전 9:00~11:00)
- **삼육서울병원** TEL. 02-2210-3511/3591
  일~금 오전 9:00~11:00, 오후 1:30~3:30 (금요일 오전만, 토요일 검진 없음)
- **삼성서울병원** TEL. 02-3410-0227
  평일 오전 8:30~오후 4:30 (주말 검진 없음)
- **부산 인제대학교 해운대 백병원** TEL. 051-797-0369/0370
  평일 오전 8:30~11:00, 금 오후 1:30~3:30 (주말 진료 없음)

캐나다 비자지원센터

학생 비자 우편 또는 방문 접수 시 제출 서류

- **학생비자 신청 체크리스트**

- **학생비자 신청서 IMM1294**
  신청서는 컴퓨터 상에서 작성 후, 'Validate' 버튼을 클릭하면, 바코드 및 서명란이 포함된 마지막 다섯 번째 페이지가 자동으로 생성된다.
  총 5페이지를 출력 후, 친필 서명 및 날짜를 기재한다.

- **브이에프에스 동의서**
  비자지원센터 동의서를 다운 받아 작성 후 서명하여 신청서와 함께 제출한다.

- **가족정보 IMM5645**
  이름은 영문과 국문으로 작성한다. 동반가족이 아니어도 정보를 입력한다.

- **여권과 여권 사본**

- **여권용 사진 2장**
  사진 뒷면에 이름과 생년월일을 기재한다. (동반가족이 있을 경우, 모든 신청인의 사진!)

- **비자 신청비(CA$125 / ₩128,750 - 2013.12.16 이후 기준) 납부 영수증**
  비자 신청비는 원화(환율에 따라 변동)로 캐나다 대사관 은행계좌에 이체 후 원본영수증을 제출한다. 이때 보내는 사람의 이름은 반드시 주 신청자의 이름과 동일해야 한다.
  예금주 Canadian Embassy / 은행 HSBC / 계좌번호 002-709806-296

- **비자지원센터 서비스 수수료(₩40,679 - 2013.11.2 이후 기준)**
  방문 접수일 경우에는 직접 현금으로 지불 가능하며, 우편 접수일 경우에는 우편환 또는 계좌이체 확인서를 제출한다.
  예금주 VFS Korea LLC(브이에프에스코리아 유한회사) / 은행 하나은행 / 계좌번호 192-910006-69404

- **택배 서비스(₩9,873 - 2013.11.2 부터 적용)**
  우편 접수할 경우 서비스 수수료와 함께 지불해야 한다.

- **신체검사 결과**
  캐나다 대사관 지정병원에서 병원에 비치된 Medical Form으로 신체검사를 받은 후, 결과가 나오면 병원에서 Upfront Medical Notification(또는 IMM 1017B-Upfront)을 받아 제출한다.

- **입학허가서 원본**

- **유학계획서**
  유학의 동기와 목적, 구체적인 유학계획을 제출한다.

- 학력증명서 및 성적증명서
    고등학교 졸업 이후, 이수한 교육기관의 증명서

- 범죄경력증명서

- 개인신상정보양식-스케쥴1 IMM5257-Schedule1
    18세 이상의 모든 신청인은 작성해야 한다.

- 재정보증 서류
    체류하는 동안 학비와 생활비(캐나다 달러 만불/년)를 충당할 수 있는 경제력을 증명한다.
    - 본인, 부모, 배우자의 재정보증만 인정
    - 재직증명서, 최근 5년간의 소득확인서(세무서 발급), 은행잔고증명서(증권계좌 또는 보험료 납입증명서도 가능), 은행거래내역서(최근 4개월 동안), 재산세/지방세 납세 증명원(구청 발급), 국민연금가입이력조회(국민연금관리공단 발급), 가족관계증명서(본인의 잔고증명이 아닐 경우, 보증인의 서류)
    - 학비를 이미 납부한 경우, 납부 영수증을 제출한다.

- 경력증빙
    급여명세서, 경력/재직증명서 등

- 기타 활동 증빙
    학생, 직장인이 아닐 경우 최근 5년간의 모든 활동 상황에 관한 증빙을 해야 한다.

- 개인사업자 증빙
    사업자등록증, 사업장용 은행거래내역(6개월) 등

- 본인의 가족관계증명서 및 기본증명서, 혼인관계증명서(신청인이 18세 이상일 경우)

- CAQ(퀘벡주 허가서)
    퀘벡주에서 유학할 예정인 경우, 별도로 제출해야 한다.

- 신청인이 미성년자인 경우(미성년자 구분 연령은 주마다 다름)
    - 미성년자가 혼자 여행하는 경우 : 후견인 지정서 및 후견인 수락서 (공증 필요)
    - 부모 중 한 명과 함께 여행하는 경우 : 동반하지 않는 다른 한 명의 부모가 작성하고 공증 받은 부모동의서

- 우편 접수 체크리스트
    우편 접수의 경우 체크리스트를 다운 받아 작성 후 서명하여 제출한다.

3. 워킹홀리데이 비자 신청하기

캐나다 워킹홀리데이 프로그램은 IEC(International Experience Canada)라 부른다. 워킹홀리데이 프로그램에 합격하면, 1년 동안 캐나다에 체류하면서 일을 할 수 있는 취업허가증을 받게 된다.

특정 고용주로부터 고용허가를 받아야 하는 일반취업허가와 달리 IEC 프로그램은 open work permit이다. 즉 캐나다 내 어디서나 일할 수 있다.

캐나다 워킹홀리데이 프로그램은 1995년 처음 협정을 맺은 이후부터 선발인원이 매년 큰 폭으로 증가하여, 2010년 캐나다 동계 올림픽을 기점으로 연간 약 4천 명의 젊은이들이 그 기회를 잡고 있다.

캐나다에서 해외 취업 경험을 쌓고 싶다면, 또 일하면서 모은 돈으로 더 넓은 세상을 여행해보고 싶다면, 한번 도전해보자. 만 18세~30세의 결격 사유가 없는 한국인이라면 누구나 참여할 수 있다.

신청 자격

워킹홀리데이 프로그램은 캐나다를 여행하는 동안 임시로 취업하여 현지체재(최대 12개월) 비용을 충당하기를 희망하는 한국 국민을 대상으로 한다.

- 대한민국 내에 거주하는 대한민국 국민
- 관광을 주목적으로 일정기간 체류하는 자
- 신청 당시 만 18세 이상 30세 이하
- 캐나다 왕복 항공권과 현지 체재비를 충당하는 데 충분한 자금(CA$ 2,500 이상)을 소지한 자
- 체류 기간 동안 보장되는 의료보험에 가입한 자(캐나다 입국장에서 해당 의료보험증을 제시해야 할 수도 있음)
- 이전에 캐나다 워킹홀리데이 프로그램에 응시하여 최종 취업허가레터를 받은 적이 없는 자
- 부양가족을 동반하지 아니한 자
- 유효한 여권을 소지한 자(유효기간이 2년 이상 남은 여권으로 신청할 것을 권장)

> **참고 사이트**
> 주한 캐나다 대사관
> http://www.canadainternational.gc.ca/korea-coree
> 주한 캐나다 대사관 블로그
> (Inside Canada)
> http://insidecanada.kr

지원 절차 및 구비서류(2013년 하반기 기준)

2013년부터 캐나다 비자 신청 관련 업무는 주필리핀 캐나다 대사관에서 담당하는 것으로 변경되었지만, 워킹홀리데이 비자 신청의 경우에는 기존대로 계속 주한 캐나다 대사관에서 담당한다.

워킹홀리데이 비자는 평생 단 한 번만 받을 수 있는 비자로, 상반기와 하반기로 나눠 1년에 2번 모집한다. 모집시기는 상반기는 12~1월, 하반기는 6~7월이며, 상반기와 하반기 각각 2천 명씩 선발한다.

이전에는 누구나 비자 신청을 할 수 있었고, 비자 신청서류 접수 시 우체국 소인의 시간이 중요했다. 그러나 2013년부터 워킹홀리데이 비자법은 선착순으로 지원자 고유의 파일번호(World Tracking Number)를 발급하도록 바뀌었다. 이 고유번호를 발급받지 못한 경우에는 비자 신청 자체를 할 수 없게 된 것이다. 2013년 상반기 모집 때 3천 명에게 고유번호를 발급했는데, '온라인 지원 시스템'이 오픈한 지 불과 1~2분 만에 발급이 완료되었다고 한다.

> **워킹홀리데이 비자 모집 요강 설명회**
> 주한 캐나다 대사관에서는 워킹홀리데이 비자 신청자들을 대상으로 모집일 전에 설명회를 개최하여, 지원방법, 응시자격 및 신청서류 준비 시 주의사항 등을 알려준다.

> **지원자 고유의 파일 번호 (WTN)를 잊어버린 경우**
> 온라인 지원 사이트에서 'My File Number' 메뉴 클릭 후, 주민등록번호를 입력하면 재확인 가능

★1단계: 온라인 지원

온라인 지원 시스템이 오픈되면 지원자 고유의 파일번호(WTN)를 부여받아야 하는데, 선착순 2천 명에게만 발급된다. 1차 심사 서류 제출기한 종료 후, 지원자가 모집인원보다 적을 경우 추가로 파일번호(WTN)를 발급할 수도 있다. 그럴 경우 대사관 사이트에 공지가 된다.

지원 시스템 오픈 시간은 대사관 사이트에 공지된다. 이때 파일번호 발급 인원도 변경될 수 있으므로 반드시 캐나다 대사관 사이트를 수시로 확인해야 한다. WTN을 발급받은 경우에만 비자 신청을 할 수 있음을 꼭 명심하자.

WTN을 발급받기 위해서는 먼저 온라인 지원 과정을 거쳐야 하는데, 온라인 신청(On-line Application) 시 입력해야 할 정보는 성별, 학생여부, 나이, 거주지, 이름, 주민등록번호, E-mail주소이다.

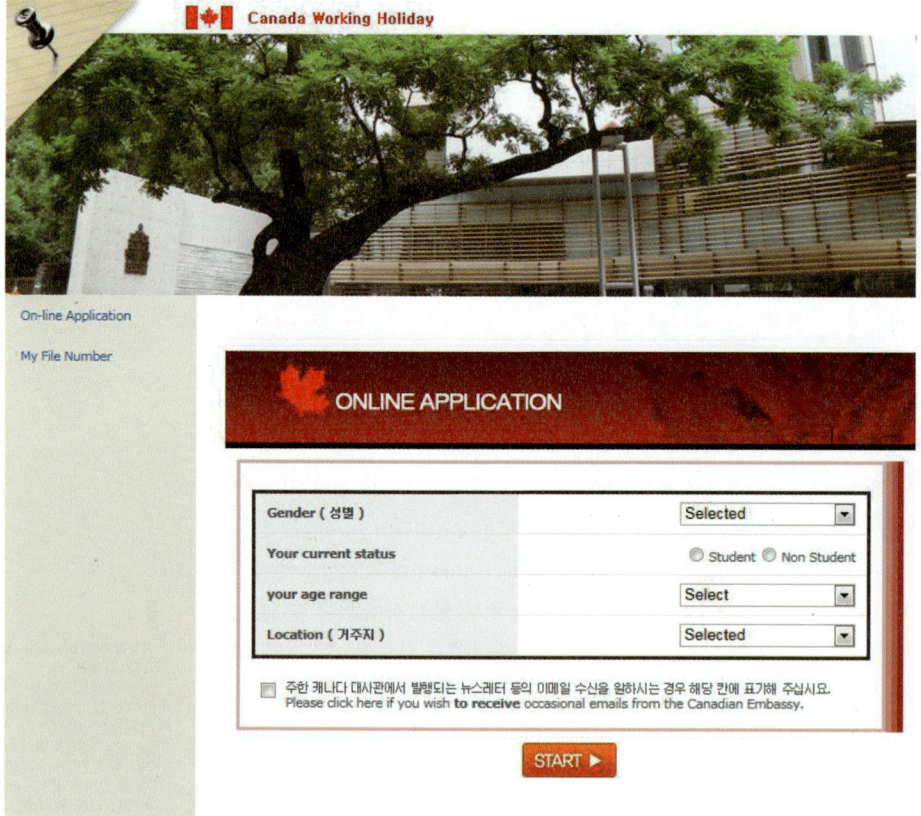

★2단계: 지원에 필요한 서류 준비

WTN을 발급받은 지원자들은 아래의 서류들을 준비한다. 체크리스트에 기재된 서류 순서대로 배열해서 제출한다.

- IEC 신청서
  - 빠짐없이 기재 후, 친필 서명 및 날짜를 기재.
  - 지원서 1, 5페이지에 자필 서명 필요.
- 여권 사본
- IEC 신청비 입금 영수증
  - 신청비 CA$150(₩154,500원, 환율에 따라 변동)를 아래의 계좌로 송금 후, 영수증 제출
    예금주 Working Holiday / 은행 HSBC / 계좌번호 002-709806-297
  - 영수증 위에 본인 성명, WTN을 반드시 기재할 것
  - 계좌이체 시 반드시 은행창구 또는 ATM을 이용할 것. 인터넷뱅킹이나 텔레뱅킹을 이용할 수 없음.
  - 신용카드로도 납부 가능(자세한 방법은 대사관 사이트 참조).

> IEC 신청서 작성법은 30페이지 참고

★3단계: 지원서류 제출

2단계에 준비한 서류를 우편으로 캐나다 대사관에 발송한다. 서류 제출 기간 내에 우편 소인이 찍힌 서류에 한해 심사가 가능하다. 우편 접수 시 지원서류 겉봉에 발급받은 WTN과 Working Holiday를 반드시 기재해야 한다.

★4단계: MyCIC 계정 생성 및 2차 심사 서류 제출

IEC 지원자격이 충족되어 심사를 통과하면 온라인 지원 시 입력한 이메일 주소로 IEC 심사 합격통지서(조건부 합격 통지서, Conditional Acceptance Letter)와 2차 심사를 위해 제출해야 할 서류 목록을 받게된다.
1단계 심사를 통과한 지원자는 이민성 사이트에 접속하여 MyCIC 계정을 먼저 만든다. (MyCIC 계정 발급 http://www.cic.gc.ca/english/e-services/mycic.asp) 그런 다음 아래의 서류들을 파일로 준비한 후, MyCIC 계정으로 로그인하여 업로드한다.

> 비자 심사 관련하여 문의
> Question@cic.gc.ca
> 이메일 문의 시 반드시 본인의 WTN을 기재할 것.

> 취업허가 신청서 작성법은 35페이지 참고

> 원본이 영어나 불어가 아닌 서류일 경우, 반드시 번역본을 함께 제출해야 한다.

> 캐나다 워킹홀리데이 모집공고는 주한 캐나다 대사관 홈페이지 또는 블로그에서 확인 가능
> 캐나다 워킹홀리데이 비자의 구비서류는 모집공고 때마다 자주 변경되는 편이기 때문에 반드시 주한 캐나다 대사관의 모집공고가 난 이후, 공고를 다시 한 번 체크하고 구비서류를 준비해야 한다.

- 취업허가 신청서(IMM 1295)
  신청서 4장을 컴퓨터 상에서 작성 후, 'Validate' 버튼을 클릭하면, 바코드가 포함된 마지막 다섯 번째 페이지가 자동으로 생성된다. 바코드가 생성된 신청서가 총 5페이지인지 확인한 후, 파일을 저장한다.
- 1단계 합격통지서(IEC Conditional Acceptance Letter)
  메일로 받은 합격통지서를 다운받아 저장한다.
- 이력서 및 자기소개서(CV/Resume)
  학력, 경력, 경험, 자격관련 항목을 작성한다.
- 신체검사 신청양식 IMM5753(Request for Medical Exam)
  신청양식을 다운받아, 신체검사가 필요하다는 'YES'에 체크한 후 저장한다.
- 여권 스캔(Passport or travel document)
  여권 정보와 사진 있는 면, 서명이 있는 면, 출입국 도장 및 타국가 비자를 받은 면을 모두 스캔하여 하나의 파일로 저장한다.
- 업로드용 사진(Digital Photo)
  업로드 기준(크기 420×540픽셀 이상, 해상도 600픽셀 이상, 용량 60~240KB)에 맞는 여권용 사진으로 스캔하여 준비한다.
- 범죄경력증명서(Police Certificate)
  경찰서에서 발급 가능하며, 실효된 형을 포함해서 조회해야 한다. 발급 후, 영문 번역하여 원본과 번역본을 하나의 파일로 저장한다.
- 가족정보 입력양식 IMM5707(Family Information Form)
  양식을 다운받아 가족관계정보를 입력한다.
- 유학계획서/사유서(Letter of explanation)
  요청 받은 사람의 경우에만 작성하여 제출한다.

★5단계 신체검사

2차 서류 심사까지 통과하면 신체검사를 받으라는 메일을 받게 된다. MyCIC 계정으로 로그인하여 신체검사에 필요한 양식(IMM1017E)을 다운받는다. 다운받은 파일을 프린트하여 지정병원에서 신체검사를 받는다. 메일을 받은 날짜로 30일 안에 신체검사를 받으면 된다.

> 캐나다 신체검사 지정병원 정보는 21페이지 참고

비자 신청 시 꼭! 기억해야 할 것

- 비자 신청은 한국 내에서만 가능하며, 최종 합격 발표가 날 때까지 국내에 머물 것을 권한다.
- WTN을 발급 받기 위해서는 무엇보다 신속하게 움직여야 한다. 기재해야 할 내용들은 미리 메모장 등에 작성해두고 복사/붙여넣기 하여 시간을 단축하는 것도 한 방법이다.
- 우편 접수하는 서류 봉투의 겉면에, 반드시 WTN과 'Working Holiday'를 기재해야 한다.
- 1단계 서류는 우편으로 접수하고, 2단계 서류는 MyCIC에서 파일로 업로드한다.

합격자 발표

신체검사까지 마치고 최종 심사를 통과한 지원자에게는 최종 비자승인레터가 메일로 발송된다. 비자승인레터에 표기된 유효기간이 만료되기 전에 캐나다에 입국해야 하며, 캐나다 입국 시 반드시 비자승인레터를 제출해야 하므로 잘 챙겨가도록 하자. 캐나다 입국심사 시, 비자승인레터를 제출하면 간단한 인터뷰 후 최종 비자발급을 받게 된다.

〈IEC 신청서〉

Foreign Affairs and International Trade Canada / Affaires étrangères et Commerce international Canada

PROTECTED B
(When completed)

International Experience Canada – Application and Declarations Form

International Experience Canada, Embassy of Canada
21, Jeongdong-gil (Jeong-dong), Jung-gu, Seoul 100-120 seoul.application@international.gc.ca

Personal Information		OFFICE USE ONLY	
WTN Ref. # (On-line application system_File Number)	지원자 파일번호	GCMS File Ref. # Prev. CAIPS or FOSS #	
SURNAME (as in passport)	성	Date Received	
FIRST NAME (as in passport)	이름	Signatures	Y☐ N☐
MIDDLE NAME (as in passport)	None	PF Paid	Y☐ N☐
DATE OF BIRTH	생년월일	Information Attached	Y☐ N☐
COUNTRY OF CITIZENSHIP	국적 (Korean)	Prev. Participation	Y☐ N☐
COUNTRY OF BIRTH	태어난 나라 (Korea)	Medical Condition	Y☐ N☐
GENDER	성별 (Female/Male)	Criminal Record	Y☐ N☐
PASSPORT NUMBER	여권번호		
PASSPORT EXPIRY	여권 만료일		
MARITAL STATUS* check the appropriate box	☐ single ☐ married ☐ divorced ☐ separated ☐ common law partner 결혼 유무 (미혼일 경우, single)		
CURRENT LEVEL OF STUDIES OR HIGHEST LEVEL OBTAINED	최종학력		
COMPLETE MAILING ADDRESS	현거주지 주소		
EMAIL ADDRESS	이메일 주소		
HOME PHONE NUMBER (If applicable)	집 전화번호		
CELL PHONE NUMBER (If applicable)	핸드폰 번호		

Signature

- No one can sign your application form on your behalf
- You must submit an original application
- You must sign the same way as in your passport

SIGNATURE: 서명

DATE: 작성일
DD / MM / YYYY

Foreign Affairs and International Trade Canada
Affaires étrangères et Commerce international Canada

PROTECTED B
(When completed)

Section D: Supplementary Information and Applicant Declarations

1. IEC CATEGORY:

1.1 IEC Category:

<u>Working Holiday (non-work specific)</u>
This category applies to participants who intend to travel in Canada while being authorized to work if they so choose. This is a non work-specific category and applicants do not need to show a contract of employment.

1.2 IEC Recognized Organization:
If you are applying to participate in the IEC via one of the Canadian organizations recognized by the IEC, please indicate on the line below, through which organization you are applying to the IEC:

Recognized Organization: _____none_____

2. PROGRAM PARTICIPATION FEE & PROOF OF PAYMENT:

2.1 Proof of Payment:
An International Experience Canada (IEC) Participation fee will be charged to all **ADMITTED** applicants. Please remember that you should transfer the IEC participation fee **AFTER** you are successfully selected in the 1st round of each tranche.

2.2 Participation Fee Refund:
The participation fee you have paid to participate in the IEC will only be refunded if:

- Your WHP application has been refused in the 2nd round with the exception if you have misrepresented yourself on your application.
- You have requested in writing and in English or French, a signed letter requesting your application be withdrawn. This must be done prior to the issuance of a Letter of Introduction.

The participation fee you have paid will NOT be refunded if:
- A Letter of Introduction has been issued to you by the Canadian Embassy to welcome you as a participant in the IEC; or,
- You include inaccurate information on the Application and Declarations form that circumvents the official requirements of the IEC, and as such, knowingly or unknowingly, falsely represent yourself.

3. PORT OF ENTRY: 캐나다 입국 예정 지역 (추후 변경 가능)
In order to be issued a work permit, you must declare which province or territory in Canada that will be your port of entry (The port of entry is the place where you will enter Canada, normally the first Canadian airport where you plane lands, or where you cross the border. This will be where you go through customs and where you will be examined by an officer). Please place an "X" in **one** of the boxes below, to indicate which province or territory will be your port of entry:

☐ British Columbia   ☐ New Brunswick

Foreign Affairs and International Trade Canada
Affaires étrangères et Commerce international Canada

PROTECTED B
(When completed)

- [ ] Alberta
- [ ] Saskatchewan
- [ ] Manitoba
- [ ] Ontario
- [ ] Quebec
- [ ] Nova Scotia
- [ ] Newfoundland and Labrador
- [ ] Northwest Territories
- [ ] Yukon
- [ ] Nunavut

4. APPLICANT RESPONSIBILITY:

It is your responsibility to ensure that you have filled in the IEC Application and Declarations form accurately and correctly. Incomplete, unsigned, or non-compliant application packages will not be processed. A refusal letter will be sent.

To ensure that your application to International Experience Canada is accepted, please ensure that all necessary supporting documentation has been attached to the Application and Declarations form, and forward your application package, by mail, to the following address:

Embassy of Canada
21, Jeongdong-gil (Jeong-dong), Jung-gu, Seoul 100-120

5. PRIVACY STATEMENT:

Foreign Affairs and International Trade Canada is committed to respecting the privacy rights of individuals, including safeguarding the confidentiality of information provided by individuals.

Participation in the International Experience Canada is voluntary. Submission of your application package to the Embassy of Canada constitutes your consent to the collection, use, storage, and disclosure of your personal information. The information that you provide on the International Experience Canada Application and Declaration forms is collected under the *Department of Foreign Affairs and International Trade Act* for the purpose of administering International Experience Canada and determining your eligibility to participate in the programs.

Your personal information will be shared between *Foreign Affairs and International Trade Canada (DFAIT)*, *Citizenship and Immigration Canada (CIC)* and *Canada Border and Services Agency (CBSA)* under the authority of the *Immigration and Refugee Protection Act* in order to determine your eligibility to enter Canada and receive a work permit.

Also, your personal information will be used to send you two survey questionnaires for statistical purposes.

All information collected under International Experience Canada will be retained until you reach 37 years of age. It will then be destroyed.

Individuals to whom the personal information pertains have the right to the protection of and the access to their personal information under the *Privacy Act*, subject to certain exceptions and exemptions.

Foreign Affairs and
International Trade Canada

Affaires étrangères et
Commerce international Canada

PROTECTED B
(When completed)

The personal information collected for International Experience Canada appears in the Personal Information Bank (PIB) FAI PPU 901 for Foreign Affairs and International Trade Canada, and in PIB CIC PPU 051 for Citizenship and Immigration Canada, both of which are described at the following website: www.infosource.gc.ca.

6.   APPLICANT DECLARATIONS: *(checklist to be expanded or reduced as necessary per mission requirements)*
Please read the following declarations carefully, and place an "X" in the box when you have completed the associated task: 모두 체크함.

☐ I will procure and retain comprehensive travel and health care insurance, including hospitalization and repatriation which will cover my entire stay in Canada. I acknowledge that I am fully responsible for covering any medical expenses I may incur during my stay in Canada as a result of injury, illness or death. I acknowledge that if I choose to cancel my medical insurance at any time during my stay in Canada I will no longer be eligible to participate in the IEC, and neither the Government of Canada nor the provincial government in the Canadian province in which I am travelling can be held accountable for any of my medical fees and expenses.

☐ I acknowledge that my dependent(s) (i.e. wife/husband, child/children) can NOT accompany me to Canada under this program. My dependent(s) must submit a separate application to enter Canada; for example, as an IEC participant, visitor, student or worker.

☐ I acknowledge that if I am accepted as a participant in the IEC and am issued a Letter of Introduction, but do not participate in the IEC for any reason, during the period in which the letter is valid, it will still count as a participation and I will not be refunded.

☐ I intend to leave Canada before the expiry of my passport or before the expiry of my Work Permit, whichever comes first.

☐ I will enter Canada with a return or departure ticket or with sufficient funds to purchase a departure ticket.

☐ I possess sufficient funds to cover my living expenses (room & board, etc.) for the initial period of my intended stay in Canada (minimum of $5,000 CAD). I acknowledge that if I intend to undertake a non-remunerated work placement, I may be asked to demonstrate that I have additional funds.

☐ I acknowledge that it is the policy of International Experience Canada to discuss my application only with me, and that at no time will the follow-up to my file be discussed with a third party (e.g. : parents, lawyers, consultants, travel company, etc.). I acknowledge that I must submit my own application. I also know, however, that it is possible for a third party to help me fill in my IEC application form before I submit it. I acknowledge that even if I receive advice from a third party, I am responsible for all of the information contained in my application form.

☐ I solemnly swear that I have completed the IEC Application and Declarations form accurately and truthfully to the best of my knowledge, and I have not falsely represented

 **PROTECTED B**
(When completed)

myself in any way. I acknowledge that if I have knowingly, or unknowingly, falsely represented myself, my application package will not be accepted, and I will not be reimbursed the participation fee that I have paid to the IEC.

Signature of Applicant: _서명_____

Date: _작성일_____
(DD / MM / YYYY)

〈워킹홀리데이 IMM1295 신청서〉

Citizenship and Immigration Canada / Citoyenneté et Immigration Canada

PROTECTED WHEN COMPLETED - B
PAGE 1 OF 4

APPLICATION FOR WORK PERMIT MADE OUTSIDE OF CANADA

[Validate]   [Clear Form]

1	UCI		2	*I want service in		OFFICE USE ONLY
				English	언어선택(영어/불어)	Validated

PERSONAL DETAILS

1 Full name

*Family name (as shown on your passport or travel document)	Given name(s) (as shown on your passport or travel document)
LEE 성	JUYOUNG 이름

2 Have you ever used any other name (e.g. Nickname, maiden name, alias, etc.)? ☐ *No ☐ *Yes 사용하는 다른 이름이 있는가?

Family name	Given name(s)

3 *Sex 성별	4 Date of birth 생년월일	5 Place of birth 태어난 도시/국가	
Female	*YYYY *MM *DD	*City/Town: SEOUL	*Country: Korea, Republic Of (South)

6 *Citizenship: Korea, Republic Of (South) 국적

7 Current country of residence:

Country 현거주지 국가	Status 시민권자	Other	From	To
Korea, Republic Of (South)	Citizen		YYYY-MM-DD	YYYY-MM-DD

8 Previous countries of residence: During the past five years have you lived in any country other than your country of citizenship or your current country of residence (indicated above) for more than six months?   ☑ *No ☐ *Yes

Country	Status	Other	From	To
최근 5년 안에 6개월 이상 체류한 국가가 있을 경우 YES에 체크 후 내용 기재			YYYY-MM-DD	YYYY-MM-DD
			YYYY-MM-DD	YYYY-MM-DD

9 Country where applying: Same as current country of residence? ☐ *No ☑ *Yes 비자신청하는 곳과 현거주 국가가 동일한가?

Country	Status	Other	From	To
			YYYY-MM-DD	YYYY-MM-DD

10 *a) Your current marital status: Single 결혼유무

b) (if you are married or in a common-law relationship) Provide the date on which you were married or entered into the common-law relationship ▶ Date YYYY-MM-DD

c) Provide the name of your current Spouse/Common-law partner

Family name	Given name(s)

FOR OFFICE USE ONLY - DO NOT WRITE IN THIS SPACE

IMM 1295 (07-2013) E
APPLICATION FOR WORK PERMIT MADE OUTSIDE OF CANADA
This form is made available by Citizenship and Immigration Canada and is not to be sold to applicants.
(DISPONIBLE EN FRANÇAIS - IMM 1295 F)

Canadä

PAGE 2 OF 4

Applicant Name: LEE, J.
Date of Birth:

PERSONAL DETAILS (CONTINUED)

11 Have you previously been married or in a common-law relationship? [✓] *No   [ ] *Yes

Provide the following details for your previous Spouse/Common-law Partner:
결혼을 했다면, YES에 체크후 배우자 정보 입력

Family name	Given name(s)

Type of relationship	From (YYYY-MM-DD)	To (YYYY-MM-DD)

LANGUAGE(S)

1 *a) Native language: **Korean** 모국어

*b) If your native language is not English or French, which language do you use most frequently?: **Neither** 영어와 불어 중 자주 사용하는 언어는?

PASSPORT

1 *Passport number	2 *Country of issue	3 *Issue date	4 *Expiry date
M12345678 여권번호	Korea, Republic Of (South) 여권 발행국가	2013-01-01	2023-01-01

여권 발급일 / 만료일

CONTACT INFORMATION

If submitting your application by mail:
- All correspondence will go to this address unless you indicate your e-mail address below.
- Indicating an e-mail address will authorize all correspondence, including file and personal information, to be sent to the e-mail address you specify.
- If you wish to authorize the release of information from your application to a representative, indicate their e-mail and mailing address(es) in this section and on the IMM5476 form.

1 Current mailing address   현거주지 주소

P.O. box	Apt/Unit	Street no.	*Street name
			Yeoksamdong Gangnamgu

*City/Town	*Country	Province/State	Postal code	District
SEOUL	Korea, Republic Of (South)			

2 Residential address   Same as mailing address? [ ] *No   [✓] *Yes   현거주지 주소와 우편수령 가능 주소가 동일한가?

Apt/Unit	Street no.	Street name	City/Town

Country	Province/State	Postal code	District

3 Telephone no.   [ ] Canada/US   [✓] Other

핸드폰 번호

*Type	*Country Code	*No.	Ext.
Cellular	82	1012345678	

4 Alternate Telephone no.   [ ] Canada/US   [ ] Other

Type	Country Code	No.	Ext.

5 Fax no.   [ ] Canada/US   [ ] Other

Country Code	No.	Ext.

6 E-mail address: sample@gmail.com   이메일 주소

DETAILS OF INTENDED WORK IN CANADA

1 *What type of work permit are you applying for?
International Experience Canada (Working Holiday)   지원하는 프로그램명 선택

2 Details of my prospective employer (attach original offer of employment)

a) Name of Employer (If you are employed by a foreign employer who has been awarded a contract to provide services to a Canadian entity, please identify the foreign employer here)
N/A

b) Complete Address of Employer (Canadian or Foreign):
N/A

IMM 1295 (07-2013) E
APPLICATION FOR WORK PERMIT MADE OUTSIDE OF CANADA

CITIZENSHIP AND IMMIGRATION CANADA
CITOYENNETÉ ET IMMIGRATION CANADA

Applicant Name: LEE, J.

Date of Birth:

DETAILS OF INTENDED WORK IN CANADA (CONTINUED)

3 Intended location of employment in Canada? 캐나다에서 취업예정인 지역 - 공란으로 둠

Province	City/Town	Address

4 My occupation in Canada will be: 캐나다에서 하게 될 직종과 업무 - 둘 다 Working Holiday Program 이라고 입력

*Job title	*Brief description of duties
Working Holiday Program	Working Holiday Program

5 Duration of expected employment ▶

From (YYYY-MM-DD)	To (YYYY-MM-DD)	**6** Labour market opinion (LMO) No.

LIVE-IN CAREGIVER PROGRAM

1 Type of care, indicate all that apply:
☐ Child care ☐ Disabled ☐ Elderly ☐ Other

2 No. of persons requiring care

EDUCATION

Have you had any post secondary education (including university, college or apprenticeship training)? ☐ *No ☑ *Yes   대학생이라면 YES 체크후, 내용 입력

If you answered "yes", give full details of your highest level of post secondary education.

	From (YYYY / MM)	*Field and level of study	*School/Facility name	
1				
	To (YYYY / MM)	*City/Town	*Country	Province/State

EMPLOYMENT   지난 10년 동안의 경력 작성

Give details of your employment for the past 10 years, including if you have held any government positions (such as civil servant, judge, police officer, mayor, member of parliament, hospital administrator.)

	From (YYYY / MM)	*Current Activity/Occupation	*Company/Employer/Facility name	
1				
	To (YYYY / MM)	*City/Town	*Country	Province/State
	From (YYYY / MM)	Previous Activity/Occupation	Company/Employer/Facility name	
2				
	To (YYYY / MM)	City/Town	Country	Province/State
	From (YYYY / MM)	Previous Activity/Occupation	Company/Employer/Facility name	
3				
	To (YYYY / MM)	City/Town	Country	Province/State

BACKGROUND INFORMATION
You must complete this section if you are 18 years of age or older.

1
a) Within the past two years, have you or a family member ever had tuberculosis of the lungs or been in close contact with a person with tuberculosis?   ☑ No ☐ Yes
지난 2년간 본인이나 가족 중 결핵을 앓은 적이 있거나, 결핵환자와 가까이 지낸적이 있는가?

b) Do you have any physical or mental disorder that would require social and/or health services, other than medication, during a stay in Canada?   ☑ *No ☐ *Yes
신체적, 정신적 장애가 있어 캐나다 체류동안 사회/보건 서비스가 필요한가?

c) If you answered "yes" to question 1a) or 1b), please provide details and the name of the family member (if applicable).   둘 중 YES가 있다면 내용 기재

IMM 1295 (07-2013) E
APPLICATION FOR WORK PERMIT MADE OUTSIDE OF CANADA

CITIZENSHIP AND IMMIGRATION CANADA
CITOYENNETÉ ET IMMIGRATION CANADA

PAGE 4 OF 4

Applicant Name	Date of Birth
LEE, J.	

BACKGROUND INFORMATION (CONTINUED)

2 a) Have you ever remained beyond the validity of your status, attended school without authorization or worked without authorization in Canada?
캐나다에서 승인 없이 공부나 일을 한 경험이 있습니까? ☑ No ☐ Yes

b) Have you ever been refused any kind of visa, admission, or been ordered to leave Canada or any other country?
캐나다 또는 다른 국가에서 비자 또는 입국 거절, 추방 당한 경험이 있습니까? ☑ No ☐ Yes

c) If you answered "yes" to question 2a) or 2b), please provide details. 둘 중 YES에 해당할 경우 내용 기재

3 a) Have you ever committed, been arrested for, been charged with or convicted of any criminal offence in any country?
체포, 벌금, 유죄판결 등 범죄경험이 있는가? ☑ No ☐ Yes

b) If you answered "yes" to question 3a) above, please provide details. YES에 해당할 경우 내용 기재

4 a) Did you serve in any military, militia, or civil defence unit or serve in a security organization or police force (including non obligatory national service, reserve or volunteer units)? 군, 경찰 복무 경험이 있습니까? ☐ No ☑ Yes

*b) If you answered yes to question 4a), please provide dates of service and countries where you served.

군필자의 경우, YES에 체크한 후, 내용 기입.

정치, 종교적 목적으로, 정치단체, 폭력단체 활동을 하거나, 범법행위에 참여한 경험이 있는가?

5 Are you, or have you ever been a member or associated with any political party, or other group or organization which has engaged in or advocated violence as a means to achieving a political or religious objective, or which has been associated with criminal activity at any time? ☑ No ☐ Yes

6 Have you ever witnessed or participated in the ill treatment of prisoners or civilians, looting or desecration of religious buildings?
인간을 학대하거나 종교시설을 훼한 경험이 있는가? ☑ No ☐ Yes

If you answered "yes" to any of questions 3 to 6 above, or upon request of a visa officer, you MAY BE REQUIRED to fill out IMM 5257 Schedule 1.

SIGNATURE   3-6번 중 YES로 체크한 경우 IMM5257 schedule 1을 별도로 작성함.(5번 군경험 관련 YES는 해당되지 않음)

I consent to the release to Citizenship and Immigration Canada (CIC) and Canada Border Services Agency (CBSA) of all records and information for the purpose of processing my request that any government authority, including police, judicial and state authorities in all countries in which I have lived may possess about me. This information will be used to evaluate my suitability for admission to Canada or to remain in Canada pursuant to Canadian legislation.

I declare that I have answered all questions in this application fully and truthfully.

Signature of Applicant or Parent/Legal Guardian's for a person under 18 years of age.   Date: YYYY-MM-DD

IMPORTANT NOTE:
This application must be signed and dated before it is submitted by mail.
Do not forget to include photos, fees (if applicable) and any other documents required. Review the application guide for more information and verify that you have completed and provided all of the required documents as per the document checklist.

DISCLOSURE

The information you provide to CIC is collected under the authority of IRPA to determine if you may be admitted to Canada as a worker. The information may be shared with other organizations such as CBSA, DFAIT, RCMP, CSIS and foreign governments in accordance with subsection 8(2) of the Privacy Act. Information may also be disclosed to foreign governments, law enforcement bodies and detaining authorities with respect to the administration and enforcement of immigration legislation where such sharing of information may not put the individual and his/her family at risk. Information may also be systematically validated by other Canadian government institutions under the terms of an agreement or arrangement for the purposes of validating status and identity to administer their programs. If you are required to provide biometric information to accompany your application, the fingerprints collected will be stored and shared with the RCMP and the fingerprint record may also be disclosed to law enforcement agencies in Canada in accordance with subsection 13.11 of the Immigration and Refugee Protection Regulations. This information may be used in relation to an offence under any law of Canada or a province for the purposes of establishing or verifying the identity of an individual, or to establish or verify the identity of an individual whose identity cannot reasonably be otherwise established or verified because of physical or mental condition.

The information you provide to CIC will be stored in the Personal Information Bank (PIB) CIC PPU 039 and 054). If you are required to provide biometric information, your fingerprints shared with the RCMP will be stored in the PIB CMP PPU 030. Individuals have a right to protection of and access to their personal information stored in each corresponding PIB in accordance with the Privacy Act and the Access to Information Act. Details on these matters are available at the Infosource website (http://infosource.gc.ca) and through the CIC Call Centre. Infosource is also available at public libraries across Canada.

[Validate]   모두 작성 후 클릭!

IMM 1295 (07-2013) E
APPLICATION FOR WORK PERMIT MADE OUTSIDE OF CANADA

CITIZENSHIP AND IMMIGRATION CANADA
CITOYENNETÉ ET IMMIGRATION CANADA

★Validate를 클릭한 후 자동으로 생성되는 5페이지는 생략

〈워킹홀리데이 비자 최종 합격 통지서〉

Citizenship and Citoyenneté et
Immigration Canada Immigration Canada

Date: September 16, 2013
UCI: ███████ Application no.: ███████

███████
███████

Korea, Republic Of (South)

Dear ███████

Your application to study or work in Canada has been approved.

Your study or work permit will be issued to you upon arrival in Canada, subject to your compliance with the requirements of the *Immigration and Refugee Protection Act* and its Regulations. It will allow you to study or work in Canada for a temporary period only. Read the terms and conditions carefully.

Type:	Document no.:	Permit validity (YYYY/MM/DD):
Permit - WP / Permis - PT	███████	2014/09/30

You must enter Canada no later than the validity noted above. If you have been issued a visa, you must also enter no later than the visa validity date.

This letter is not a passport or travel identification, and it is not a legal authorization permitting you to enter or remain in Canada.

To facilitate your arrival in Canada, inform the officer of the reason for your visit (study or work) and present this letter with your passport. United States citizens entering Canada from the U.S. may show proof of citizenship (a birth certificate or a naturalization certificate, and photo identification) instead of a passport. United States permanent residents entering Canada from the U.S. may show their "green card" instead of a passport and photo identification. Your passport or U.S. travel identification must be valid, and must be valid beyond the period you intend to remain in Canada. If it is not, the validity of your study or work permit will likely be limited to correspond to the validity date of your passport or U.S. travel identification.

In some provinces or territories, students and foreign workers are not eligible for public health insurance. You must ensure that you and any dependants have adequate health-care insurance or financial resources to cover possible contingencies. Further information is available from the ministry of health of the province or territory in which you intend to study or work.

If you have a work permit, please be aware that foreign workers are protected by labour and employment laws. You are entitled to work in a safe workplace where your health is protected. If an employer does not pay the wages to which you are entitled, you can file a complaint with the federal or provincial/territorial department responsible for employment standards.

IMM 5655 (07-2011) E GCMS   (DISPONIBLE EN FRANÇAIS - IMM 5655 F)   Canadä

4. 지역 선택하기

캐나다로 가겠다고 결정하고 나면, 그 다음 가장 고민되는 것이 바로 지역 선택의 문제이다. 다녀온 사람들의 이야기를 들어보고 인터넷을 뒤져봐도, 이 도시도 좋은 것 같고 저 도시도 좋은 것 같아 도무지 감을 잡을 수 없다.

대부분의 사람들은, 한국 사람도 적으면서 생활비도 저렴하고, 퀄리티 높은 학교와 일자리도 많은 지역은 어디일지 알아보고 있을 것이다. 그러나 내가 100% 만족할 수 있는 그런 지역은 없다는 것을 알아야 한다.

캐나다는 굉장히 넓은 국가여서 도시별로 그 느낌이나 특색이 많이 다르다. 자신에게 가장 적합한 지역을 선택하기 위해서는 먼저 지역별 특징을 잘 파악하고, 자신의 현재 영어실력과 앞으로 원하는 과정을 운영하는 교육기관의 유무, 연수 기간, 생활비, 날씨 등 여러 가지 조건들을 고려하여 선택하는 것이 좋다.

캐나다는 세계에서 가장 넓은 면적을 가졌지만, 사람이 거주할 수 있는 곳은 한정되어 있으며, 인구의 약 80~90%가 온대지역에 속하는 미국접경 남부지역에 밀집되어 있다.

캐나다는 10개의 주(State)와 3개의 준주(Territory)로 구성되어 있으며 과거에는 캐나다 주요 도시 중, 많은 유학생들이 밴쿠버, 토론토와 같은 대도시에 몰리는 경향이 있었다.

그러나 요즘은 한국인들의 비율, 생활비 등 여러 가지 이유로, 빅토리아, 핼리팩스, 캘거리와 같은 중소도시를 초기 정착 도시로 선택하는 경향이 늘어나고 있다.

또한 캐나다에서 두 번째로 큰 도시인 몬트리올은 불어권 지역이지만 의외로 영어연수에 대한 만족도가 높고, 상대적으로 다른 대도시에 비해 한국인 비율이 적다 보니, 이 지역을 선호하는 학생들도 많아지고 있다.

캐나다라고 하면 사실 추운 겨울 날씨로 악명이 높아, 날씨에 민감하지 않은 사람이라고 해도, 그 부분을 생각하지 않을 수 없을 것이다.

사실 캐나다의 겨울, 많이 춥다. 그리고 길다. 눈도 엄청 많이 온다. 난 정말 추운 걸 못 견디는 편이라 캐나다 동부 쪽에서 공부했던 친구가 한겨울에 삽으로 눈을 푸면서 등교를 했다는 말에, 이것 저것 더 따져 볼 것도 없이 밴쿠버를 선택했다. 하지만 캐나다를 두루 돌아본 후 내 생각은 바뀌었다.

캐나다는 대부분 난방시설이 잘 되어 있으며, 건물과 건물 사이에 통로를 연결하거나, 지하를 거대한 도시처럼 연결하여 추운 겨울에는 건물 내부에서 활동할 수 있도록 시설이 잘 되어 있다. 제설작업이나 그에 대한 대비책 또한 잘 되어 있다. 그리고 추운 나라라고만 생각했던 캐나다의 여름은 무척이나 덥다.

그러니 지역을 선정할 때, 날씨를 주 목적보다 더 먼저 고려하지는 않았으면 한다.

그럼 좀 더 자세히 지역별 특징을 살펴보도록 하자.

지역별 설명

몬트리올(Montreal)

몬트리올은 캐나다 제2의 도시로 북미의 파리로도 불리는데, 재즈 페스티발 기간이면 특히 프랑스에 온 것 같은 분위기를 더욱 느낄 수 있다. 불어 공용어권 지역의 대표 도시인 몬트리올은, 중세의 분위기를 흠뻑 느낄 수 있는 구시가지와 현대적인 분위기의 고층건물이 늘어선 신시가지로 구분되어 있다. 큰 도시인데 반해 다운타운은 그리 크지 않고, 대부분 주거지역이다. 캐나다 명문대 중 하나인 맥길대로 유명한 몬트리올에는 영어뿐 아니라 불어를 배울 수 있는 학교도 있다. 몬트리올에 사는 대부분의 사람들이 불어와 영어를 모두 잘하므로 불어를 하지 못한다고 해서 생활의 불편함이 있는 것은 아니지만, 거리 이름이나 건물 명칭 등이 불어식 발음이다 보니 처음에 조금 당황할 수도 있다. 몬트리올의 날씨는 한국과 비슷하지만, 겨울이 조금 더 긴 편이다.

빅토리아(Victoria)

브리티시 콜롬비아주의 수도인 빅토리아의 지역명은 빅토리아 여왕이 이곳을 식민지로 삼은 데서 유래되었다. 밴쿠버 섬에 위치한 북미 최고의 미항으로 가장 영국적인 분위기와 전통으로 가득 찬 도시다. 행정 중심 도시로서 교육과 관광의 도시로 발전되었으며, 연중 온난한 기후로 꽃과 정원의 도시로 불리고 있다. 특히 빅토리아는 캐나다에서 가장 쾌적한 환경과 기후를 가지고 있어 캐나다인들이 가장 살고 싶어하는 지역이며, 편안한 노후를 보내기 위해 많이 선택하는 지역이다. 그렇다 보니 노인층 인구가 많은 지역이기도 하다. 밴쿠버에서 페리를 이용 시 1시간 반 정도의 가까운 거리에 위치하고 있어, 캐나다 서부 지역 중 밴쿠버 다음으로 이곳을 선택하는 학생들이 늘어나고 있다. 빅토리아는 지리적으로 태평양에 근접하여 기후가 온화하다. 여름은 섭씨 25도 내외지만 아침저녁으로는 얇은 스웨터나 자켓이 필요하다. 겨울철은 섭씨 0~10도 전후의 기후로 영하로 내려가는 날이 거의 없지만 비가 자주 오는 편이다.

오타와(Ottawa)

캐나다의 수도를 물어보면, 밴쿠버나 토론토를 떠올리는 사람들이 많을 것이다. 하지만 캐나다의 수도는 바로 오타와다. 오타와는 한국 수도인 서울처럼 크고 복잡한 도시는 아니지만 정치와 행정의 도시이며 캐나다의 역사와 전통이 숨쉬는 도시이기도 하다. 오타와는 가장 살기 좋은 10대 도시 중 하나로 선정되었으며, 범죄율이 낮고, 대중교통이 편리하며 저렴하다. 오타와 전체인구의 약 2/3가 영국계, 1/3이 프랑스계로 구성되어 있는데, 그 중 약 40%가 공무원이며, 약 60% 이상의 사람들이 정부와 직간접적으로 관련된 일에 종사하고 있다고 한다. 보통 10월부터 5월까지 눈이 올 정도로 겨울이 긴 편이지만, 여름에는 햇살이 아주 강하고 화창하다. 소나기가 자주 오는 편이지만, 한국처럼 습도가 높진 않다.

토론토(Toronto)

캐나다에서 가장 인구가 많은 토론토는 동부 최대의 도시이자 캐나다 경제 수도이다. 다시 말해 금융과 비즈니스, 교육, 경제, 문화, 산업 등 모든 분야의 집결지라 할 수 있다. 특히, 토론토는 캐나다 제1의 공업 지역이며, 북미에서도 공공교통망이 가장 발달된 도시 중 하나로 버팔로, 디트로이트, 시카고와 같은 미국의 대도시와 오대호로 연결되어 있다. 캐나다 대학 랭킹 10위에 속하는 토론토대, 워털루대 등 많은 학교들이 동부 토론토 근처에 있어 교육의 도시로도 불리고 있다. 조용하고 여가를 위한 도시가 밴쿠버나 캘거리라고 한다면, 토론토는 좀더 스피드하고 활기찬 도시라 할 수 있다. 사계절이 뚜렷한 편이지만, 겨울이 길고 영하 18도 이하로 떨어질 정도로 춥지만, 반대로 여름에는 30도 이상 올라갈 정도로 무덥다.

밴쿠버(Vancouver)

밴쿠버는 한국인뿐 아니라, 많은 유학생들이 선호하는 지역 중 하나로, 사계절이 온화하고 안전하여 전세계에서 가장 살기 좋은 도시 1위로 여러 번 선정됐다. 밴쿠버는 토론토의 1/2 정도의 크기지만, 한국인이 많이 늘어 나면서 부동산 가격도 덩달아 올라 생활비가 저렴하지는 않다. 밴쿠버 섬을 발견한 조지 밴쿠버(George Vancouver)의 이름을 따서 지어지게 된 밴쿠버는, 아시아를 연결하는 최대의 무역항이며, 태평양으로 향하는 캐나다의 관문이라 불리는 경제 대도시다. 토론토의 4월이 여전히 겨울인데 반해, 밴쿠버는 3월이면 봄이 시작된다. 밴쿠버의 여름은 건조하고 시원하지만, 겨울은 비가 자주 오는 편이며, 구름이 많이 끼는 우중충한 날들이 많다. 하지만 겨울의 기온이 평균 영상 5도 정도로 온화하여, 한국 학생들이 많이 선호하는 지역이기도 하다. 또한 밴쿠버는 세계적으로 유명한 관광도시로 축제와 이벤트가 많다.

위니펙(Winnipeg)

매니토바 주의 주도이자 매니토바 주 인구의 반 이상이 살고 있는 위니펙은, 우리가 너무나도 잘 알고 있는 '곰돌이 푸우'의 고향이기도 하다. 위니펙은 캐나다 동부와 서부 경계에 위치하여 영국 문화와 프랑스 문화가 잘 조화된 도시이며, 또한 밴쿠버와 토론토를 연결하는 대륙횡단열차 노선 중 거의 중앙에 위치하다 보니 여행객들이 많이 찾는 지역이기도 하다. 광활한 평원 한가운데 있는 도시라 다소 심심함을 느낄 수도 있지만 생활비가 저렴하고 한국인이 적은 지역이다. 위니펙은 세계적으로 유명한 '로얄위니펙 발레단'과 '위니펙 심포니 오케스트라'의 본거지이기도 하다. 사계절이 뚜렷한 지역이지만, 기온차가 심하며 윈터펙이라고 불릴 정도로 캐나다에서 가장 추운 도시이다.

리자이나(Regina)

캐나다 중부 서스캐처원 주의 수도이자 여왕의 도시로 알려진 리자이나는, 와스카나 호수가 도시를 가로질러 펼쳐져 있어 호수의 도시라 불린다. 캐나다에서 가장 햇볕이 잘 비치는 지역으로 대평원의 낙농업 요충 도시이다. 또한 캐나다 퍼시픽 철도·대륙횡단 고속도로·항공로의 요지이기도 하다. 리자이나는 캐나다 왕립 기마경찰대의 본거지이며, 영국계 시민이 전체의 50% 이상을 차지하고 있어, 도시 분위기도 영국적인 느낌이 강하다. 캐나다에서 비슷한 규모의 다른 도시들 중 생활비가 가장 적은 도시이다. 건조한 날씨와 맑은 공기 때문에 햇살이 더욱 눈이 부셔 리자이나에서는 특히 선글라스가 필수이다. 리자이나의 가을은 아주 짧고, 겨울은 보통 다음해 4~5월까지 계속된다.

새스커툰(Saskatoon)

리자이나 다음으로 서스캐처원의 주요 도시인 새스커툰은, 안전하고, 깨끗하며, 캐나다에서 가장 정답고 친화적인 도시로 알려져 있다. 또한 학비와 생활비 면에서도 기타 다른 지역보다 저렴하다. 공원과 넓은 강변, 오솔길이 많으며, 사계절 독특한 느낌을 선사하는 지역이다. 강우량은 낮아서 비교적 건조한 편이며, 여름은 따뜻하고 겨울은 다소 추운 지역이다.

에드먼턴(Edmonton)

에드먼턴은 앨버타주의 수도이자, 캐나다에서 6번째로 인구 규모가 큰 도시이다. 세금이 저렴하고 소비성이 가장 높으며 앨버타주의 의사당이 위치해 있어 행정 도시의 기능을 하고 있다. 북쪽 서스캐처원 강을 한가운데에 끼고 발전한 에드먼턴은, 아름다운 전원의 도시로 알려져 있으며, 특히 아름다운 일출과 일몰로 유명한 도시이다. 에드먼턴 북쪽은 다운타운으로 현대적인 빌딩들이 늘어서 있고, 남쪽은 나무가 많은 공원과 주택가이며, 앨버타 주립대학이 자리잡고 있다. 에드먼턴은 원유와 천연가스, 광물 등의 자원이 풍부하며, 농작물과 목축업이 발달되어 있다. 평야지역이다 보니 대체로 바람이 잦으며, 여름에는 낮이 길어 늦은 시간까지 환하지만, 겨울은 낮의 길이가 짧고 눈이 많이 내린다. 또한 록키산맥의 영향으로 추운 날씨가 지속된다.

런던(London)

영국에만 런던이 있을 것 같은가? 캐나다에도 런던이 있다. 토론토와 나이아가라 폭포, 미국 디트로이트와 2시간 거리에 위치한 온타리오 주에 속하는 런던은 캐나다에서 10번째 규모의 도시이다. 런던은 숲의 도시로 불리며, 전원적인 느낌을 주면서도 도시의 모든 기능을 갖추고 있다. 은퇴한 캐나다인들이 선호하는 도시인 만큼 노인 인구 비율이 높은 편이지만, 그만큼 안전하고 깨끗하다. 웨스턴 온타리오 대학, 팬쇼컬리지 등 대학 및 학교가 많은 교육도시여서 영어를 배우기에도 좋은 환경을 갖추고 있는 도시이다. 아파트 렌트비가 토론토에 비해 저렴한 편이며, 한인 수가 대도시보다 적어 최근 조기유학과 어학연수, 이민 정착지로 떠오르는 지역 중 하나이다. 겨울은 눈이 많이 내리며, 여름은 짧지만 쾌적한 편이다.

핼리팩스(Halifax)

세계에서 두 번째로 큰 자연 항구를 가진 핼리팩스는 생동감이 넘치는 도시로 관광이 주 산업이며, 어업도 성행하고 있다. 핼리팩스는 캐나다 역사가 살아 있는 곳으로, 한국의 경주와 느낌이 비슷할 것이다. 낮은 실업률과 높은 취업률, 낮은 범죄율과 저렴한 물가로 살기 좋은 도시로 알려져 있다. 특히 이 지역은 타이타닉이 침몰한 곳으로 타이타닉 전시물로 유명하다. 겨울에 눈이 많이 온다는 단점이 있기는 하지만 사계절이 뚜렷하며, 해양성기후로 밴쿠버 지역 다음으로 따뜻하다.

샬럿타운(Charlottetown)

소설 《빨강머리 앤》의 고향이기도 한 프린스 에드워드 아일랜드(PEI)의 주도이자, 연방제에 대해 처음 논의한 곳이다. 캐나다의 탄생지라 할 수 있는 샬럿타운은 캐나다 전체 감자 생산량의 30%를 차지하고 있으며, 특히 토양의 색이 빨간색으로 유명하다.

킬로나(Kelowna)

비행기로 밴쿠버에서 1시간, 캘거리에서는 2시간 정도 거리에 위치한 킬로나는, 밴쿠버에 비해 30~40% 정도 생활비가 저렴하다. 오카나간밸리의 한가운데에 위치해 교통의 요지이며, 규모가 꽤 크다. 킬로나 시내에는 오카나간 호수를 중심으로 펼쳐진 크고 작은 공원들이 60개가 넘으며, 하이킹, 세일링, 윈드서핑, 스키, 골프 등 다양한 야외스포츠를 즐기기 좋은 지역이다. 특히 오카나간 와인 페스티발로 유명하다.

캠루프스(Kamloops)

밴쿠버를 기준으로 동쪽에 있으며 차로 4시간 정도의 거리에 위치한 캠루프스는, 대도시 수준의 각종 편의시설이 갖춰져 생활이 편리하고, 물가도 저렴하다. 공원과 호수가 많으며, 8월 말 파우와우(pow-wow축제, 캐나다 원주민 축제)로 유명해진 지역이다. 온화한 기후로 오래 전부터 인디언들이 겨울을 나던 지역이기도 하여 이를 기념하기 위해 인디언 보호구로 지정해 박물관이 운영되고 있다.

캘거리(Calgary)

맑은 물(Clean Water)이라는 뜻을 가진 캘거리는 세계보건기구(WHO)가 선정한 '세계에서 가장 안전한 도시' 중 하나이다. 동계올림픽 개최지이기도 했던 캘거리는 물가가 저렴하며, 평균 학력이나 1인당 GDP, 인구증가율이 가장 높은 도시이다. 또한 세계 환경부문 평가에서 1위를 차지한 도시이기도 하며, 관광산업이 발달되어 있다. 캐나다에서 가장 햇볕 비치는 시간이 긴 지역이다 보니, 'Sunshine City'라고도 불린다. 여름의 햇살은 뜨겁고 눈부시지만, 건조하여 그늘에서는 시원하다. 일교차가 크므로 한여름에도 긴 소매 옷이 필요하다. 겨울의 평균 기온은 한국보다 낮지만, 한국에 비해 많이 춥지는 않다. 하지만 한국의 삼한사온처럼 날씨가 변덕스러운 편이다.

해밀턴(Hamilton)

해밀턴은 토론토 남쪽으로 1시간, 나이아가라 폭포 북쪽으로 1시간 거리이며, 미국 국경과 버팔로까지는 육로로 1시간, 뉴욕까지는 항로로 1시간권 안에 위치한 교통의 요충지이다. 하키팀(Bulldogs)과 풋볼팀(The Tiger Cats)의 본 고장이기도 하다. 다른 지역보다 습기가 조금 높고 날씨의 변동이 낮은 편이며, 대체로 온화한 날씨이다.

휘슬러(Whistler)

세계에서 2번째로 큰 스키 리조트인 휘슬러는 겨울이면 전세계의 스키인들을 불러 모으고 있다. 밴쿠버에서 차로 약 1시간 반 정도 거리에 위치해 있으며, 해발 2000m의 휘슬러 마운틴 스키장은 오랜 역사에도 불구하고 현대식 시설이 갖춰져 불편함이 없다. 특히, 스키장이나 그 주변에서 일을 하고 싶은 워홀러들도 겨울이면 이 지역을 찾고 있다.

밴프(Banff)

밴프는 록키산맥을 여행하고자 하는 이들이 꼭 들르는 관문과도 같은 도시로, 록키산맥의 전경을 병풍처럼 두르고 있어 록키산맥의 도시로 잘 알려져 있다. 주변 높은 산맥들의 영향으로 겨울에는 매우 춥다. 캘거리에서 서쪽으로 약 1시간 정도 거리에 있다.

퀘벡시티(Quebec City)

퀘벡의 주도인 퀘벡시티는 캐나다의 프랑스로 알려졌으며, 캐나다에서 가장 오래된 도시로 북미 대륙에 있는 유일한 성곽도시이다. 아름다운 자연과 함께 프랑스의 문화와 역사가 살아 숨쉬는 곳이다. 절벽 위의 어퍼타운(Upper town)과 아래의 로어타운(Lower town)으로 이루어졌으며 다시 구시가지와 신시가지로 구분된다. 구시가지는 마치 중세 유럽도시처럼 고풍스럽고 아기자기한 매력을 가지고 있다. 이곳에서만 살았던 나이 드신 분들의 경우, 영어를 잘 못하기도 한다. 퀘벡시티에는 영어연수 학교가 없으며, 취업을 하기에도 적당한 지역은 아니다. 다만 귀국하기 전, 여행지로 꼭 한 번 가보기를 권한다.

주요 지역별 공식사이트
토론토 http://www.toronto.ca
밴쿠버 http://www.vancouver.ca
빅토리아 http://www.victoria.ca
몬트리올 http://ville.montreal.qc.ca
에드먼턴 http://www.edmonton.ca
위니펙 http://www.winnipeg.ca

> 캐나다 날씨 정보
> **캐나다 기상청**
> http://www.weatheroffice.gc.ca
> **기상 네트워크**
> http://www.theweathernetwork.com

날씨 및 지역별 평균 기온

캐나다는 광활한 대륙의 크기만큼이나 지역에 따른 기후 차이도 크다. 서부 산악지역에서는 5월에도 스키를 탈 수 있는 반면, 중부지역에서는 튤립축제가 벌어질 정도로 지역별 기후의 차이가 크다. 캐나다는 봄과 가을이 대체적으로 짧다 보니, 겨울과 여름에는 극과 극의 날씨가 연출되는 나라이다. 캐나다 하면 하얀 눈과 길고 추운 겨울 날씨만 떠올리는 사람도 있겠지만, 30도가 훌쩍 넘는 무더운 여름도 함께 있는 나라가 바로 캐나다이다.

★봄

2월 말 정도부터 서부 해안지역을 시작으로 캐나다에 봄이 찾아온다. 하지만 그 외 대부분의 지역은 4~5월까지도 쌀쌀한 편이다.

★여름

캐나다의 여름은 캐나다를 여행하기에 좋은 시기이다. 특히 록키산맥 등의 산악지대를 여행하기에 최적이라고 할 수 있다. 지역별로 5월 말부터 8~9월까지 여름이 이어진다. 평균 22~25도 정도의 기온이지만, 무더울 때는 30도를 넘기도 한다.

★가을

캐나다 하면 많이 쓰이는 이미지인 빨강 단풍잎! 가을에는 아름답게 물든 단풍을 즐길 수 있다. 가을이 그렇게 길지는 않으며, 보통 9~10월 정도가 가을이다.

★겨울

밴쿠버가 있는 서부 해안지역의 경우에는 날씨가 온화하고 비가 자주 오는 편이지만, 겨울철 대부분의 캐나다 지역은 하얀 눈이 내린다. 이 시기에는 캐나다 사람들뿐 아니라, 세계 각국의 관광객들이 스키를 즐기기 위해 캐나다를 찾는다.

주요 지역별 월별 평균 최고/최저 기온

섭씨°C (최저/최고)	1월	2월	3월	4월	5월	6월
밴쿠버	0/6	1/8	5/13	5/13	8/16	11/19
에드먼턴	-19/-8	-16/-4	-17/1	-3/9	3/17	7/21
위니펙	-23/-12	-20/-9	-11/-1	-3/9	5/19	10/23
오타와	-15/-5	-13/-4	-6/2	3/15	7/19	12/24
토론토	-10/-2	-10/-1	-4/4	1/11	6/18	11/24
몬트리올	-14/-5	-13/-3	-6/2	1/11	7/19	13/23
핼리팩스	-9/-1	-10/-1	-5/3	1/9	4/15	9/20

섭씨°C (최저/최고)	7월	8월	9월	10월	11월	12월
밴쿠버	13/22	13/22	10/18	6/14	3/9	1/6
에드먼턴	9/23	8/22	3/17	-1/11	-10/0	-17/-6
위니펙	13/26	12/25	6/19	0/11	-8/0	-18/-9
오타와	15/26	14/25	9/20	3/13	-2/5	-11/-3
토론토	14/27	13/26	9/21	4/14	0/7	-6/0
몬트리올	15/26	14/25	9/20	4/13	-1/5	-10/-2
핼리팩스	13/23	13/23	9/29	4/13	0/7	-6/1

주요 지역별 평균 생활비 비교

세계 도시의 생활비를 비교한 Numbeo의 통계자료(2014년)에 의하면, 캐나다 전체 도시 중, 토론토, 밴쿠버, 몬트리올, 캘거리, 오타와 순으로 생활비가 비싼 것으로 나타났다.

다음 표는 주요 생활비 품목별, 지역별의 평균 비용이다. (브랜드, 질, 구입처 등에 따라 본인의 실제 지불금과 차이가 있을 수 있음)

캐나다 주별 세금
- 밴쿠버, 빅토리아 BC주 12%
- 토론토, 런던 ON주 13%
- 몬트리올 QC주 14,975%
- 에드먼턴, 캘거리 AB주 5%
- 위니펙 MB주 13%
- 핼리팩스 NS주 15%

생활비 비교

	밴쿠버	토론토	몬트리올	에드먼턴	위니펙
일반 식당	12불	13불	12불	14불	15불
햄버거 세트	8불	8불	8불	8불	8불
국산맥주 500ml	5.8불	2.50불	3.50불	2.55불	3.65불
카푸치노	4불	3.50불	3불	4불	3.50불
우유 1L	2불	2불	2불	2.15불	1.50불
물 1.5L	2불	2불	1.50불	3불	1.75불
쌀 1kg	5불	3불	4불	3불	4.50불
공과금(25평)/월 (전기,물,가스 등)	150불	200불	116불	247불	150불
교통비/월	100불	126불	75불	85불	77불
아파트 렌트비/월 (원룸,다운타운)	1400불	1500불	900불	1195불	860불

	빅토리아	캘거리	핼리팩스	런던
일반 식당	12불	15불	12불	15불
햄버거 세트	7.50불	8불	8불	8불
국산맥주 500ml	3.50불	3불	4.50불	3.75불
카푸치노	3.88불	4불	3.50불	3.15불
우유 1L	1.85불	2불	2.20불	2불
물 1.5L	2불	2.50불	2.50불	2.05불
쌀 1kg	2.07불	4불	2.95불	2.50불
공과금(25평)/월 (전기,물,가스 등)	150불	210불	160불	117불
교통비/월	85불	94불	70불	75불
아파트 렌트비/월 (원룸,다운타운)	950불	1300불	960불	880불

(주별 세금 미적용. 2014.1 기준 by Numbeo http://www.numbeo.com)

5. 영어연수를 위한 학교 선택

캐나다에 가는 목적은 저마다 다르겠지만, 일단 캐나다행을 계획했다면 누구나 영어로 어느 정도 의사소통은 가능해야 한다. 영어연수가 주목적인 사람도, 워킹홀리데이 비자나 코업, 인턴십 비자로 일을 하고자 하는 사람도, 자신의 영어실력이 부족하다면 영어실력 향상을 위해 영어연수를 계획하고 있을 것이다.

영어연수를 위한 학교 선택에 앞서, 자신의 현재 영어실력, 공부하고 싶은 과정, 투자 가능한 비용, 연수 가능 기간, 자신의 스타일 및 원하는 공부 환경 등을 먼저 생각해야 한다. 이런 여러 가지 사항을 고려해 자신에게 가장 적합한 영어연수 프로그램과 학교를 선택하고 또 그에 맞는 계획을 짜야한다.

영어연수를 하는 목적을 물어보면, 그냥 영어를 잘하고 싶다고 말하는 경우가 대부분이다. 하지만 영어를 왜 잘해야 하는지, 잘한다는 기준은 어느 정도인지는 사람들마다 다를 것이다. 어떤 사람은 진학을 위해 영어가 필요할 수 있고, 또 다른 이는 취업을 위한 영어가 필요할 수도 있다. 따라서 자신의 목적에 맞는 구체적인 계획을 짜는 것이 비용과 기간을 따져 봤을 때, 더 효율적으로 영어실력을 향상할 수 있는 최선의 방법이다.

영어연수 학교를 선택하려고 하니, 이것저것 고려해야 할 점이 많을 것이다. 대학부설은 무엇이고, 사설어학원은 무엇이며, 학교의 규모가 크고 작다는데 뭐가 다른 것인지, 특별과정은 무엇인지, 머리가 복잡할 것이다.

자, 그럼 영어연수 학교를 선택하기 위한 여러 가지 사항을 좀 더 구체적으로 비교해보자.

사설어학원 vs 대학부설

영어연수를 할 수 있는 교육기관은 크게 사설어학원과 대학부설로 나뉜다. 한국과 비교하자면 사설어학원은 일반 영어학원들이고, 대학부설은 대학교 내 어학당과 같은 개념이다. 두 교육 기관은 프로그램의 질이나 강사의 자질 면에서는 큰 차이가 없으나 운영 특성상 몇 가지 차이점을 보인다.

사설어학원은 일반영어과정뿐 아니라, 각종 영어시험준비과정, 통번역, 영어교사자격증 과정 등 다양한 영어과정을 제공하고 있으며, 선택수업이나 방과 후 액티비티 프로그램 또한 다양하고 활발하게 이뤄진다. 큰 규모의 사설어학원의 경우, 학생들의 원활한 관리를 위해 각 국적별 상담자를 배치해 영어가 서투른 학생들을 도와주고 있다. 또한 매월 또는 매주 개강하므로 스케줄 짜기가 용이하다는 장점이 있고, 대부분의 어학원은 다운타운 쪽에 위치해 있어 각종 편의시설들이 가깝이 있다. 규모나 학비, 제공하는 과정 등은 사설어학원마다 차이가 큰 편이다. 또 대학부설에 비해 국적비율이 다양하다.

대학부설의 영어과정은 주로 캐나다 대학교의 진학을 목적으로 하는 학생들의 영어실력 향상을 위해 운영된다. 그래서 아카데믹한 영어에 초점이 맞춰져 있으며, 사설어학원에 비해 과정이 다양하지는 않다. 하지만 대학진학이 목적이 아닌 학생들도 대학교내 시설 등을 이용할 수 있고, 현지 대학생들과 만남의 기회를 가질 수 있다는 장점 때문에 대학부설을 선호하기도 한다. 캐나다 대학부설의 경우, 보통 1, 5, 9월 학기 시작과 함께 개강하다 보니, 출국 일정과 개강일을 맞추기 힘들 수도 있다. 하지만 진학을 목적으로 하지 않는 학생들을 위해 일부 대학부설의 경우, 좀 더 여러 번 개강일을 제공하는 곳도 있다.

사설어학원

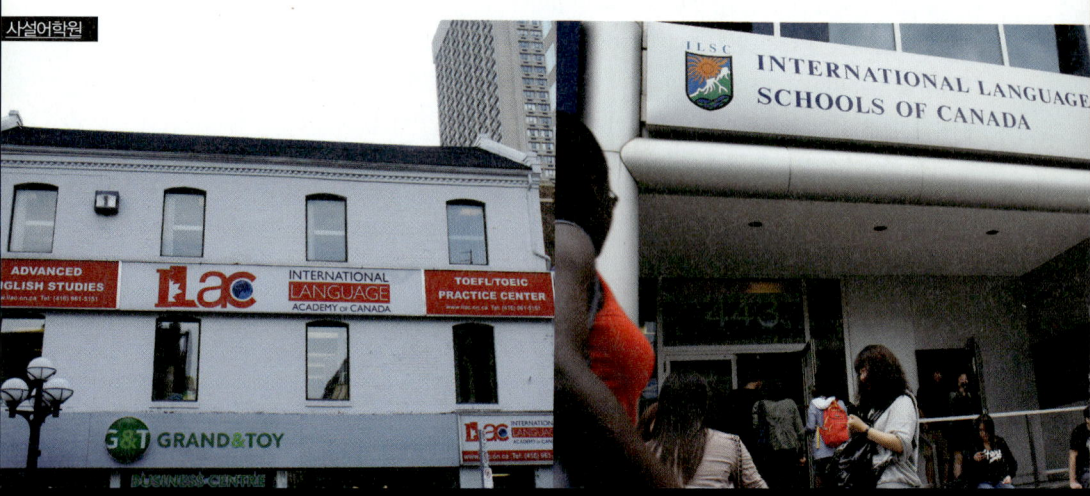

	사설어학원	대학부설
특징	제공하는 과정이 다양 방과 후 활동 다양 학생들의 실력체크 및 관리가 잘되는 편	아카데믹한 영어 과정 위주 레벨이 높은 경우, 대학수업 청강도 가능 대학교내 시설 이용 가능 기숙사를 이용할 수도 있음
국적비율	유럽, 남미 등 국적비율 다양 한국인 비율 평균 20~40%	한국학생 비율은 보통 사설에 비해 낮지만, 유럽학생들 비율도 낮은 편
학비	대학부설에 비해 저렴	사설어학원에 비해 비쌈
개강일	매주 월요일 또는 매월	1, 5, 9월 (매월 개강하는 곳도 있음)
위치	주로 다운타운	대학교(주로 외곽에 있음) 캠퍼스 내

대도시 학교 vs 중소도시 학교

대도시 지역에는 토론토, 밴쿠버, 몬트리올, 캘거리, 에드먼턴, 오타와 등이 속하고, 빅토리아, 핼리팩스, 해밀턴, 위니펙, 런던 등은 중소도시로 분류할 수 있다.

캐나다의 어학연수는 밴쿠버와 토론토에서 시작되어 다른 지역으로 뻗어 나갔다. 그래서 밴쿠버와 토론토 지역 쪽에 퀄리티 높은 학교들이 많이 밀집되어 있고 다양한 과정들을 제공하고 있어, 다른 도시에 비해 학교 선택의 폭이 넓다.

또한 중소도시에 비해 대도시는 대중교통이 편리하고, 생활 편의시설이 잘되어 있다. 또한 다양한 문화체험의 기회가 많은 것이 장점이다. 반면에 중소도시는 대도시에 비해 학비와 생활비가 적게 들며, 한국인 비율이 상대적으로 적고, 대도시 사람들에 비해 친절하고 여유가 있다. 하지만 그만큼 학교의 수도 적고 규모도 크지 않다 보니, 학교 선택의 폭이 좁다.

장기 영어연수를 계획하고 있다면, 중소도시에서 3~6개월 정도 학업 후, 가

까운 대도시로 옮겨 나머지 영어연수를 하는 것도 좋은 방법일 수 있다. 하지만 이미 적응한 도시를 떠나 새로운 지역으로 간다는 것이 생각만큼 쉽지 않을 수 있으므로, 충분히 고민한 뒤에 결정해야 한다.

	대도시 학교	중소도시 학교
장점	퀄리티 높은 학교와 강사진 학교 선택의 폭이 넓음 생활 편의시설이 잘되어 있음 다양한 볼거리와 문화생활을 누리기에 적합	한국인 비율이 낮음 학비와 생활비가 대도시에 비해 저렴 친절한 지역주민
단점	학비와 생활비가 중소도시에 비해 비쌈 한국학생이 많음 한국문화가 잘 발달되어 유흥에 빠지기 쉬움	학교 선택의 폭이 적음 국적비율이 다양하지는 않은 편 다양한 문화체험의 기회가 좁은 편
국적비율	다양한 국적 비율	대도시에 비해 상대적으로 한국인이 적음
학비	중소도시 학교의 학비보다는 비쌈	대도시 지역 학교에 비해 저렴

큰 규모의 학교 vs 중소 규모의 학교

규모가 큰 학교들의 학생수는 평균 400~500명 정도인데, 성수기에는 800~900명 정도까지 수용할 수 있다. 이런 학교들의 경우, 밴쿠버, 토론토, 몬트리올 등 주요 도시에 캠퍼스를 가지고 있어, 지역별 캠퍼스 이동이 가능하고, 어떤 학교는 한 지역에 여러 개의 캠퍼스를 가지고 있어, 캠퍼스별로 제공하는 과정이 다른 경우도 있다. 소규모 학교에 비해 체계적인 운영시스템을 가지고 있으며, 시설이 좋은 편이다. 다양한 과정을 제공하고 있어, 다양한 목적을 가진 여러 국적의 학생들을 만날 수 있다. 또한 자체적인 교재로 수업하는 학교들도 있다.

중소 규모의 학교에는 평균 100~300명 정도의 학생들이 공부하고 있다. 규모가 큰 학교에 비해 학생수가 적다 보니, 선생님과 학생의 친밀도가 높으며 가족적인 분위기인 곳이 많다. 따라서 규모가 큰 학교는 좀 더 활발하고 적극적인 학생에게 맞고, 중소 규모의 학교는 조금 내성적인 학생에게 맞는 학교라고 할 수 있다. 중소 규모의 학교는 다양한 과정을 제공하기보다는 특화된 몇 개의 과정만을 제공하는 경우가 많으며, 큰 규모의 학교에 비해 학비가 저렴하다.

	큰 규모의 학교	중소 규모의 학교
장점	여러 도시에 캠퍼스를 운영하고 있어 캠퍼스 간 이동 가능 체계적인 시스템과 시설이 좋음 다양한 과정 제공	선생님과 친밀도가 높으며 가족적인 분위기 특정 과정을 전문으로 운영하는 경우가 많음
단점	학생 개개인에 대한 관심도는 떨어질 수 있음 소극적일 경우 처음에 적응하지 못할 수 있음	과정이 다양하지 않음 고급레벨 과정이 부족
학비	상대적으로 비싼 편	상대적으로 저렴

다양한 영어 프로그램

학교마다 차이는 있지만, 일반적으로 영어연수 과정은 풀타임(full time) 기준으로, 월요일부터 금요일까지 주당 22~30시간 정도의 수업을 제공하고 있다. 수업시간을 선택해서 등록 가능하며, 수업량이 많을수록 학비가 더 비싸다. 수업량이 많다고 해서 무조건 영어실력이 급상승하는 것은 아니다. 학교생활도 중요하지만, 친구들과의 만남이나 문화생활을 통해서도 영어가 늘기 때문이다. 하지만 영어실력이 기초인 탓에, 스스로 공부하거나 문화생활을 통해 영어실력을 늘리기 어려울 경우, 처음에는 학교의 감독하에 공부하는 시간을 많이 갖는 것도 좋다.

영어연수 교육기관은 첫날에 레벨테스트를 통해 학생 개개인의 실력을 체크해 반을 결정하고, 정기적으로 5~10주 정도에 한번씩 레벨테스트를 실시하고 있다. 처음에는 보통 일반영어과정을 시작하지만 레벨이 올라가면, 특별영어과정으로 변경할 수 있다. 캐나다에서는 일반영어과정을 ESL이라 하고, 특별영어과정을 POST ESL이라고 한다.
그럼 일반영어과정과 POST ESL 과정에는 무엇이 있는지 알아보자.

★일반영어 General English

어느 학교에나 기본적으로 제공되는 과정으로, 낮은 레벨부터 높은 레벨까지 개설되어 모든 학생이 수강할 수 있다. 읽기, 쓰기, 듣기, 말하기를 기본으로 하여, 문법, 어휘력, 발음 등을 배우기 때문에, 한 영역에 치우치지 않고 고르게 영어실력을 향상시킬 수 있다.

★대학진학 목적의 영어 Academic English/ University pathway program

캐나다 또는 다른 영어권 국가의 대학교에 진학을 목적으로 하는 학생들을 위한 과정으로 대학교에서 필요한 영어를 배운다. 학문을 위한 읽기 및 쓰기 능력, 강의노트 작성법, 프리젠테이션과 리서치 능력을 향상시키는 데 도움이 되는 과정이다.

★비즈니스영어 Business English

비즈니스 환경에서 많이 쓰이는 영어 어휘력을 배우는 과정으로, 보통 중간(Intermediate)레벨 이상부터 수강이 가능하다. 외국계기업이나 해외취업 등을 희망하는 학생들에게 도움이 되는 과정이다. 비즈니스영어 과정에서도 좀 더 직업별로 특화된 과정을 찾는다면, 항공영어(Aviation English), 관광영어(Tourism English), 의료영어(English for Health)등을 제공하는 학교도 있다.

어학원 교재

★아이엘츠/토플 시험준비과정 IELTS/TOEFL Preparation

북미권 대학교 진학에 필요한 TOEFL시험과 영연방국가의 대학교에 진학할 때 필요한 IELTS시험을 준비하는 과정으로 중간(Intermediate)레벨 이상부터 수강이 가능하다. 진학을 목적으로 시험점수가 필요한 학생들이 주로 수강한다.

★캠브리지 시험준비과정 Cambridge Exam Preparation

캠브리지 시험은 PET, FCE, CAE, CPE 등 다양한 레벨로 제공되며 취업, 진학 준비를 위한 학생들에게 필요한 시험이다. 한국에는 아직 도입단계이지만, 전세계적으로 공인된 영어능력평가시험이다. 특히 이 과정은 유럽학생들의 비율이 높다. 꼭 시험점수를 취득하려는 목적이 아니더라도, 실질적인 영어실력 향상에 많은 도움이 되는 과정이다. FCE과정은 보통 중상급(Upper Intermediate) 레벨 이상부터 수강이 가능하다.

★성인영어 교사자격증-테솔 TESOL

이 과정은 영어를 배우는 과정이 아니라, 영어를 가르치는 교수법을 배우는 과정으로, 영어레벨이 중상급~상급(Upper Intermediate-Advanced)정도는 되어야 수강이 가능하다. TESOL, TESL, TEFL 등 가르치는 대상에 따라 과정이 구분되기는 하나 큰 차이는 없다.

TESOL은 성인영어를 가르치는 과정이며 이 과정 외에도 어린이나 청소년을 가르치는 과정도 있다. 어린이나 청소년을 가르치는 과정은 TESOL보다는 수강 가능한 레벨이 낮은 편이다. TESOL과정은 주로 한국, 일본학생들이 수강하는 편이다.

★통번역 과정 Interpreting and Translation Course

상급 Advanced 이상의 레벨을 요하는 과정으로, 8주 단기 과정에서부터 6개월 과정까지 있다. 기본적인 통번역 기술과 전반적인 이해를 배우는 과정으로, 통번역에 관심이 있거나, 작문, 회화 실력을 좀 더 향상시키려는 사람들에게 적합하다.

★인턴십 프로그램 Internship Program

캐나다의 인턴십 프로그램은 많은 교육기관에서 영어연수와 현장실습 과정을 연계해서 운영하고 있다. 인턴십 프로그램은 유급·무급으로 제공되는데, 유급인턴십의 경우 일정 급여를 받을 수 있다 보니 생활비 절감에 도움이 된다. 유급인턴십은 주로 커피숍, 레스토랑, 호텔 등의 서비스 업종에 배치되며, 무급인턴십의 경우에는 자신의 전공, 경력 등을 고려하여 다양한 직종의 회사에 배치될 수 있다. 무급인턴십의 경우 유급인턴십보다 높은 영어실력을 요한다.

> 캐나다에서 운영되는 영어 과정별 학교 검색
> **Languages Canada**
> http://www.languagescanada.ca/en/study

6. 항공권 구매하기

항공권은 미리 예약해두자. 특히 성수기에는 좌석이 없거나, 있다고 해도 저렴한 요금의 좌석은 일찍 매진될 수도 있으니, 출국일과 출국도시가 정해졌다면 항공예약을 미리 해두는 것이 좋다. 하지만 비자 승인을 기다리고 있는 사람의 경우, 발권 후에 일정을 변경하거나 취소한다면 수수료가 발생할 수 있으므로 비자승인이 난 후 발권하는 것이 좋다.

> **성수기는 언제?**
> 여름 성수기 7~8월
> 겨울 성수기 12~1월

항공요금

항공사에서 직접 항공권을 구입할 수도 있지만, 여행사를 통해서 구입하는 것이 더 저렴하다. 요즘은 인터넷을 통해 저가의 항공권을 많이 알아보는데, 항공료가 저렴하다고 무조건 구매할 것이 아니라 항공 스케줄을 잘 살펴봐야 한다. 간혹 저렴한 항공권의 경우 경유지에서의 경유시간이 너무 길거나, 심지어 1박을 해야 하는 경우도 있다. 이 경우 본인이 숙박비를 지불해야 하다 보니 저렴하게 가려다가 오히려 낭패를 볼 수도 있다.

발권하기 전 반드시 변경, 환불 수수료 및 기타 조건들을 꼼꼼히 살펴보아야 한다.

항공요금에는 별도로 공항세, 유류할증료 등이 부과되는데, 출국시기(비수기/성수기), 항공사, 항공스케줄, 경유냐 직항이냐, 비자종류(학생/워홀/관광비자 등), 좌석의 종류(비즈니스석/이코노믹석) 등에 따라 항공요금은 차이가 있다. 또한 항공권의 유효기간(1년, 3개월 등), 왕복이냐 편도냐에 따라서도 항공요금은 달라지며, 주말 출발의 경우 주중 출발보다 요금이 더 비싸게 적용된다.

일반적인 항공권은 발권을 할 때 귀국일을 정해야 하는데, 항공권 유효기간

> **밴쿠버행, 1년 왕복 기준 평균 항공요금 (Tax 추가 약40~50만원)**
> 토론토행은 밴쿠버행에 비해 약 30~50만원 정도 비싼 편이다.
> **직항** 비수기 130~200만원
> 성수기 170~250만원
> **경유** 비수기 100~170만원
> 성수기 150~190만원
> (항공권은 출국일 기준으로 언제 구입하느냐에 따라서 요금 차이가 크며, 때론 경유보다 직항이 더 저렴할 때도 있다.)

> **항공 마일리지**
> 보통 캐나다 왕복이면, 제주도 왕복 항공을 이용할 정도의 마일리지를 적립할 수 있다. 해당 항공사의 마일리지 카드를 미리 발급하여, 탑승수속시 마일리지 적립을 요청하면 된다. 간혹 저가항공의 경우, 마일리지 적립이 안 되는 경우도 있으니, 미리 확인하자.

내에 언제든지 원하는 날짜에 돌아올 수 있는 오픈항공권도 있다. 오픈항공권 요금이 좀 더 비싸다 보니, 보통은 귀국일을 정하는 항공권을 구매하고 귀국일을 변경한다. 이때 항공사에 따라 귀국일 변경에 따른 수수료가 무료인 경우도 있고 별도로 부과되는 경우도 있으며, 아예 변경 자체가 안 되는 항공권도 있으니, 예약 시 꼭 항공권 컨디션을 확인하도록 하자.

귀국 시에는 국적기가 더 저렴

출발지 국적의 항공사를 이용할 경우, 요금이 더 비싸다. 그래서 한국에서 출발할 때는, 대한항공이나 아시아나 항공이 에어캐나다보다 더 비싸지만, 반대로 캐나다 출발일 경우, 한국 국적기가 더 저렴하다. 편도로 캐나다 입국한 경우라면, 귀국시 국적기를 이용하는 것도 좋을 것이다.

직항과 경유항공, 스톱오버

캐나다에는 밴쿠버, 토론토, 몬트리올, 캘거리, 오타와 등 주요 도시에 국제공항이 있다. 하지만 한국에서 출발하는 국제선은 밴쿠버와 토론토로 들어가며, 직항노선도 이 두 도시로만 가능하다. 따라서 몬트리올, 캘거리 등 다른 도시로 갈 경우, 밴쿠버, 토론토를 경유해서 국내선을 이용해야 한다.

직항(nonstop)은 비행기를 중간에 갈아타지 않고 도착지로 바로 가는 것을 말하며, 경유/환승(stop/transfer)은 최소 1회 이상 중간에 비행기를 갈아타고 목적지까지 가는 것을 말한다.

직항의 경우 인천에서 밴쿠버까지 약 10시간 정도, 토론토까지는 약 13시간 정도 소요된다.

제3국을 경유하는 항공의 경우 경유지에서 며칠 동안 체류가 가능한데, 이것을 스톱오버(stopover)라고 한다. 체류가능 기간은 항공사, 경유국가에 따라 다르며, 경유하는 나라의 입국을 위해 별도의 비자가 필요한 경우도 있으므로, 스톱오버를 원할 경우 미리 비자법도 확인해 둬야 한다.

경유하는 항공이 직항보다 요금이 더 저렴한 편이라, 많은 사람들이 경유항공을 선호하는 편이다. 하지만 경유항공의 경우 유료할증료 인상, 경유지의

코드셰어(Code Share)
2개의 항공사가 1개의 항공기를 공동 운항하는 것이다. 아시아나 항공의 경우, 에어캐나다와 밴쿠버 직항노선을 코드셰어 한다. 아시아나 항공권으로 에어캐나다 항공기를 이용하는 것이다.

공항세 등 추가되는 요금이 높다 보니, 총 항공운임을 비교하면 직항과 별반 차이가 없는 경우도 있다. 따라서 총 항공요금과 스케줄 등을 잘 비교해서 구입하는 것이 좋다.

처음 해외를 나가는 경우, 영어도 잘 못하는데 중간에 다른 나라를 경유한다는 것이 막막하고 두렵게만 느껴질 수도 있다. 하지만 한번 경험하고 나면 경유하는 것이 그렇게 어렵게 느껴지지는 않을 것이다.

캐나다의 대표적인 항공사인 에어캐나다는 밴쿠버까지만 직항노선을 운행하였으나, 2013년 6월부터 토론토 직항노선을 재취항하였다. 밴쿠버까지는 에어캐나다를 비롯해, 대한항공, 아시아나항공이 직항노선을 운행하고 있으며, 토론토까지는 기존의 대한항공과 에어캐나다도 운행을 시작한다.

캐나다행 경유항공으로는 일본 JAL항공, 홍콩 케세이퍼시픽항공, 필리핀항공 등이 있다.

7. 출국 전 준비 및 짐 꾸리기

출발하기 전 미리 준비해야 하는 것들을 알아보자.

환전하기(현금&여행자수표)

캐나다로 출발하기 전, 한국의 시중은행에서 캐나다 화폐로 미리 환전하는 것이 환율적으로 가장 이익이 된다.

캐나다에서 직접 환전을 하거나, 출국 전 국내 공항에 있는 환전소를 이용하는 경우는, 국내 시중은행에서 환전하는 것에 비해 환전수수료가 매우 높기 때문이다. 그러니 필요한 비용만큼 국내 시중은행을 이용해 미리 환전해 두는 것이 바람직하다.

외환은행뿐 아니라, 대부분의 제1금융권 은행에서는 캐나다 달러를 보유하고 있다. 하지만 간혹 작은 지점의 경우, 자신이 원하는 만큼의 금액이나 원하는 종류의 달러를 보유하고 있지 않은 경우도 있을 수 있으니, 미리 전화로 문의해보고 가는 것이 좋다.

환전수수료란 외환 매매기준율과 현금을 살 때 환율의 차액을 말하는데, 은행마다 환전수수료는 조금씩 다르다. 환전하고자 하는 금액이 적다면 환전수수료가 얼마 되지 않지만, 금액이 크다면 환전수수료 또한 적지 않은 금액이다. 이럴 때 환율우대를 받을 수 있다면, 조금이나마 도움이 된다. 환율우대란 환전수수료를 할인해주는 것인데, 유학원이나 은행 온라인 사이트를 통해 환율우대 쿠폰을 얻을 수 있으니, 은행 방문 전 미리 체크해보자.

캐나다 화폐

> **캐나다 동전의 닉네임**
> 페니 1센트 동전
> 니켈 5센트 동전
> 다임 10센트 동전
> 쿼터 25센트 동전
> 루니 1달러, 2달러 동전

캐나다의 화폐 단위로는 센트와 달러를 사용하는데, 1센트, 5센트, 10센트, 25센트 동전 외에도 각각 '루니(loonie)'와 '투니(toonie)'라 불리는 1달러, 2달러 짜리 동전이 있다. 지폐는 각각 색깔과 디자인이 다른 5달러(청색), 10달러(보라색), 20달러(녹색), 50달러(적색), 100달러(갈색)로 나뉜다.

장기 체류를 계획하는 경우 가자마자 은행계좌를 만들기 때문에 도착해서 처음 한 달 정도 쓸 생활비 정도만 환전해가고 송금을 받도록 하는 게 좋다. 송금수수료를 아끼기 위해 많은 돈을 한번에 환전해가면 캐나다 입국 시 따로 세관에 신고를 해야 하고(미화 10,000불 이상을 소지한 경우), 초기 정착 때 분실의 위험도 있으니 너무 큰 돈을 환전해 가지 않는 것이 좋다. 일상 생활에서는 20달러와 50달러 지폐를 가장 많이 사용한다.

캐나다에 도착해 당장 쓸 금액을 제외한 금액은 현금과 동일하게 사용할 수 있는 여행자수표(T/C: traveler's check)로 환전하는 것이 좋다. 여행자수표는 분실했을 경우, 재발급이 가능하며, 현금으로 환전했을 때보다 환율이 더 저렴하다. 자신이 환전하고자 하는 총 금액의 3:7정도의 비율로 현금과 여행자수표로 환전하면 적당하다. 여행자수표는 서명하는 곳이 두 군데 있는데, 한 군데에는 여행자수표를 구입한 후 바로 여권과 동일한 서명을 해두어야 한다. 이때 서명뿐 아니라, 수표발급번호를 따로 적어두어야만 수표 분실 시 재발급 받을 수 있다. 그리고 수표를 사용할 때는 수표를 받을 사람의 앞에서 나머지 서명란에 직접 서명을 하면 된다.

여행자수표

여행자수표도 현금과 동일하게 사용은 가능하지만, 보통 100달러나 200달러처럼 큰 단위로 구입하다 보니 사용이 불편할 수 있다. 또 여행자수표를 받지 않는 곳도 있으므로, 캐나다에 도착해서 은행 계좌를 개설한 후 바로 입금시키는 것이 좋다. 이때 은행 지점마다 수수료가 부가될 수도 있다.

신용카드 및 국제직불카드

비상시를 대비해 신용카드 하나쯤은 발급해 가는 것이 좋다. 신용카드는 현금 대신 비상용 결제 수단으로 이용되는 동시에 해외에서는 신용카드가 신분을 증명하는 역할을 하기도 한다. 캐나다에서 핸드폰을 개통하거나, 은행 계좌 개설 시 여권 외에 신분증명용으로 신용카드를 요구하기도 한다. VISA, MASTER, AMERICAN EXPRESS 카드 등 모두 통용된다.

출국 전에 한도액을 꼭 체크해야 하며, 신용카드를 분실할 경우를 대비해 분실 신고할 수 있는 전화번호를 꼭 알아가도록 하자.

신용카드 분실신고
신용카드 뒤에는 분실신고센터 연락처가 있다. 하지만 이 번호는 대부분 1588번호이기 때문에 외국에서 이 번호를 이용하여 신고하기 어렵고 자동응답기가 받아 신고까지 오랜 시간이 걸린다. 그러니 신용카드사에 문의를 하여 일반 전화번호로 분실신고센터 연락처를 따로 기재해 두도록 한다.

요즘은 해외사용이 가능한 국제직불카드가 많이 보편화되다 보니, 환전해 가거나, 송금을 받기보다는 국제직불카드를 발급해 가는 사람들이 늘고 있다. 국제직불카드로 한국 계좌에 입금되어 있는 돈을 현지의 현금인출기(ATM)에서 캐나다 달러로 인출할 수 있다. 현금을 별도로 환전해 갈 필요가 없고 필요할 때마다 쉽게 인출할 수 있으므로 편리하기는 하지만, 인출할 때마다 수수료가 적용되므로, 장기 체류자에게는 적합하지 않다. 장기 체류자의 경우에는 현지 계좌를 개설하여, 국제직불카드로 인출한 금액을 입금해 두고 사용하는 것도 하나의 방법이 될 것이다.

시티은행 국제직불카드
미국을 여행할 계획이 있다면, 시티은행의 국제직불카드를 발급받자. 수수료가 저렴하며, 시티은행 ATM도 많아서 쉽게 찾을 수 있다.

국제직불카드

국제학생증 및 국제유스호스텔증 발급

국제학생증은 국제적으로 통용되는 학생증으로 해외에서 체류시 학생임을 증명할 수 있으며, 여권 대신 신분증으로도 활용할 수 있다. (반드시 여권 제시를 요구하는 경우도 있다.)

국제학생증으로는 크게 ISIC(International Student Identity Card)와 ISEC(International Student & Youth Exchange Card) 두 종류가 있는데, 캐나다에서 많이 사용되는 국제학생증은 유네스코 인증 ISIC 카드이다.

ISIC카드는 ISIC 사이트를 통해 신청할 수 있으며, 제휴은행의 체크카드 기능을 겸한 카드 발급도 가능하다. 본인이 다니는 학교가 ISIC와 제휴가 되어 있다면, 학교에서 발급도 가능하다.

- 신청 및 발급: http://www.isic.co.kr 사이트 참조
- 발급자격: 정부기관이 인정하는 교육기관(중·고등학교, 대

국제학생증(ISIC)

국제학생증 ISIC 카드의 혜택
ISIC 카드 할인혜택은 ISIC 사이트뿐 아니라, 스마트폰 앱을 통해서도 확인이 가능하다.
· ISIC Benefits 스마트폰 앱

국제유스호스텔증 캐나다 내 할인혜택
http://www.discounts.hihostels.ca

국제유스호스텔증

학, 대학원)에 재학(또는 휴학)중이거나 해외교육기관에 등록한 유학/연수생 중 만 12세 이상의 풀타임 학생
· 구비서류: 신분증(여권, 주민등록증, 운전면허증), 학생증빙서류(1개월 이내 발급받은 재학 또는 휴학증명서 또는 유학/연수생의 경우, 유학생비자나 입학허가서와 학비송금영수증)
· 발급비용: 14,000원
· 유효기간: 발급 월로부터 13개월

국제유스호스텔증은, 국제유스호스텔 연맹에 등록된 유스호스텔(임시 숙소)에 숙박할 경우, 숙소비 할인혜택을 받을 수 있는 회원증이다. 또한 일부 장거리 버스, 박물관이나 미술관 관람, 투어 참여 등 여러 가지 경우에도 할인혜택을 누릴 수 있다. 여행 계획이 있다면 준비해 가는 것이 좋다.

국제유스호스텔증은 누구나 발급 가능하지만, 발급 연령에 따라 비용차이가 있다. 또 비용에 따라 회원증의 유효기간도 선택 가능하다.
· 발급: 한국유스호스텔 연맹(http://www.kyha.or.kr) 사이트에서 신청 후 우편 수령 또는 센터 방문 즉시 발급
· 구비서류: 온라인 신청시에는 회원가입, 방문 구입시에는 여권정보와 신분증 필요
· 유효기간: 1년, 2년, 3년, 평생(만25세 이상의 경우만 가능)
· 발급비(1년 유효기간 기준): 21,000원(만24세 이하)/ 33,000원(만25세 이상)

온타리오 주의 운전자 매뉴얼
국내 운전면허증을 캐나다 운전면허증으로 교환할 수 있는 제도가 편리하기는 하지만 한국과 다른 캐나다의 교통법규로 인해 교통사고 발생 가능성이 높다. 캐나다에서 운전할 예정이라면 교통법규를 꼭 익히도록 하자.
주토론토 총영사관에서 온타리오주 교통법을 기초로 한국과 다른 캐나다 교통법규에 관한 운전자 매뉴얼을 제작하였다. (외교부 해외안전여행 홈페이지 http://www.0404.go.kr 에서 2013.6.19 버전 매뉴얼 다운로드 가능.)

국제운전면허증 발급

캐나다가 워낙 광대한 대륙이다 보니, 체류하는 동안 중고차를 구입하거나 여행을 할 때 친구들과 렌트를 하는 경우가 있다. 이때 국제운전면허증을 소지하고 있어야 캐나다에서 운전을 할 수 있다. 한국에서 면허증을 소지하고 있다면, 국제운전면허증을 발급받을 수 있다.
국제운전면허증은 발급일로부터 1년간 유효하지만, 지역마다 인정하는 유효기간이 다를 수 있다.
· 국제운전면허증 발급: 전국 운전면허시험장
· 발급 시 필요한 것: 여권, 국내운전면허증, 여권용 사진 1장
· 발급비용: 7,000원

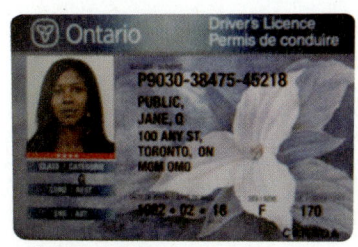

캐나다 운전면허증

국내면허증을 소지하고 있다면, 온타리오주, BC주, 앨버타주, 매니토바주, 퀘벡주 등에서는 캐나다 운전면허증으로 교환 발급도 가능하다.

국내면허증, 운전경력증명서(영문), 여권, 비자를 가지고 면허시험장을 방문하여 면허증 교환 발급을 신청하면, 시력, 청력 검사(지역에 따라 운전 상식 테스트도 실시) 등을 한 후 국내면허증 소지 기간에 따라 G2(2년 미만) 또는 G(2년 이상) 임시 면허증이 발급되고, 정식 운전면허증은 3~4주 내 우편으로 받을 수 있다.

캐나다 운전면허증으로 교환발급 할 때 국내면허증은 돌려주지 않으므로, 귀국 후 재발급 받아야 한다. 운전경력증명서(영문)는 한국 경찰서에서 발급 가능한데, 혹시 미리 준비하지 못했다면 캐나다 주재 한국대사관/총영사관을 방문하여 인증서를 받으면 된다.

- 구비서류: 국내면허증, 인증서(발급비 약 CA$4) 또는 운전경력증명서(영문), 여권, 비자(6개월 이상 체류 가능한 비자 소지자), 거주지 확인을 위한 서류
- 수수료: 약 CA$70~80

> **캐나다 운전면허시험장**
> BC주 ICBC
> http://www.icbc.com
> ON주 Service Ontario
> http://www.ontario.ca/serviceontario
> QC주 SAAQ
> http://www.saaq.gouv.qc.ca/en

> **캐나다 운전면허 신규 발급 절차**
> 필기 → G1 면허증 발급 → G1 실기 → G2 면허증 발급 → G2 실기 → G 면허 발급의 순서이다. 국내 면허증 소지 기간이 2년 미만이라, G2 면허증을 발급 받은 경우 운전 경력 2년이 되면, G2 실기 시험(도로시험)을 통해 G 면허증 발급이 가능하다.

YMCA 회원 가입하기

캐나다에는 지역마다 YMCA가 많이 운영되고 있다. 한국과 마찬가지로 캐나다에서도 YMCA를 통해, 무료 또는 저렴한 비용으로 다양한 여가생활을 즐길 수 있다. 캐나다에 도착해서 YMCA에 가입하면 되지만, 한국에서의 가입비가 더 저렴하므로, 캐나다에서 YMCA 이용 계획이 있다면 한국에서 YMCA 국제회원증(지역에 따라 국제회원증을 받아주지 않는 곳도 있음)을 미리 발급받아 가는 것도 좋을 것이다.

- 발급처: 서울 종로YMCA 본관 2층 회원활동부
- 구비서류: 반명함 사진 1장, 신분증, 학생인 경우 학생증과 재학증명서
- 발급비용: 대학생 2만원, 성인/휴학생 3만원
- 유효기간: 발급일로부터 1년
- 문의: 02-734-1644, http://www.seoulymca.or.kr

> **YMCA 저렴하게 이용하기**
> 캐나다에서 소득이 적은 사람들이 YMCA를 좀 더 저렴하게 이용할 수 있도록 하는 혜택(토론토에서는 YMCA Membership Assistance라고 함)이 있는데, 신청서를 작성하고, 수입/지출 등의 증빙서류를 제출해야 한다. 자신이 자격이 되는지, 가까운 YMCA 센터를 방문해서 문의해보자.

> **국내에서 보험가입**
> ·**신청하는 곳** DAUM 파랑새의 꿈 보험 공동구매 게시판
> http://cafe.daum.net/tommyhan
> ·**가입방법** 보험가입 신청서를 작성하고 보험요금을 카드결제 또는 계좌이체하면 보험증서, 보험카드, 안내책자를 우편 배송한다.
> ·**문의전화** 파랑새의 꿈 강남동지 02-555-6787 (타임스터디 캐나다 유학센터 강남지사)

보험가입

한국에서는 다쳐서 병원 한 번 간 적이 없다고 해도, 익숙하지 않은 환경에서는 의외의 상황이 벌어질 수도 있기 때문에 만일을 대비해 보험에 가입하는 것이 좋다.

특히 워킹홀리데이 비자 소지자의 경우, 캐나다 입국심사 할 때 보험가입 증서를 요구하여 보험증서가 없으면, 입국거부를 당하는 경우도 있다. 또 캐나다는 의료비용이 많이 비싸기 때문에 혹시 병원을 이용할시도 모를 상황을 대비해 보험가입을 하도록 하자.

보험가입이 되어 있는 사람이라면, 가입되어 있는 보험이 해외체류 시 발생한 사고나 진료에도 보상혜택이 있는지를 확인해보고, 혜택이 없다면 다시 별도로 가입하면 된다.

각 보험회사마다 여러 종류의 유학생보험을 판매하며, 나이와 성별에 따라 보험요금에 차이가 있다. 보험종류와 보험요금에 따라 보상한도액이나 보상기준 등이 다르니, 꼼꼼하게 비교해보고 가입해야 한다. 가입 당시 보험료를 한 번 지불하며 체류기간만큼 유효한 보험에 가입한다. 단기여행자보험의 경우에는 물품분실의 경우에 보상혜택이 있지만, 워킹홀리데이 비자나 학생비자 소지자와 같이 장기체류자를 위한 보험의 경우에는 물품분실에 대한 보상혜택은 없다.

캐나다의 일부 주에서는 유학생 신분으로도 주정부 의료보험 혜택을 받을 수 있다. BC주(밴쿠버), 앨버타주(캘거리, 에드먼턴), 서스캐처원주(리자이나, 새스커툰), 매니토바주(위니펙)가 여기에 속한다. 이곳으로 가는 사람의 경우, 현지에서 의료보험혜택을 받을 수 있으니, 한국에서 보험을 가입할 필요는 없다. 하지만 6개월 이상 체류가 가능한 비자 소지자여야 하며, 주마다 보험가입 조건이 다르다. 가입 조건에 맞지 않을 경우, 이 지역에 체류한다고 해도 보험가입을 할 수 없다. BC주의 경우에는 입국 2~3개월 후부터 보험이 적용되므로, 그 동안 보장받을 수 있는 보험을 별도로 가입하고 가야 한다. 주 의료보험은 그 지역에서만 보험적용이 되므로, 다른 지역으로 여행 계획이 있다면, 역시 별도의 보험에 가입해야 한다.

건강 체크

캐나다에서 장기 체류할 계획이라면 출국 전에 특별히 아픈 곳이나 받아야 하는 치과치료는 없는지 체크하도록 하자. 캐나다는 병원비도 비싸지만, 특

히 치과치료의 경우 보험혜택도 받을 수 없기 때문에 많은 돈이 들어간다. 사랑니나 충치 하나 때문에 조기 귀국을 해야 하는 어처구니 없는 상황이 벌어질 수도 있으니 치과, 안과 진료 등 건강검진을 출국 전에 미리 받아 치료가 필요하다면, 치료를 마치는 것이 좋다.

영어기초 다지기

영어연수를 가는데, '가기 전에 영어공부를 좀 해야 할까요?' 하고 묻는 사람들이 많다. 기본적으로 알아야 할 영어를 익히고 갈 수 있다면 처음 적응하고 영어권 문화에 빠져들기도 훨씬 수월하고, 외국 친구들을 사귈 때도 두려움이 덜하다.

또한 풀타임 영어연수를 하는 학생의 경우, 캐나다에 가서 하루에 4~5시간씩 앉아 영어공부만 하다 보면 쉽게 지칠 수 있으니 떠나기 전 한국에서 조금씩 영어공부 하는 습관을 들여놓는 것도 중요하다.

평상시 보던 문법책이 있다면 기초 문법 공부를 해보는 것도 좋고, 처음 캐나다 입국할 때부터 쓸 수 있는 기초 영어회화를 익히는 것도 중요하며, 특히 처음 캐나다에 도착하여 새로운 생활, 새로운 사람들을 만나다 보면 가장 많이 하게 될 자기소개를 준비해 보는 것도 좋은 영어공부가 될 것이다. 자기소개서를 영어로 써보고, 쓰면서 필요한 어휘력이나 단어를 익히고, 자기소개서를 외워서 스피킹 연습을 해보자.

마지막 짐 꾸리기

출국 전 짐을 싸다 보면, 이것저것 필요한 것들이 한도 끝도 없이 떠오를 것이다. 그렇게 생각나는 모든 것들을 가방에 넣다 보면, 가방은 어느새 터지기 일보 직전이다.

필요한 것들을 모두 챙기고도 가방에 여유가 있다면 좋겠지만, 항공으로 가져갈 수 있는 짐의 무게가 한정되어 있으니, 이용 항공이 허용하는 수화물과 기내용 가방의 무게를 미리 확인하고, 그에 맞춰 꼭 필요한 것들 위주로 짐을 꾸리도록 하자. 초과 운임료가 비싸므로, 허용 무게를 꼭 준수하고, 이를 초과하는 짐은 추후 우편으로 받는 것이 더 저렴하다.

특히 칼, 스프레이 등의 기내 반입금지품목들은 수화물로 보낼 가방에 넣어야 하며, 액체 및 젤류 물품들은 기내반입에 대한 제한 기준이 있으니, 기내로 가져가는 화장품 등의 액체류는 이 기준을 지켜 짐을 꾸려야 한다. 입국/출국심사 시에 필요한 여권, 비자승인레터, 입학허가서, 보험증서, 현지 거주지 주소 및 연락처 등은 기내용 짐으로 가져가는 걸 잊지 말자. 여권을 분실할 경우를 대비해 복사본을 준비하자. 여권유효기간도 체크한다.

한국에서 사용하던 스마트폰을 가져갈 경우
기종에 따라 컨트리락(country lock)이 걸려 있을 수 있다. 한국에서 폰을 정지하거나 해지하기 전, 통신사에 전화해서 컨트리락 해제를 요청하면 된다.

한국에서 가져간 전자제품
110V/220V 겸용제품이라면 한국에서 가져간 전자제품도 플러그만 변경해서 사용이 가능하다. 하지만 220V 전용제품이라면, 캐나다에서 전자제품 사용 시 변압기가 필요하다.

수하물과 기내용 가방 무게
항공사마다, 좌석마다 차이가 있지만, 보통 수하물 가방의 경우 1개 또는 2개로 총 20~23kg까지 허용한다. 기내용 가방의 경우, 7~10kg까지 허용한다.

110v 플러그

준비물 목록

- **비자** 학생비자나 워킹홀리데이 비자로 입국하는 경우, 비자승인레터를 잊지 말자.
- **여권용 사진** 여권 재발급이나 비자연장 등에 필요할 수 있으니, 몇 장 준비하자.
- **항공권** 이메일로 받은 e-Ticket을 프린트한다. 귀국일 변경 등을 문의하기 위한 전화번호도 메모해두자.
- **입학허가서** 캐나다 입국심사 때 필요하므로 지참한다. 분실을 대비해 사본도 준비해두자.
- **보험증서** 보험가입 후 받은 영문보험증서를 챙겨가자. 보험관련 문의전화 번호도 잊지 말자.
- **국제학생증** ISIC 카드로 발급받아 가자.
- **국제운전면허증** 캐나다에서 운전할 계획이 있다면 준비하자.
- **국내운전면허증** 캐나다 운전면허증으로 교환 발급받고자 할 경우 가져간다. 단, 돌려받지는 못한다.
- **국제유스호스텔증** 여행 계획이 있다면, 유스호스텔 숙박 시 할인혜택이 있으니 준비하면 좋다.
- **신용카드/국제직불카드** 분실 등을 대비해 전화번호를 메모해두자.
- **환전한 현금/여행자수표** 분실하지 않도록 잘 간수해야 하며, 여행자수표 번호는 꼭 메모해두어야 한다.
- **속옷/양말** 보통 일주일에 한번 정도 세탁을 하니, 속옷은 넉넉하게 준비하는 것이 좋다.
- **의류** 계절별 평상복을 준비하되, 세탁이 용이하고 구김이 적은 옷 위주로 가져가는 것이 좋다. 캐나다의 겨울은 비도 눈도 자주 오는 추운 날씨이므로 방수도 되는 방한점퍼 등을 준비하면 좋다. 겨울철 옷은 부피가 크니 가져갈 옷을 준비해두고 우편으로 받는 것도 한 방법이다.
- **정장** 인턴십이나 취업을 계획하고 있다면, 인터뷰를 위해 세미정장 정도는 준비해 가는 것이 좋다.
- **수영복**
- **모자/선글라스** 여름에는 햇빛이 강하므로, 모자와 선글라스를 준비하자.
- **신발** 슬리퍼, 운동화, 평상화 등
- **학용품** 공책이나 볼펜 등 공부할 때 필요한 것을 준비해가면 좋다. 하지만 공책류는 무게가 나가므로, 질은 좀 떨어지지만 달러샵 등에서 저렴하게 구입해 사용해도 된다.
- **영어공부 책** 평상시 보던 문법책 등이 있다면 가져가자.
- **안경/렌즈** 현지에서의 가격이 비싸므로, 여분으로 안경과 렌즈를 준비하는 것이 좋다.

- **카메라** 현지 문화를 즐기며 추억을 남기기 위해서 카메라는 필수품이라 할 수 있다. 사진을 찍고 그때그때 정리해두는 것이 좋다.
- **노트북** 학교나 도서관 등에서 무료로 사용할 수 있으며, PC방을 이용할 수도 있지만, 가져가는 것이 더 편하다.
- **전자사전** 요즘은 전자사전보다는 스마트폰의 사전앱을 더 많이 사용하는 추세이나 스마트기기 이용자가 아니라면, 영어공부를 위해 준비하는 것이 좋다.
- **전기요** 추위를 많이 타는 사람이라면 준비해 가면 좋다.
- **화장품/선크림** 기초화장품 위주로 준비해가자.
- **한국식품** 작은 도시를 제외하고는 대부분 한국식품점이 있으며, 현지마트나 중국식품점 등에서도 라면 등의 한국식품 구입이 가능하므로, 굳이 가져갈 필요는 없다. 하지만 짐에 여유가 있다면, 초기 정착 시 먹을 정도의 라면, 김, 고추장 등은 가져가는 것도 나쁘지 않다.
- **비상약** 종합감기약, 소화제, 지사제, 파스, 밴드 등 상비약을 준비하자.
- **여성용품/면도기**
- **수건/목욕용품(샴푸/린스/치약/칫솔)** 목욕용품은 무게가 많이 나가니, 작은 용량으로 초기 사용할 것만 가져가고, 현지에서 구입해서 사용하자.
- **플러그(일명 돼지코)** 캐나다는 110V 전압으로 플러그 모양이 일자로 되어 있다. 따라서 한국에서 가져간 전자제품을 이용하려면 플러그의 모양을 변경해주는 돼지코를 사용해야 한다. 한국에서 구입하면 조금 더 저렴하다. 캐나다에서 구입하더라도, 현지마트보다 한인마트에서 더 저렴하게 판매하는 편이니, 한인마트를 방문해서 구입한다.
- **선물** 홈스테이 가족이나 캐나다에서 만난 친구들에게 줄 간단한 선물을 준비하는 것도 좋다.
- **기타** 헤어 드라이기, 손톱깎이, 귀이개, 반짇고리, 우산 등

CANA

| 내 | 인 생 을 | 바 꾸 는 | 캐 나 다 에 서 | 홀 로 서 기 |

Part 2

출발하기

1. 출국하기

모든 준비를 마치고 드디어 출국하는 날! 설레는 마음은 잠시 뒤로 하고, 떠날 준비가 모두 잘 되었는지, 빠진 물건이나 서류들은 없는지, 마지막으로 체크하도록 하자!

특히 긴장된 마음에 서두르다가 여권을 두고 공항으로 나서는 사람들이 종종 있다. 이렇게 처음부터 꼬이다 보면, 캐나다 생활 내내 괜히 사소한 일에도 계속 일이 어긋나는 것 같은 기분을 떨칠 수 없을 것이다.

하지만 지금 이 책을 읽고 있는 당신이라면, 꼼꼼하게 잘 준비했을 것이라 믿는다.

탑승수속

출발 2~3시간 전에는 공항에 도착하여 미리미리 탑승수속을 해야 한다. 공항에 도착하면 해당 항공사의 카운터로 가서, 여권과 함께 항공사나 여행사에서 받은 e-Ticket을 제시하고 탑승권(Boarding Pass)을 받는다.

이때 원하는 기내 좌석을 물어보는데, 창가나 통로 중 선호하는 좌석을 말하면 된다. 간혹 네 개짜리 좌석 가운데를 배정받는 경우도 있다. 비상구 앞 좌석의 경우, 앞 좌석이 없기 때문에 넓은 공간이 확보되어 좋다. 하지만 화장실 앞이기 때문에 특히 식사 시간 후, 내 앞에 사람들이 늘어서기도 한다. 항공사에 따라 항공권 구입시 미리 좌석 지정을 할 수도 있다.

수화물로 맡길 가방을 체크한 후, 수화물 영수증을 탑승권에 붙여준다. 수화물 분실

탑승권(Boardign Pass), 여권

> **인천공항**
> http://www.airport.kr
> 출/입국 정보 및 각 나라별 출입국신고서 작성법 등 인천공항 사이트에서도 확인 가능!

> **캐나다행 노선 위탁수화물 허용 무게**
> 보통 미주행은 23KG 가방 2개까지 무료였으나, 에어캐나다를 비롯한 여러 항공사의 규정이 23kg 가방 1개까지만 무료로 변경되었다. 항공사마다 규정의 차이가 있으므로, 티켓 구매 시 꼭 확인해야 한다.

사고의 경우 수화물 영수증이 있으면 찾기 수월하니 분실에 대비해 잘 보관하도록 하자.

요즘은 여러 항공사에서 셀프체크인 기계를 도입해서 탑승객이 직접 탑승수속을 할 수 있는 서비스를 제공하고 있다. 본인이 직접 위탁수화물에 라벨을 붙여 지정 위치에 가져다 놓는것이 처음에는 불편하게 느껴질 수도 있다. 하지만 길게 늘어선 탑승수속 카운터보다는 빨리 수속을 끝마칠 수 있어 편리하다. 사용법을 잘 모를 경우, 주변의 항공사 직원의 도움을 받으면 된다.

탑승권을 받은 후, 항공편명(Flight No.), 탑승시간(Boarding Time), 이름(Name), 탑승구(Gate), 좌석번호(Seat No.) 등을 확인하면 출국준비는 끝!

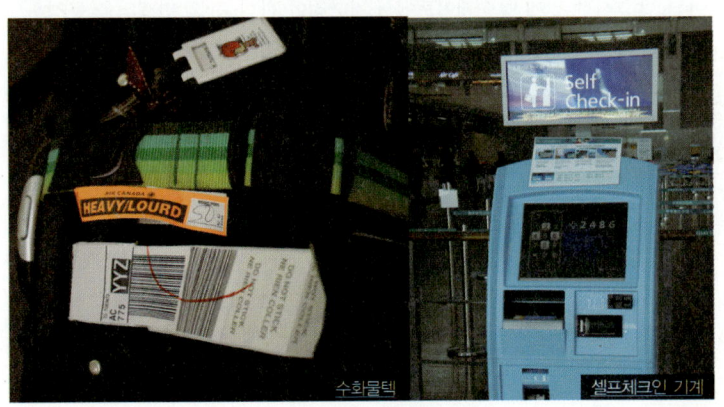

수화물텍 | 셀프체크인 기계

보안검색

탑승수속을 마친 후, 출국장으로 이동하여 보안검색을 받아야 한다. 이때 엑스레이 검사를 통해 기내반입 소지품을 체크한다. 끝이 뾰족하거나 날카로운 물건이나, 스프레이 등은 기내반입금지 물품이다. 특히 여행할 때 많이 소지하는 일명 맥가이버칼 등은 위탁수화물로 보내야 한다.

액체류나 젤류를 기내 반입하기 위해서는 아래와 같은 제한이 있다.

1리터 규격의 비닐봉투(20cm×20cm) 안에 용기(비닐봉투는 공항에서 구할 수 있음)를 보관해야 하며, 용기 1개당 크기는 100ml를 넘지 않아야 한다.

액체류가 담긴 비닐봉투는 보안검색을 받기 전 가방에서 꺼내 놓아야 한다.

병무신고
25세 이상 병역미필 병역의무자의 경우, 출국심사 시 국외여행허가증명서를 제출해야 한다.
더 자세한 사항은 국외여행관련 병무청 홈페이지(http://www.mma.go.kr)를 참조할 것.

> **자동출입국심사**
> 무인시스템으로 운영되는 자동출입국심사대를 이용하면 출입국심사관을 만나지 않고 빠른 시간 내에 출입국심사를 마칠 수 있다. 자동출입국심사 서비스를 이용하려면, 사전에 미리 등록센터(인천공항 3층 체크인 카운터 F구역)를 방문하여 지문등록 및 사진촬영을 해야 하고 한번 사전 등록하면 여권 변경 전까지는 자동출입국심사를 받을 수 있다.

출국심사

보안검색대를 지나자마자 출국심사대가 나온다. 대기선에서 기다리다가 자신의 차례가 되면, 관리국 직원에게 여권과 탑승권을 제시한다.

출국확인 도장이 찍힌 여권을 돌려 받고, 출국심사대를 통과하면 출국심사는 끝이다.

항공기 탑승

항공기 출발 30분 전부터 탑승이 시작되므로, 출발시간(Departure Time)이 아닌 탑승시간 전에 탑승게이트에서 기다려야 한다. 간혹 면세점을 구경하느라 탑승시간에 늦는 경우가 종종 있는데, 이런 일이 없도록 하자.

특히 외국계항공기의 탑승게이트는 공항내 전철을 이용해서 이동해야 하는 경우가 많아 탑승게이트까지의 이동시간이 더 소요된다. 따라서 되도록이면 탑승게이트 근처에서 개인용무를 보거나, 조금 여유 있게 이동하도록 하자.

비행기 안에서

자, 이제 비행기에 탑승해서 승무원에게 자신의 탑승권을 보여주면, 좌석의 방향을 알려준다.

기내용 가방은 좌석 위 선반에 올려놓고, 작은 가방은 앞좌석 밑의 공간에 밀어 넣는다.

주영	I'm looking for my seat. 제 자리를 찾고 있는데요.
승무원	May I see your boarding pass, please? 탑승권을 보여주시겠습니까? Your seat is the 7th seat on the aisle. 7번째 통로 쪽 좌석입니다.

기내에서 많이 쓰는 표현

window seat 창가 쪽 좌석 / aisle seat 통로쪽 좌석 / middle seat 가운데 좌석 Economy Class 일반석 / Business Class 비즈니스석 / First Class 일등석 Duty-free goods on board 기내 판매 면세품

May I get through, please? / May I pass by? 지나가도 될까요?
Could you please move your bag, please? 가방을 좀 치워주시겠어요?
Excuse me, but I think this is my seat. 실례하지만, 제자리인 거 같은데요.
May I change my seat to the window seat? 창가 쪽으로 자리를 옮겨도 될까요?
Fasten your seat belt, please. 안전벨트를 착용해주세요.
Would you move your seat forward, please? 의자를 앞으로 좀 당겨주시겠어요?
Is it alright if I recline my seat? 의자를 뒤로 눕혀도 될까요?
Can I have a blanket/ a pillow, please? 담요/ 베개를 가져다 주시겠어요?
Do you have something to read? 읽은 게 있을까요?
May I have some airsickness pills, please? 비행기 멀미약 좀 주시겠어요?

기내서비스

비행기가 이륙하고 어느 정도 시간이 지나면 승무원들의 기내서비스(on board service)가 시작된다.

기내식과 함께 음료수가 제공되는데, 저녁 비행기라면 알코올을 조금 섭취해주는 것도 숙면을 취하는 데 도움이 된다. 하지만 기내의 기압이 지상보다 낮기 때문에, 평소보다 더 빨리 취한다. 그러니 공짜라고 너무 많이 마시는 건 금물이다.

승무원	Would you like beef or chicken? 쇠고기와 닭고기 중 어떤 것으로 하시겠습니까?
주영	Chicken, please. 닭고기로 주세요.
승무원	Would you like something to drink? 마실 것을 드릴까요?
주영	What do you have? 어떤 것들이 있어요?
승무원	We have juice, coke, beer, wine and whisky. 주스, 콜라, 맥주, 와인, 위스키가 있습니다.
주영	Beer please. 맥주 주세요.

2. 입국심사 및 세관신고

캐나다에 도착 할 때쯤 되면 기내에서 승무원들이 캐나다 입국/세관신고서를 나눠 주는데, 비행기 안에서 미리 작성해 두는 것이 신속한 입국심사를 위해서 좋다.

요즘 들어 캐나다 입국심사가 까다로워지고 있기 때문에 입국심사에 필요한 영어표현을 준비해 두는 것도 좋다. 입국심사를 받을 때 방문목적에 맞지 않는 답변을 하거나, 앞뒤 말이 맞지 않거나, 입국심사 태도가 불성실할 경우, 원하는 만큼의 체류허가를 받지 못하거나 심지어 입국거절을 당할 수도 있다. 그러므로 반드시 입국절차와 비자에 따른 입국심사 유의사항을 숙지하여야 한다.

입국/세관신고서 작성

입국/세관신고서는 영어나 불어로 작성해야 한다.
캐나다 입국/세관신고서(Canada Customs Declaration)를 작성해 보자.

★Part A – All travelers 모든 여행자

① 자신의 이름(Last name, first name and initials)과 생년월일(Date of birth), 국적(Korea)을 대문자로 작성한다. 가족이 함께 동행하는 경우, 4명까지 한 신청서에 작성할 수 있다.
② 한국주소를 기재한다.
③ 입국 교통 수단을 표시한 후 이용한 항공사와 항공편명을 기재한다.
④ 학생비자는 study, 관광이나 워킹홀리데이 비자는 personal에 체크한다.
⑤ 한국에서 처음 캐나다 입국시에는 other country direct에 체크한다.
⑥ 캐나다 입국 시 소지하는 물품에 대한 yes/no 질문
총기 또는 기타 무기류 소지 여부 / 상업용 물품 소지 여부 / 육류, 낙농제품, 과일 등 소지 여부 / 캐나다 달러 만불 이상 소지 여부 / 우편으로 보낸 물건이 있는지 여부 / 농장에 방문한 적이 있거나 캐나다에서 방문할 계획이 있는지 여부를 묻는 질문들에 답한다.

★Part B – Visitors to Canada 캐나다 방문자

⑦ 캐나다 체류 예상 기간을 적는다. 관광비자의 경우 최대 6개월까지 체류가 가능하므로, 180days 미만으로 기재해야 한다.
⑧ 일인당 면세 한도를 초과한 사람이 있는가?

★Part C – Resident of Canada 캐나다 거주자

⑨ 해당 사항 없으므로, 작성할 필요 없다.

★Part D – Signatures (age 16 and older)

⑩ 16세 이상의 신청자들은 서명하고 작성일(년/월/일)을 기재한다.

캐나다 입국 방문자의 면세허용한도(duty-free allowances)
· 각각의 단가가 CA$60을 초과하지 않는 선물(주류/담배 제외)
· 포도주 1.5리터 또는 증류주 1.14리터 또는 캔/병맥주 24x355ml (8.5리터)
· 담배 200개비
· 현금 CA$10,000을 초과하는 경우 신고해야 함.

캐나다 관세청 Canada Border Services Agency (CBSA)
http://www.cbsa-asfc.gc.ca

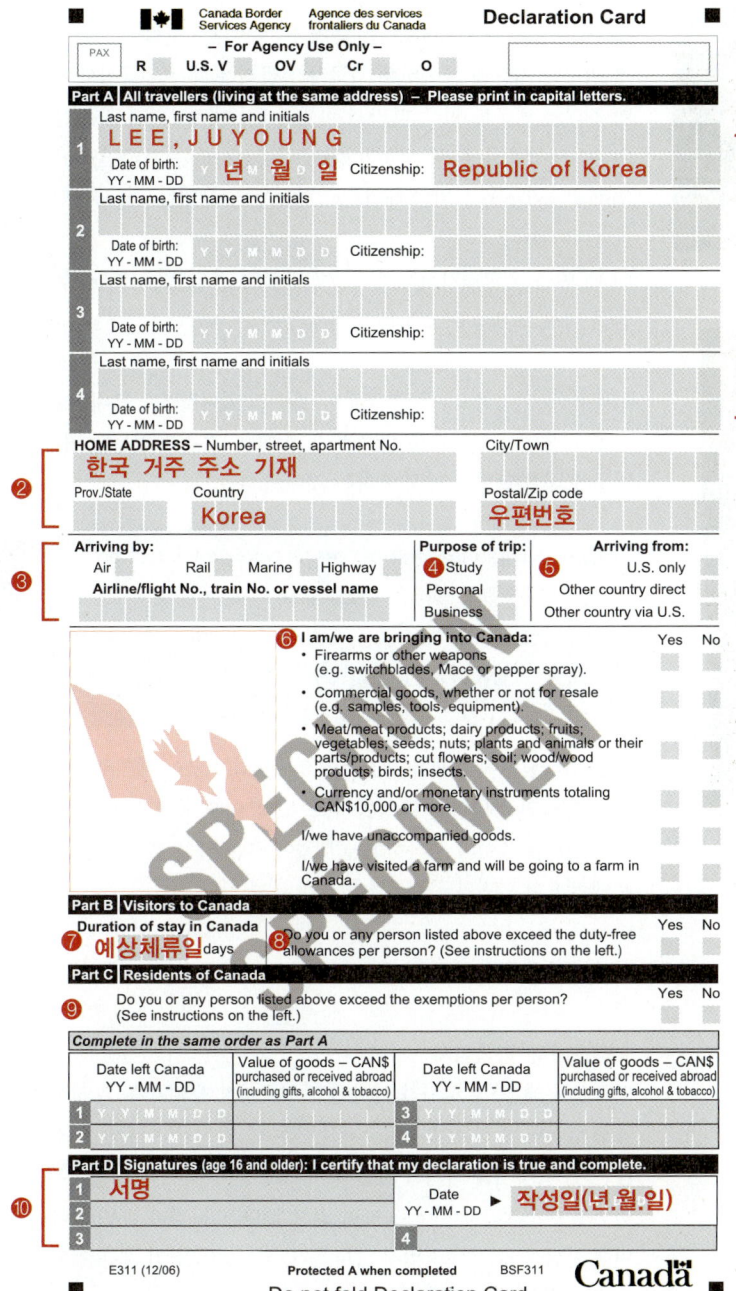

입국심사장

비자별 입국심사 절차 및 주의사항

입국심사(Canada customers)는 먼저 온 순서대로 진행이 되는데, 여러 비행기가 비슷한 시간에 착륙하여 입국자가 몰리는 때는 입국심사 시간이 몇 시간이 걸리는 경우도 있다. 따라서 비행기에서 내리자마자 가능한 빨리 이동해 입국심사대에 줄을 서는 것이 좋다. 입국심사대는 자국민(resident)과 외국인(visitor/foreigner)을 위한 대기줄로 나뉘는데, 우리는 visitor 라인에 줄을 서서 기다려야 한다.

이 때 여권, 입학허가서(있는 경우), 왕복항공권, 입국신고서 등 필요한 서류들을 바로 보여줄 수 있도록 준비해 두자.

입국심사 시 간혹 그 동안 공부한 자신의 영어실력을 뽐내 보려고 쓸데없는 말을 덧붙여서 인터뷰를 더 까다롭게 하는 경우가 있는데 여기서는 주어진 질문에 대한 답만 간단하게 하는 것이 좋다.

> Can you please call a Korean interpreter for me?
> 한국어 통역관을 불러 주시겠습니까?
> Can you speak slowly, please?
> 좀 천천히 말씀해주시겠어요?

만약 입국심사에 문제가 생겼는데 영어실력이 낮아 제대로 대답하지 못하는 경우 한국인 통역관을 요청할 수도 있다. 이때 통역관이 내가 하는 말을 알아서 걸러줄 것이라 생각하고 쓸데없이 많은 말을 했다가는 큰 오산이다. 질문에 필요한 답변만 하자.

그럼 비자종류에 따른 인터뷰 요령 및 주의사항, 그리고 절차를 알아보자.

★방문비자 입국심사

입국심사 때, 가장 심사가 까다롭고 입국거절 사례가 높은 것이 바로 방문비자로 입국하는 경우이다. 입국거절 사유 중 가장 큰 이유는 비자 목적에 맞지 않는 입국 목적을 가지고 있을 때이다. 방문비자의 주 목적은 관광인데 입국하면서 여행계획이 제대로 짜여 있지 않다거나, 짐이 너무 많다거나, 충분한 여행 자금을 소지하고 있지 않다든가, 직장인이 장기 체류 계획을 가지고 있을 경우, 의심의 소지가 있다.

방문비자로는 6개월까지 학업이 가능하다. 따라서 학업이 목적이라면 6개월 미만 등록한 입학허가서를 지참하고, '몇 개월 학업 후, 나머지 기간은 여행 후 귀국할 예정이다' 라는 계획을 이야기하면 된다.

관광비자의 경우 취업이 금지되어 있기 때문에, 일에 대한 말을 언급하거나, 일을 할 예정이라고 답변해서는 절대 안 된다.

이민관	May I see your passport please? 여권 좀 보여주시겠습니까?
주영	Yes. Here you are. 여기 있습니다.
이민관	What is the purpose of your visit to Canada? 캐나다의 온 목적이 무엇입니까?
주영	I'm here to study English and travel. 영어공부와 관광을 하러 왔습니다.
이민관	Do you have a letter of acceptance from the school? 입학허가서를 가지고 있나요?
주영	Yes, I do. Here you are. 예, 여기 있습니다.
이민관	How long are you going to stay? 얼마 동안 머물 예정인가요?
주영	I'm going to stay for 6 months. I'm going to study English for 5 months first, and then I will travel around Canada. 6개월 체류할 예정입니다. 먼저 5개월 동안은 영어를 공부할 예정이고, 그리고 나서 캐나다를 여행하려고 합니다.

다음은 방문비자 입국시 요구될 수 있는 사항들이니 꼭 숙지하자!
- 현지 체류에 필요한 충분한 자금을 소지하고 있다는 것을 현금이나, 신용 카드 등으로 증명
- 캐나다 현지에서 체류할 곳의 주소, 현지 연락처, 픽업 나오는 사람의 연락처 등을 숙지해야 함. ("잘 아는 사람이 아니어서 모르겠다."라는 식의 대답은 피해야 함.)
- 왕복 항공권, 6개월 미만 입학허가서 등 지참
- 관광이나 단기 학업 목적에 어긋나는 물품은 절대 금물(6개월 이상 등

록한 입학허가서 또는 특정 작업 도구 등)
- 관광 목적일 경우, 자신이 둘러볼 관광 장소, 계획 등을 숙지해서 인터뷰에 대비

입국심사 시, 여권에 체류 허가 도장을 바로 찍어주는 경우와 이민국으로 이동해서 추가 인터뷰를 받는 경우가 있다. 이때 최대 6개월 체류 허가를 받는 경우도 있고, 자신의 의도와 달리 6개월 미만으로 체류 허가를 받을 수도 있다.

여권에 입국날짜만 찍힌 도장을 받았다면 6개월 체류 허가를 받은 것이고, 6개월 미만의 체류허가를 받은 경우에는 여권에 도장을 받고 거기에 체류 가능한 날짜를 적어주거나, 별도로 체류 가능한 날짜가 표기된 종이를 주는 경우도 있다.

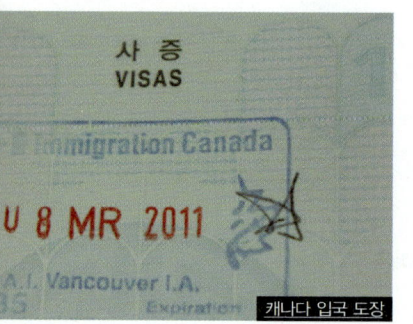

캐나다 입국 도장

이민관	Is this your first time to visit Canada? 캐나다 방문은 처음인가요?
주영	Yes, it is. 네, 처음입니다.
이민관	Where will you stay? 어디에 묵을 예정이죠?
주영	I'm going to stay with my homestay family. 저는 홈스테이 가족들에 머물 예정입니다.
이민관	How much money did you bring? 돈을 얼마나 가져왔나요?
주영	I have CA$2000 in cash and traveler's cheques. I also have a credit card and international debit card. 현금과 여행자수표로 캐나다 달러 이천불을 가지고 있습니다. 또한 신용카드와 국제직불카드를 가지고 있습니다.
이민관	Do you have a return ticket to Korea? 한국으로 돌아갈 항공권이 있나요?
주영	Sure. Here it is. 물론이죠. 여기 있습니다.

일주일 후에 귀국하는 왕복항공권을 가지고 입국하는 사람들에겐 오히려 아무 날짜 기입 없이 도장만 찍어주는 반면(6개월 체류 가능함을 뜻함), 학업계획이나 제대로 된 여행계획서, 체류비용 없이 단순히 왕복항공권만 가지고 입국한 경우 굉장히 까다롭게 입국심사를 진행하는 편이다. 실제로 관광비자 입국 시 가장 많이 입국거부를 당하는 국가의 사람이 한국인이라고 할 정도이다. 캐나다 무비자 입국 후 불법체류로 이어지거나 혹은 육로를 통해 미국으로 건너가 미국에서 불법체류하는 경우가 많아 한국인의 경우 특히 더 엄격히 심사를 한다고 한다.

> Is this your first trip to the Canada?
> 이번이 캐나다 첫 번째 방문입니까?
> Is your friend in Canada?
> 캐나다에 친구가 있습니까?

★학생비자 입국심사

방문비자는 이민국으로 이동할 것을 요청 받을 수도 있고, 아닐 수도 있지만, 학생비자는 모두 이민국으로 이동하여 추가 인터뷰를 통해 최종 비자를 받게 된다. 그런데 처음 입국심사 때 한국에서 받은 학생비자허가서(a letter of introduction from visa office)를 이민관에게 보여주지 않아, 추가 인터뷰 없이 그냥 방문비자로 입국하는 경우가 간혹 있다.

학생비자의 경우 한국에서 받은 학생비자허가서를 입국심사 시 보여주고, 이민성 사무실로 이동하여 인터뷰를 통해 체류기간이 명시된 학생비자(study permit)를 받아야 한다는 점을 반드시 잊지 말아야 한다.

또한 취업비자(work permit)를 소지하고 있지 않다면, 취업에 관한 부분은 언급해서는 안된다.

학생비자 기간은 학교가 끝나는 날로부터 1~2개월 정도 추가로 받게 된다.

이민관	What is the purpose of your visit to Canada?
	캐나다에 온 목적이 무엇입니까?
주영	I'm here to study English for 10 months.
	10개월 동안 영어공부 하러 왔습니다.
이민관	Do you have a study permit and a letter of acceptance from your school?
	학생비자허가서와 입학허가서를 가지고 있나요?
주영	Yes, I do. Here you are.
	예, 여기 있습니다.
이민관	You need to go to the immigration office for an interview. Please, follow the sign.
	당신은 인터뷰를 위해 이민성 사무실로 가세요. 안내판을 따라가면 됩니다.
	(In immigration office…… 이민성 사무실에서……)
이민관	Do you have a study permit and a letter of acceptance from your school?
	학생비자허가서와 입학허가서를 가지고 있나요?
주영	Yes, I do. Here you are.
	예, 여기 있습니다.
이민관	How long will you stay?
	얼마나 체류할 건가요?
주영	I'm staying in Canada for 10months to study English.
	영어 공부를 위해 10개월 체류할 예정입니다.
이민관	Do you plan to work in Canada?
	캐나다에서 일할 계획이 있나요?

주영	No, I don't. I'll return to Korea after I finish my studies. 아뇨. 전 공부 마치면 한국으로 돌아갈 것입니다.
이민관	You've been approved for 11 months to cover your study period. 학업기간만큼 11개월 체류할 수 있도록 승인되었습니다.

★워킹홀리데이 비자 입국심사

워킹홀리데이 비자 소지자도 학생비자와 마찬가지로 이민성 사무실로 이동하여 별도의 인터뷰를 받은 후, 정식 비자를 받게 된다. 워킹홀리데이 비자 승인 후 받은 LOI(Letter of Introduction, 소개서)를 인터뷰 시 제출하면, 몇 가지 질문 후 최종비자 승인을 해준다. 다른 비자와 마찬가지로 어디에 묵을지, 현지 연락처는 있는지, 비용은 얼마나 소지하고 있는지 등의 질문을 받을 수 있다. 특별히 문제가 있지 않다면, 입국거절률이 가장 낮은 비자라고도 할 수 있다.

워킹홀리데이 비자는 입국한 날로부터 최대 1년까지 체류가 가능하다. 귀국 항공권을 소지하지 않고 편도입국도 가능하다.

캐나다 주재 한국대사관에서 강조하는 입국 시 구체적인 주의사항

① 입국목적 등을 명확히 해야 한다.
  - 거짓말을 하거나 답변의 진실성을 의심받아서는 안 되며, 처음 한 말과 나중에 한 말이 서로 달라서도 안 된다.
  - 관광 목적 입국일 경우, 숙박예정지 주소 및 전화번호, 관광대상 및 일정, 필요경비, 귀국 항공권 등을 체크한다.
  - 방문 목적 입국일 경우, 방문 대상자의 주소(체류 장소) 및 전화번호, 방문 대상자와의 관계, 체류기간, 필요경비, 귀국 항공권 등을 체크한다.

② 다음의 경우, 입국이 거부될 수도 있다
  - 관광 또는 방문 목적이면서 오픈 티켓(귀국 기일이 명시되지 않은 티켓)을 소지했거나 귀국 티켓을 소지하지 않은 경우
  - 관광 또는 방문 예정기간이 여권유효기한을 초과하는 경우
  - 입국 목적에 비해 현금이 너무 많거나 또는 너무 적은 경우
  - 소지품이 입국 목적과 부합하지 않는 경우
  - 여권이 심하게 훼손된 경우나 세관신고를 허위로 한 경우
  - 과거 범죄경력, 위생관리상의 이유, 인권법 또는 국제법상 입국을 허용할 수 없는 자의 경우

세관심사

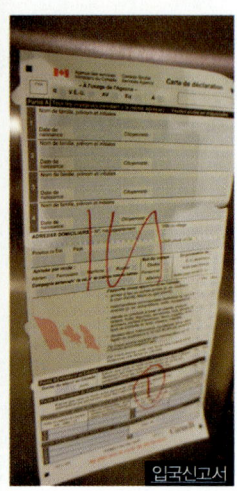
입국신고서

입국심사를 마치고 나오면, 수화물로 보낸 짐을 찾는 곳을 볼 수 있다. 안내판에 자신이 이용한 항공기 편명과 수화물이 나오는 곳의 번호를 안내해주니 참고하자.

간혹 수화물이 분실되거나 경유지에서 짐이 누락되는 사고가 생길 수도 있는데, 그럴 때는 당황하지 말고 항공사 안내 데스크에 찾아가 수화물을 보낸 후 받은 영수증을 가지고 문의를 하면 분실된 가방을 찾는 것을 도와줄 것이다.

> Where is the baggage claim?
> 수화물을 어디서 찾는 거죠?
> I can't find my luggage. Can you look for it, please?
> 제 짐을 찾을 수가 없네요. 확인해 주시겠어요?
> It's a large navy fabric bag with a pink ribbon.
> 제 것은 커다란 남색 천 가방인데 분홍색 리본을 달았습니다.

짐을 모두 찾은 뒤, 안내문구를 따라 출구 쪽으로 이동한다. 출구로 나가기 전, 세관원에게 세관신고서를 제출하고 세관원의 별도 지시사항이 없다면 출구로 나가면 되지만 세관원이 가방을 보여줄 것을 요청한다면 지시에 따라 가방검사를 해야 한다.

세관원	Customs declaration card, please.
	세관신고서를 주세요.
주영	Here you are.
	여기 있습니다.
세관원	Do you have anything to be declared?
	신고할 물품이 있나요?
주영	No, I don't.
	아니요, 없습니다.
세관원	Can you open your luggage, please?
	큰 가방을 열어봐주시겠어요?
주영	Sure.
	네.

세관검사뿐 아니라 이민성 인터뷰를 추가로 받을 수도 있다.
내가 두 번째 캐나다 방문 때의 일이다. 이때는 전에 못다한 북미여행 목적으로 온 것이고, 캐나다가 처음도 아니라 전혀 긴장하지 않았다. 그런데 나이가 많아서 그런지 생각보다 입국심사대에서의 질문도 많고 인터뷰가 까다로웠다. 그렇게 모든 질문에 답하고 무사히 입국심사를 끝냈다고 생각했는데, 세관신고대에서 내 세관신고서를 보더니 나를 따로 이민성 사무실로 안내하는 것이 아닌가! 내 세관신고서 뒷면에 빨간펜으로 무엇인가 표시가 되어 있었는데, 아마도 추가 인터뷰 요청을 받는 사람들을 표시한 것 같다.
수화물까지 모두 찾은 후에도, 짐의 양이 많거나 세관원이 짐 검사를 하다가 나오는 물건들을 보고서 추가 인터뷰를 요청하는 경우도 있다.

환승하는 경우, 국내선 갈아타기

입국심사와 인터뷰는 처음 도착한 국제공항에서 받게 되므로, 환승시간을 너무 짧게 잡거나 입국심사 대기 시간과 인터뷰 등으로 시간을 너무 소비한 경우 국내선 환승 항공편을 놓칠 수도 있다. 그러니 환승할 때 좀 기다려야 하더라도 국내선 환승시간을 넉넉하게 계산하는 게 좋다.
수화물을 최종 목적지까지 바로 보내는 경우를 제외하고는, 수화물은 처음 도착지에서 모두 찾게 된다. 짐을 찾은 후, 국내선(domestic) 타는 곳으로 이동하여, 해당 항공사 카운터에서 다시 국내선 탑승수속을 해야 한다.

> **다른 나라를 경유해서 캐나다 입국 시**
> 경유지에서의 탑승권도 대부분 한국에서 받게 되지만, 탑승게이트의 번호는 미정인 경우가 많다. 탑승게이트가 미정인 경우에는 경유지에 도착하여 게이트 번호를 확인해야 하며, 경유지 도착 시 'Transfer'라는 안내판을 따라가서 다시 한 번 탑승수속 절차를 밟아야 한다. 탑승수속은 한국에서 한 것과 동일하니 당황할 필요는 없다. 다만 경유시간이 짧을 경우, 자칫 비행기를 놓칠 수 있으니, 서두르는 것이 좋다.

3. 공항에서 다운타운으로 가는 교통편

각 지역공항을 나타내는 약자와 웹사이트
밴쿠버 YVR
http://www.yvr.ca
토론토 YYZ
http://www.torontopearson.com
몬트리올 YUL
http://www.admtl.com
빅토리아 YYJ
http://www.victoriaairport.com
캘거리 YYC
http://www.calgaryairport.com
위니펙 YWG
http://www.waa.ca
에드먼턴 YEG
http://flyeia.com
핼리팩스 YHZ
http://www.hiaa.ca

누군가 공항으로 픽업 나오지 않는다면, 공항에서 숙소까지 가는 것부터가 본격적인 캐나다에서 홀로서기의 시작이다.

각 지역 공항마다 특징이 있고 다운타운까지 가는 방법에 약간씩 차이가 있지만 특별히 어려운 것은 아니니, 미리 자신이 도착할 지역공항에서 다운타운까지 가는 방법과 주의사항을 체크해둔다면 어렵지 않게 다운타운까지 갈 수 있다.

대중교통을 이용할 경우 거스름돈을 주지 않기 때문에 정확한 요금을 미리 준비해야 하며, 계절에 따라 운행시간이나 노선 등이 변경될 수 있으니 사이트에서 다시 한 번 체크해보는 것이 좋다. 각 지역별 공항 홈페이지에서 다운타운으로 갈 수 있는 교통편에 대한 정보를 찾을 수 있다.

대부분의 캐나다 공항에서는 무료 WI-FI를 제공하고 있으니, 노트북이나 무선인터넷이 가능한 디바이스를 가지고 있다면 사용해보자.

밴쿠버

밴쿠버 국제공항은 총 3층으로 되어 있으며, 2층은 국내선과 국제선이 도착하는 층, 3층은 출발하는 층이다.

★전철 캐나다라인(Canada Line)

캐나다라인은 공항과 다운타운의 워터프론트역(Waterfront)을 연결하는 새로운 전철 노선으로, 다운타운까지 약 25분 정도면 한 번에 갈 수 있어 편리하다. 요금은 페어존(fare zone) 요금에 추가(add fare)로 5불이 든다.

캐나다 라인 열차

예를 들어, 목적지가 2존(다운타운까지 2존)이라면, 2존의 요금은 4불이고, 여기에 추가로 5불을 지불해야 하므로, 총 9불이 된다.
하지만 평일 오후 6시 이후나 주말의 경우에는 구간에 상관없이 요금은 2.75불이므로, 추가요금 5불을 더하면 7.75불이 된다. 반대로 다운타운에서 공항으로 갈 때는 추가요금 5불을 지불하지 않아도 된다.

종점인 워터프론트(Waterfront)역에서 내리면 차이나타운과 게스타운이 가깝다. 다운타운 중심으로 그랜빌(Granvill)과 랍슨거리(Robson street)에서 가까운 역에서 내리고자 한다면, 밴쿠버 시티센터(Vancouver City Centre)역에서 내리면 된다.
국제선으로 도착 후, 입국심사를 마치고 건물 밖으로 빠져나가면 'Canada line' 안내 표지판을 찾을 수 있다. 표지판을 따라 에스컬레이터로 올라가면 캐나다라인을 이용할 수 있는 승강장이 나온다.

캐나다 라인 타러가기

캐나다 라인 타는곳

★세단 & 리무진(sedans & limousines)
가격은 비싸지만 일행이 많은 경우 편하게 갈 수 있는 방법 중 하나이다. 택시와 달리 내리는 곳과 금액이 정해져 있다. 다운타운까지 세단의 경우 45불(tax 불포함), 6인용 리무진의 경우 53불(tax 불포함) 정도이다.

토론토

토론토에는 일명 토론토 아일랜드 공항이라 불리는 토론토 시티센터공항과 피어슨 국제공항이 있다. 시티센터공항은 작은 국내선 항공기만 주로 드나들며, 대부분의 항공기는 피어슨 국제공항에서 이용할 수 있다. 피어슨 국제공항은 터미널 1, 3이 있는데, 터미널 1은 에어캐나다, 아시아나 항공 등이, 터미널 3은 대한항공, 잘항공, 캐세이퍼시픽, 웨스트젯 항공 등이 주로 이용한다. 토론토로 바로 입국하지 않고, 캐나다의 다른 도시나 미국으로 경유할 경우, 터미널 간에 이동이 필요한 경우가 있는데 이런 경우에는 공항에서 무료로 운행하는 링크트레인(LINK Train)을 이용하면 된다.

★공항버스
토론토 국제공항에서 다운타운으로 가는 가장 빠르고 쉬운 방법은 다운타운 익스프레스(Downtown Express)라는 공항버스를 이용하는 것이다. 공항

토론토 공항버스

버스는 다운타운의 주요 숙소 및 유니온역(Union Station)에서 정차한다. 온라인에서 노선을 확인할 수 있으니 자신의 목적지에서 가장 가까운 정류장을 미리 체크하자.

공항에서 출발하는 다운타운행 버스는 오전 6시~12시 5분까지, 다운타운에서 출발하는 공항행 버스는 오전 5시 25분~오후 8시 45분까지 40분 간격으로 운행하며, 약 40분~1시간 정도 소요된다. 요금은 편도 27.95불(Tax 포함)이며, 온라인(http://www.torontoairportexpress.com)에서 티켓 구입 시 5%의 할인도 받을 수 있다.(2013.12 기준)

블루어-덴포스행(Bloor-Danforth) 노선에 포함된 주요 지하철역
· 크리스티(Christie)역 한인타운을 가고자 할 경우
· 스파다이나(Spadina)역 차이나타운행 스트리트카(streetcar)로 갈아 탈 수 있는 역
· 블루어-영(Bloor-Yonge)역 노란색 노선으로 환승하거나 토론토 공공도서관에 가고자 할 경우

★대중교통(버스+전철)

토론토에서 운영하는 대중교통 TTC 버스에서 전철로 환승하여 다운타운으로 가는 방법은, 편도 교통비 3불만 지불하면 된다. 가장 저렴하게 다운타운으로 갈 수 있는 방법이다. 하지만 갈아타야 하는 번거로움이 있다.

'Public Transit'이라는 표지판을 따라 공항 밖으로 나오면 버스 타는 곳이 나오는데, 여기서 192번 TTC Rocket 버스를 타면 키플링(Kipling)역까지 갈 수 있다. 키플링역은 토론토 지하철 초록색 노선의 서쪽 맨 끝에 있는 역으로, 여기서 블루어-댄포스행(Bloor-Danforth) 전철을 타면 다운타운으로 갈 수 있다.

토론토 공항에서 다운타운 유니온 역까지 25분에!
2015년부터 운행예정인 Union Pearson Express를 위해 토론토 국제공항 터미널 1에서는 공사가 한창 진행 중이다. Union Pearson Express를 이용하면 공항에서 다운타운의 유니온역까지 25분에 갈 수 있게 된다.

TTC 버스

TTC 버스 정류장은 터미널 1의 경우 지상 1층(Ground Level), 터미널 3의 경우 도착층(Arrival Level)에 있다. 버스 요금은 잔돈을 거슬러 주지 않으므로 정확한 금액을 준비해야 한다.

심야(대략 새벽 2~5시)에 공항에 도착한 경우에는, 300A Bloor-Danforth TTC 버스를 이용하면 전철로 갈아타지 않고 다운타운으로 한 번에 갈 수 있다. 공항에서 블로어영(Bloor&Yonge)까지는 약 45분 정도 소요된다.

몬트리올

몬트리올에는 피에르 엘리오트 트뤼도(Pierre Elliott Trudeau) 국제공항과 미라벨(Mirabe) 국제공항 두 개가 있다. 미라벨 국제공항은 현재 화물기나 작은 경비행기가 주로 이용하고 있으며, 우리가 이용하게 될 공항은 대부

분의 국제선이 드나드는 피에르 엘리오트 트뤼도 국제공항이다. 도르발에 위치해 있어 간단히 도르발 국제공항으로도 불린다. 도르발 국제공항은 A, B, C의 탑승동으로 나뉘는데, 대부분의 국제선은 탑승동 B를 이용한다.
몬트리올 국제공항에서 다운타운까지는 약 45~60분 정도 걸리는데, 공항버스나 전철은 운행하지 않으므로 택시나 다운타운행 급행버스를 이용해야 한다.

★다운타운행 급행버스(747 BUS line service)

747 급행버스는 몬트리올 교통을 담당하는 STM에서 운영하는 버스로 공항과 다운타운을 급행으로 연결하며, 24시간 동안 20~30분 간격으로 운행한다. 공항에서 티켓을 구입하려면 자동발매기를 이용하면 된다. 버스를 탈 때 현금으로 직접 요금을 지불해도 되지만, 잔돈을 거슬러주지 않으니 정확한 요금을 준비해야 한다. 요금은 10불이다. 데이패스(DAY PASS) 등 사용 가능한 정액권으로도 747 급행버스를 이용할 수 있다.

주영 Excuse me. Where is the bus stop for downtown?
실례합니다. 다운타운으로 가는 버스를 어디서 타야 하죠?

공항직원 Go outside and follow the sign for 'Ground Transportation'. You can't miss it.
건물 밖으로 나가서, '대중교통'이라는 안내표지판을 따라 가면 됩니다. 찾기 쉬울 거예요.

주영 Where can I get a ticket from?
표는 어디서 사야 하나요?

공항직원 The fare can be paid in cash on board the bus; however, you need to prepare in cash with exact change. Only coins are accepted. The fare is $9.
요금은 직접 버스 기사에게 지불하면 됩니다. 하지만 잔돈을 거슬러 주지 않으니 동전으로 준비하세요. 요금은 9불이에요.

빅토리아

빅토리아의 국제공항은 밴쿠버섬의 유일한 공항으로 다운타운에서는 약 30km 정도 떨어진 시드니(Sidney) 지역에 있다.

밴쿠버에서 빅토리아까지 항공을 이용한 후, 빅토리아 공항에서 다운타운으로 들어가기도 하지만, 밴쿠버공항에서 셔틀을 이용해 빅토리아로 들어가기도 한다. 이 경우 퍼시픽코치(Pacific coach)버스를 이용하면 되는데, 요금은 편도 기준 약 44불 정도이다. 세금과 페리 이용 요금은 별도로 페리 요금은 빅토리아 스와츠베이 터미널(Swartz bay Terminal)까지 15.50불이다.

★셔틀버스(AKAL Airporter)

빅토리아 공항에서 다운타운까지 편도 21불이며, 동행이 있을 경우 좀 더 저렴하게(1인당 2불 정도 할인) 이용할 수 있다. 다운타운의 주요 호텔과 부차든 가든, 쇼핑센터, 빅토리아 대학교 등 주요 지역에서 내려준다.

셔틀버스를 이용하고자 할 경우, 사이트(http://www.victoriaairportshuttle.com)에서 미리 예약을 하자.

★대중교통(BC Transit 버스)

공항에서 다운타운으로 한 번에 가는 버스는 없다. 공항버스 정류장에서 83, 86, 88번 버스를 타고 맥태비시(McTavish) 또는 로열오크증권거래소(Royal Oak Exchange)에서 내려, 다운타운으로 가는 70, 72번 등의 버스로 갈아타야 한다. 요금은 편도 2.50불로 저렴하지만 총 한 시간 이상이 소요된다.

캘거리

캘거리 공항은 다운타운에서 약 17km 정도 떨어진 곳에 위치해 있다. 다운타운까지는 택시나 셔틀, 버스와 C-Train을 이용해 갈 수 있다.

★셔틀버스(Allied Airport Shuttle)

도착층의 C 게이트 가까이에 셔틀버스 매표소(오전 8시부터 자정까지 오픈)가 있다. Bus bay #8에서 매 30분 간격으로 출발하며, 요금은 편도 15불이다.

온라인(http://www.airportshuttlecalgary.ca)으로 미리 예약이 가능하며, 캘거리 다운타운의 주요 숙소에서 하차가 가능하다. 사이트에서 캘거리 다운타운의 주요 숙소 리스트와 전화번호, 주소, 홈페이지 등을 확인할 수 있다.

★대중교통(300 BRT 버스)

300 BRT 버스는 요금이 8.50불로 일반버스보다는 비싸지만 다운타운까지 급행으로 연결하므로, 빠르고 편리하다.

시티센터까지 약 30분 정도 걸리며, 데이패스 등의 정액권이 있다면 이용 가능하다. 잔돈을 거슬러 주지 않으니, 정확하게 현금이 없다면, 공항터미널 내 맥스토어(Mac's stores)에서 티켓을 미리 구입하도록 하자. 300 BRT는 새벽 4시 40분부터 자정까지, 매 20~30분 간격으로 운행되며, 버스정거장(Bus bay #20)에서 승차하면 된다.

위니펙

위니펙 국제공항에서 다운타운으로 갈 때 호텔이 예약되어 있다면, 택시나 버스를 이용하는 방법 외에도 호텔의 공항셔틀을 이용할 수 있다.

★대중교통(Winnipeg Transit 버스)

가장 저렴한 교통수단은 편도요금 2.50불의 위니펙 트랜짓(Winnipeg Transit)에서 운영하는 시내버스를 이용하는 것이다. 1층 공항 밖으로 나오면 버스정류장 간판과 함께 버스시간표를 확인할 수 있으며, 15번과 20번 버스가 다운타운으로 간다. 다운타운에서 버스를 갈아타야 하는 경우에는 반드시 환승권을 받아야 한다.

300번 버스정류장

위니펙 대중교통버스

에드먼턴

에드먼턴에는 두 개의 공항이 있지만, 시티센터공항은 작은 민간항공기 등이 주로 드나들고 있어, 대부분은 에드먼턴 국제공항을 이용한다.

★셔틀버스(Skyshuttle)

공항과 에드먼턴의 주요 지역을 운행하는 셔틀로 요금은 편도 18불이다. 공항 1층에 스카이셔틀 안내소가 있으니, 목적지를 말하고 내려야 할 정류장을 미리 문의하면 된다. 공항 밖으로 나오면 도착층의 도어 7(Door 7) 앞에 정류장이 있다. 사람이 많이 탔을 경우, 여러 곳을 들르기 때문에 시간이 오래 걸릴 수 있다는 단점이 있다. 보통 다운타운까지 40분에서 1시간 20분이 걸리며, 공항에서의 마지막 셔틀은 새벽 1시 30분에 출발한다.

스카이셔틀

온라인(http://edmontonskyshuttle.com)에서 미리 예약도 가능하고 내리는 정류장 리스트도 확인할 수 있다.

에드먼턴 747 버스

★공항버스(EIA Express Route 747 버스)
아침 일찍 여행을 하거나 공항으로 통근하는 사람을 위해 제공하기 시작한 서비스로, 공항에서 출발하는 첫차는 새벽 4시 34분이며 오후 12시까지만 운행한다. 도착층 도어 8(Door8)앞에서 승차 가능하며, 요금은 5불로 저렴하지만, 센추리 공원(Century Park) 정류장까지만 운행한다. 여기서 다운타운으로 가는 버스나 전철(LRT)로 갈아타야 하는데, 이때 무료 환승이 제공되지 않으므로, 별도로 티켓을 다시 구입해야 하며, 요금은 편도 3.20불이다.

핼리팩스
핼리팩스 국제공항은 다운타운에서 약 35km정도 떨어져 있다. 핼리팩스가 작은 도시인 탓에 공항도 작고 허름하지 않을까 생각할 수 있으나, 제법 잘 꾸며져 있다.

핼리팩스 셔틀버스

★공항 셔틀버스(Airporter Express)
공항에서 다운타운이 좀 멀리 떨어져 있다 보니, 택시보다는 주로 공항 셔틀버스를 많이 이용한다. 에어포트익스프레스(Airporter Express)는 아틀란틱 지역을 주로 운행하는 마리타임(Maritime)버스회사의 셔틀로, 요금은 편도 22불이다. 온라인(http://www.halifaxairportexpress.com)을 통해 예약하면 된다.

★대중교통(Metro Transit-MetroX 320번 버스)
핼리팩스 국제공항과 다운타운을 운행하는 320번 버스의 요금은 편도 3.50불로 저렴하지만, 피크시간 (오전 6~9시/오후 3~6시, 30분마다 운행)을 제외하고는 1시간마다 운행하기 때문에 이용하기 조금 불편할 수 있다.

택시
공항버스나 대중교통을 이용하기 어렵다면 좀 더 비싸더라도 택시를 이용해야 한다. 지역별로 요금은 조금씩 차이가 있지만, 일반적으로 택시 기본요금(약 3.18~4.25불)에 1km당 1.48~2.76불의 요금이 부과된다.

미터기의 택시요금은 세금이 포함된 요금이며, 여기에 팁(요금의 10~15%)을 추가로 지불해야 한다. 돈을 지불할 때, 팁을 제외한 얼마를 거슬러 달라고 특정 금액을 말하면 된다.

Which number bus do I have to get to downtown?
다운타운으로 가려면 몇 번 버스를 타야 하나요?

How much is the bus fare?
버스 요금이 얼마예요?

Is this bus going to downtown?
이 버스가 다운타운으로 가나요?

Can you let me know when I get there, please?
도착하면 알려주시겠어요?

Please tell me when I get to the Central station.
센트럴역에 도착하면 알려주세요.

Can I get off here?
여기서 내려주시겠어요?

택시 요금계산
http://www.taxifarefinder.com/ca

Keep the change(잔돈은 가지세요!)
택시요금이 18불 정도 나왔는데, 20불짜리 지폐를 냈다면, 팁 포함해서 대략 20불 정도 되니, 이럴 땐 그냥 잔돈은 가지라는 뜻에 "Keep the change."라고 하면 된다.

지역별 택시 요금과 소요시간

다음은 지역별 국제공항에서 다운타운까지의 대략적인 택시요금과 소요시간이다. 팁은 별도로 택시 요금의 약 10~15%를 지불하면 된다.

지역	택시요금	소요시간 (총 거리 km)
밴쿠버	약 35~45불	약 20분(12km)
토론토	약 55~70불	약 30분(30km)
몬트리올(도르발)	약 37~45불	약 20분(21km)
빅토리아	약 56~65불	약 30분(27km)
캘거리	약 35~45불	약 20분(19km)
위니펙	약 18~25불	약 20분(10km)
에드먼턴	약 45~55불	약 30분(21km)
핼리팩스	약 53~63불	약 35분(34km)

주영　　Can you please open the trunk?
　　　　트렁크 좀 열어주시겠어요?

택시기사	Sure. Where are you going to? 네. (차에 탄 후) 어디로 모실까요?
주영	This is where I want to go. It's a Youth hostel in downtown. (주소를 보여주며) 이곳으로 가주세요. 다운타운에 있는 유스호스텔이에요.
택시기사	No problem. 예. 알겠습니다.
주영	How long do you think it will take? 시간은 얼마나 걸릴까요?
택시기사	Around 30 minutes. 30분 정도 걸릴 거예요.

택시

공항 픽업

친구나 학교에 픽업을 신청해서, 누군가 공항으로 데리러 나온다면, 상대에게 정확한 항공편명과 도착시간 등을 알려주도록 하자. 비행기가 연착하거나 이륙하지 않았을 경우, 픽업 나오는 사람이 항공편명으로 체크할 수 있기 때문이다.

입국심사를 마치고 나오면 픽업 나온 사람이 당신을 기다리고 있을 것이다. 하지만 간혹 잠시 자리를 비운 사이 서로 엇갈리는 경우가 있으니, 만일을 대비해 비상연락처와 픽업 나오는 사람의 연락처, 자신의 숙소 주소를 메모해 두는 것이 좋다.

공항에서 픽업 나오는 사람을 만나지 못했다고 혼자 무작정 홈스테이나 숙소로 찾아가기보다는 20~30분 정도는 더 기다렸다가, 비상연락망으로 연락을 취해 본 후 움직이는 것이 좋다.

주영	Hello, I'm Juyoung Lee from Korea. 안녕하세요, 저는 한국에서 온 이주영입니다.
픽업자	Hi, nice to meet you. I'm Tommy. 만나서 반가워요. 저는 토미라고 해요.

주영	Great to meet you, too! Thank you for picking me up. 저도 만나서 반갑습니다. 마중 나와주셔서 감사합니다.
픽업자	It's my pleasure. How was your trip? 별 말씀을요. 여행은 어땠어요?
주영	I'm a little tired but it was OK. However, it took a long time to check out my luggage. Sorry to make you wait for a long time. 조금 피곤하지만, 괜찮았어요. 그런데 짐을 찾는데 시간이 오래 걸렸어요. 오래 기다리게 해서 죄송해요.
픽업자	That's OK. Please, give me one of your bags, let me help you out. 괜찮아요. 가방 하나 주세요, 들어줄게요.
주영	Thank you so much. 감사합니다.
픽업자	You will meet your homestay family soon. Let's go. 홈스테이 가족을 곧 만나게 될 거예요. 가죠.

공항에서 정보 수집

다운타운으로 가는 교통편, 요금, 운행시간 등은 공항내의 여행안내소(Information Center)를 통해서도 정보를 얻을 수 있다. 또한 이곳에서는 다운타운 지도나 관광정보 등도 얻을 수 있다. 혹시 숙소 예약 없이 온 경우라면, 호텔뿐 아니라 여행자숙소 등의 정보도 여기서 얻을 수 있으니, 이용해보자.

여행안내소

인포센터	What can I help you with? 무엇을 도와드릴까요?
주영	Can I get a bus timetable for downtown, please? 다운타운행 버스 시간표를 알 수 있을까요?
인포센터	Sure, here you are. 네, 여기 있습니다.
주영	Can I also have a downtown map, please? 다운타운 지도도 얻을 수 있을까요?

내 | 인생을 | 바꾸는 | 캐나다에서 | 홀로서기

Part 3

숙박 구하기

1. 호스텔&백팩

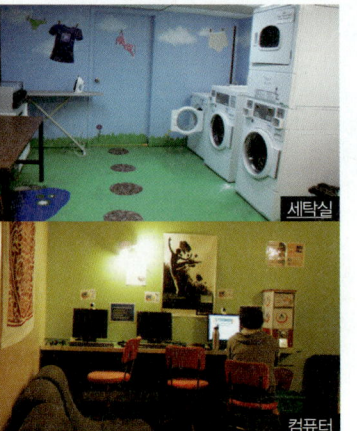

세탁실

컴퓨터

호스텔(hostel) 또는 백팩(backpack)은 배낭여행객들이 주로 이용하는 저렴한 비용의 숙박시설이다. 이곳은 여행자뿐 아니라, 처음 캐나다에 도착한 사람이나 지역을 이동한 후 장기체류를 위한 숙소를 구하는 사람들이 많이 이용하는 단기 숙소이기도 하다.

또한 호스텔은 그 지역의 교통정보, 맛집, 쇼핑, 관광지 정보 등을 제공하고 있어서 초기 정착을 하는 데도 많은 도움이 된다. 뿐만 아니라 세계 각국에서 온 사람들과 친구가 될 수 있는 기회도 있다. 특히 캐나다나 미국 대학교의 방학 기간에는 현지 대학생들도 많이 여행을 하기 때문에, 호스텔에서 만난 캐나다인들로부터 현지 정보도 많이 얻을 수 있다.

나 역시 호스텔에서 여러 친구들을 사귀어서, 초기정착 할 때 필요한 정보들을 많이 공유했으며, 캐나다에 체류하는 동안 끈끈한 우정을 나누기도 했다.

주영	Hi! I'm Juyoung from Korea. 안녕! (악수를 청하며) 나는 한국에서 온 주영이라고 해.
여행자	Oh! Hi, I'm Tommy from USA. Nice to meet you. 오! 안녕. 나는 미국에서 온 토미라고 해. 만나서 반가워.
주영	Actually, I just arrived in Toronto. So this place is still new to me. 사실 토론토에 도착한 지가 얼마 안돼서 아직 낯설어.

여행자	Oh yeah? I've been traveling in Toronto about 6 day. Hum. Do you have any plans for tonight? 아, 그래? 나는 벌써 토론토에 온지 6일이 되었어. 음. 오늘 저녁에 특별한 계획 있니?
주영	No. Nothing. Why? 아니, 없어. 왜?
여행자	How about going to the pub with me? 괜찮으면 나랑 술 한잔하러 갈래?
주영	Alright. Sounds great! 그래. 좋아!

도미토리

무료 아침식사

TV, 영화를 볼 수 있는 공간

호스텔은 1~2인실도 있지만, 보통 4~6인실의 도미토리 형태로 운영되고 있다. 비용은 지역과 호스텔별로 차이가 있지만, 도미토리 기준으로 1박에 25~30불(세금 별도) 정도이고 대부분 무료 아침식사(시리얼, 베이글, 과일 등)와 무선인터넷, 수건 등을 제공하고 있으며, 간혹 비누 등의 욕실용품을 제공하는 곳도 있다. 또 부엌이나 샤워실, TV를 볼 수 있는 공간 등은 공동으로 사용하며, 세탁실을 가지고 있는 호스텔도 있다.

인터넷 사용은 무료로 사용할 수 있도록 컴퓨터를 제공하는 호스텔도 있지만, 대부분은 일정 비용(30분당 약 1불)을 지불하고 사용하도록 되어 있다. 프린트를 해야 할 경우에도, 일정 비용(약 25센트)을 지불하고 이용 가능하다

숙소관련 단어

Dormitory	공동침실(보통 4~6인실)
Single room	1인실
Double room	2인실. 퀸사이즈 침대 1개.
Twin room	2인실. 싱글 침대 2개.
COED dormitory	남녀공용 기숙사
Summer residence	주로 여름방학 기간에 제공되는 대학교 기숙사를 말함.
B&B	Bed and Breakfast의 약자로, 숙박과 아침식사를 제공하는 일종의 민박과 같은 숙소 형태를 말함.
Inn	호텔이나 모텔보다 저렴한 숙소 형태.

일반적으로 호스텔의 체크인은 3시 이후, 체크아웃은 11시 이전으로 되어 있지만, 대부분 24시간 운영하고 있기 때문에 체크인 시간보다 일찍 도착했을 경우라도 미리 짐을 맡겨둘 수 있다. 예약 전에 미리 확인하도록 하자.

Could you keep my luggage until check-in?
체크인 때까지 짐을 맡겨둘 수 있을까요?

Do you have any rooms available for tonight?
오늘 저녁에 투숙할 방이 있습니까?

What's the daily rate here?
하루 숙박료가 얼마죠?

Does the rate include breakfast?
방값에 아침식사가 포함됩니까?

Don't you have any less expensive rooms?
좀 더 싼 방은 없나요?

체크인

호스텔은 여러 사람이 이용하는 곳이므로 서로를 배려해야 한다. 한 방에서 여러 사람이 생활하므로, 늦은 밤 또는 다른 사람이 자고 있을 때는 조용히 하는 것이 호스텔 이용 시 예의다.
자신이 사용한 식기 등은 반드시 설거지를 해야 하고, 샤워실 사용 시 뒷정리를 깨끗이 하도록 하자.

가장 큰 규모의 호스텔은 전세계적으로 운영되고 있는 하이호스텔(HI Hostel)이다. 유스호스텔증이 있다면, 숙박비도 할인받을 수 있다. 예약은 전화나 인터넷으로 가능하고, 예약 시 총 숙박비의 10% 정도를 예약금으로 지불해야 한다. 인터넷으로 예약 시 예약서비스 수수료가 별도로 부과되기도 하지만, 캐나다 대학교 방학기간이나 여행 성수기에는 위치가 좋은 호스텔일수록 일찍 예약이 마감되니 인터넷으로 미리 예약을 하도록 하자.

직원	What can I do for you?
	무엇을 도와드릴까요?
주영	I'd like to make a reservation for a room from next Saturday for 1 week.
	다음주 토요일부터 일주일 동안 예약하고 싶은데요. 방이 있는지요?
직원	How many people will be staying in?
	몇 명이신가요?
주영	Only me.
	한 명입니다.
직원	Are you looking for a Female dormitory room?
	여성용 도미토리로 알아봐드릴까요?
주영	Yes.
	네.
직원	Both 4 bed and 6 bed dormitories are available.
	4인실과 6인실 도미토리 모두 예약 가능합니다.
주영	I prefer a 4 bed dormitory.
	4인실로 예약해주세요.
직원	It's $30 per night before tax. Therefore, total amount is $210. The deposit will be 10% of total amount.
	Can you give me a credit card number, please?
	세금 별도로 1박에 30불이니까, 총 210불입니다. 예약금은 10%입니다. 신용카드번호 알려주세요.
주영	Yes. The credit card number is ****.
	네, 카드번호는 ***, 유효기간은 ** 입니다.
직원	Can you give me your email address, please? I'll email you a confirmation letter of your reservation.
	메일주소를 알려주시면 예약사항을 이 메일로 보내드리겠습니다.

추천 호스텔

토론토
HI Hostel Toronto

- 76 Church Street, Toronto
- Tel. 416-971-4440 / 1-877-848-8737
    (toll free)
- http://www.hihostels.ca

토론토의 HI Hostel 공식 호스텔. 세인트로렌스 마켓에서 도보로 약 10분 거리. 여름에는 일요일마다 옥상에서 BBQ 파티를 하기도 함.

토론토
Global Village Backpackers

- 460 King Street West, Toronto
- Tel. 416-703-8540 / 1-888-844-7875
    (toll free)
- http://www.globalbackpackers.com

다운타운 중심에 있어, 이동하기에 편리함. 지하철 유니언(Union)역에서 도보로 10분 거리.

토론토
Planet Traveler

- 357 College Street, Toronto
- Tel. 647-352-TRIP(8747)
- http://theplanettraveler.com

캔싱턴 마켓까지 도보로 약 5분 거리. 베이글, 시리얼, 과일 등 다양한 아침이 무료로 제공되며 한 달에 한 번 정도 무료 BBQ 파티도 제공됨. 깨끗하고 침대가 편함.

토론토
Canadiana Backpacker

- 42 Widmer Street, Toronto
- Tel. 416-598-9090 / 1-877-215-1225
    (toll free)
- http://canadianalodging.com

CN 타워에서 도보로 약 5분 거리. 아침으로 팬케이크가 제공됨. 18인석 영화관과 당구대 등의 시설을 갖추고 있음.

오타와
HI Hostel Ottawa

- 75 Nicholas Street, Ottawa
- Tel. 613-235-2595 / 1-866-299-1478
    (toll free)
- http://www.hihostels.ca

감옥으로 사용되던 건물을 개조해서 만들어 유명해진 호스텔로, 다운타운에 가까이 있어 위치가 좋음.

밴쿠버
HI Hostel Central

- 1025 Granville Street, Vancouver
- Tel. 1-778-328-2220 / 1-866-762-4122 (toll free)
- http://www.hihostels.ca

그랜빌역에서 가까우며, 맞은편에는 samesun 백팩이 있음. 베이글, 주스 등의 아침이 무료 제공됨.

밴쿠버
Samesun Backpackers

- 1018 Granville Street, Vancouver
- Tel. 604-682-8226 / 1-877-972-6378 (toll free)
- http://www.samesun.com

그랜빌역에서 가까워 위치상으로 좋음. 1층에 펍을 운영하고 있음. 아침은 베이글, 과일샐러드 등이 무료 제공됨. 일주일 이상 숙박시 비용이 저렴함.

밴쿠버
HI Hostel Downtown

- 1114 Burnaby Street, Vancouver
- Tel. 1-778-328-2220 / 1-866-762-4122 (toll free)
- http://www.hihostels.ca

다운타운과 비치에서 가까운 곳에 위치해 있음. 아침은 무료로 제공되며, 24시간 주방이 개방되어 있음. 여러 게임도구도 구비되어 있음. 일주일을 머물 경우, 1박은 무료로 제공하는 스페셜 이벤트를 가끔 제공하기도 함.

밴쿠버
Cambie International Hostel

- 개스타운 300 Cambie St @ Cordova St in Gastown, Vancouver
  Tel. 604-684-6466 / 1-877-395-5335 (toll free)
- 다운타운 515 Seymour Street, Vancouver
  Tel. 604-684-7757 / 1-866-623-8496 (toll free)
- http://www.thecambie.com

1층에 퍼프와 베이커리를 운영하는 호스텔로 개스타운과 다운타운에 두 개의 분점을 가지고 있음. 머핀 등으로 아침이 무료 제공됨.

빅토리아
Ocean Island Backpackers Inn

- 791 Pandora Ave, Victoria
- Tel. 250-385-1788 / 1-888-888-4180 (toll free)
- http://www.oceanisland.com

비교적 저렴하지만 방은 좀 작은 편. 카페를 운영하고 있어, 저렴한 가격에 식사를 해결할 수 있음.

몬트리올
HI Hostel Montreal

- 1030 Rue Mackay, Montreal
- Tel. 514-843-3317 / 1-866-843-3317 (toll free)
- http://www.hihostels.ca

지하철 루시앙 알리에(Lucien-L'Allier)역과 가까이 있어 교통이 편리함. 지하에 아침식사와 맥주를 파는 식당이 있음.

몬트리올
YWCA

- 1355 René-Lévesque Blvd. West, corner Crescent Montreal
- Tel. 514-866-9942
- http://www.ydesfemmesmtl.org

호스텔보다는 좀 비싸지만, 시설이 좋고 지하철 가이-콘코르디아(Guy-Concordia)역에서도 가까워 위치도 좋음. 공동사용 가능한 주방도 마련되어 있음.

위니펙
Guest House International

- 168 Maryland Street Winnipeg
- Tel. 204-772-1272 / 1-800-743-4423 (toll free)
- http://backpackerswinnipeg.com

숙박비가 저렴하며 집 같은 분위기로 꾸며져 있음. 유스호스텔증이나 국제학생증으로 숙박비를 할인받을 수 있음.

위니펙
HI Hostel Winnipeg Royal Plaza

- 330 Kennedy St. Winnipeg
- Tel. 204-783-3000
- http://www.hihostels.ca

공항에서 숙소까지 바로 오는 버스가 있어 편리함. 내부에 카페를 운영하여 저렴한 가격에 식사 가능.

핼리팩스
HI Hostel Halifax

- 1253 Barrington Street, Halifax
- Tel. 902-422-3863
- http://www.hihostels.ca

버스터미널과 비아(VIA)기차역에서 도보로 5분 거리.

에드먼턴
YMCA

- 10030 102A Avenue, Edmonton
- Tel. 780-421-9622
- http://www.edmonton.ymca.ca/Community Programs/TransitionalHousing/tabid/127/Default.aspx

다운타운에 있어 위치도 좋으며, 1인실 가격도 저렴한 편. 특히 일주일 이상 체류 시 비용이 저렴함. 단 예약을 받지 않고 먼저 도착하는 순으로 방을 주기 때문에 방 잡기가 어려움.

에드먼턴
Go backpackers Hostel

- 10209 100th Ave, Edmonton
- Tel. 780-423-4146 / 1-877-646-7835 (toll free)
- http://gohostels.ca

다운타운에 위치해 있으며, 일자리 정보도 제공하고 있음. ISIC 국제학생증으로 할인받을 수 있음.

리자니아
HI Hostel Regina

- 2310 McIntyre Street, Regina
- Tel. 306-791-8165 / 1-800-467-8357 (toll free)
- http://www.hihostels.ca

역사적으로 의미가 있는 건물로, 100년 넘은 집을 개조해 호스텔로 운영하고 있음. 다운타운과 와스카나 센터 중간에 위치해 있음. 여행책자로 꾸며진 작은 도서관도 있음.

캘거리
HI Hostel Calgary

- 520 7th Avenue SE, Calgary
- Tel. 778-328-2220 / 1-866-762-4122 (toll free)
- http://www.hihostels.ca

다운타운에 위치해 있으며, 무료로 팬케이크와 오트밀 등의 아침을 제공하고 있음. BBQ 시설도 갖추고 있으며 아케이드 게임룸도 있음.

주영	I have a reservation here. 예약을 했는데요.		주영	Yes. That's right. 네. 맞습니다.
직원	What is your last name, please? 성이 어떻게 되시죠?		직원	The total balance is $90 including tax. 예약금 빼고, 세금 포함해서 비용은 90불입니다.
주영	Lee. 이입니다.		주영	I'd like to pay by credit card. 신용카드로 결제할게요.
직원	What is your first name, please? 이름은 어떻게 되시죠?		직원	Here is your room key. Your room is on the 2nd floor. Enjoy your stay. 여기 방 열쇠입니다. 방은 2층입니다. 즐겁게 지내세요.
주영	JUYOUNG. 주영입니다.		주영	Thanks. 감사합니다.
직원	You booked a bed in the 4 bed female dorm for 3 nights. 네. 4인실 여성 전용 도미토리로, 3박 예약하셨네요.			

여름방학기간 이용할 수 있는 현지 대학교 기숙사

캐나다 대학교의 여름방학은 5~8월(캐나다는 겨울방학은 짧고 여름방학이 길다.)이다. 이 기간에는 각 대학교의 기숙사를 저렴한 비용으로 일반인들에게 개방하고 있다(Summer Housing). 호스텔처럼 단기 숙소로도 이용할 수 있지만, 한 달 이상 장기체류 시 비용이 더 저렴해지는 곳도 있어 셰어하우스처럼 장기체류 하는 사람도 있다.

학생인 경우(한국 학생증 또는 국제학생증, 재학증명서 등으로 증명) 더 저렴한 비용으로 이용할 수도 있다.

호스텔이 주로 도미토리 형태로 되어 있다면, 대학교 기숙사는 대부분 1~2인실로 되어 있다. 호스텔과 마찬가지로 부엌과 샤워실 등은 공동으로 사용하도록 되어 있다.

비용이나 예약과 관련된 정보는 각 대학교 사이트에서 확인할 수 있다.

무료 Wi-Fi
대부분의 호스텔, 백팩에서는 무료 Wi-Fi를 제공하고 있으며, 체크인할 때 비번을 알려준다.

이름을 말해줄 때는, 스펠링도 같이 말해주는 게 좋다. 이름에 같은 철자가 두 번 반복되는 LEE의 경우, "L, E, E"라고 말해도 되지만, "L double E"라고 말하기도 한다.

Could you tell me about the dormitory facilities?
기숙사 시설에 관해 말씀해 주십시오.

Where can I do laundry?
세탁은 어디서 하면 됩니까?

Are there any things I have to buy for myself?
제가 개인용으로 갖춰야 될 것이 있습니까?

Is there a kitchenette where I can cook simple things?
간단히 음식 준비를 할 수 있는 취사실 같은 것이 있습니까?

Couch Surfing
코치 서핑이란, 자신의 집에 머물면서 소파에서 자도록 하는 것을 말하며, 'Couch Surfing'이라는 커뮤니티를 통해, 자신이 원하는 지역에 사는 주인에게 신청할 수 있다. 전세계 많은 사람들이 코치 서핑을 이용하고 있으며, 이를 통해 숙박비 절약뿐 아니라, 현지인과 함께 생활하며 진정한 캐나다를 경험하고 있다.

지역별 대학교 기숙사

토론토
- University of Toronto
  http://www.housing.utoronto.ca
- Ryerson University
  http://www.ryerson.ca/studentservices/housing/summerhousing

밴쿠버
- UBC (University of British Colombia)
  http://www.housing.ubc.ca
- SFU (Simon Fraser University)
  http://www.sfuaccommodations.ca

빅토리아
- University of Victoria
  http://housing.uvic.ca/summer

몬트리올
- McGill University
  http://www.mcgill.ca/summer/accommodations

위니펙
- University of Manitoba
  http://umanitoba.ca/student/housing

에드먼턴
- University of Alberta
  http://www.residence.ualberta.ca

캘거리
- University of Calgary
  http://www.ucalgary.ca/residence

토론토대 기숙사   토론토대 기숙사

2. 홈스테이

홈스테이란

홈스테이(homestay)란, 캐나다 가정에 머물면서 가족과 함께 생활하는 숙박 형태 중 하나이다.

홈스테이는 등록한 어학연수학교나 유학원을 통해 알선이 가능하다. 학교를 다니지 않는 사람도 홈스테이 전문 알선 업체를 통해 알선이 가능하지만, 홈스테이 주인들은 보통 학생들을 선호하는 편이다.

한국에서 떠나기 전 홈스테이 가정이 결정되는데, 홈스테이 주인의 메일 주소가 있다면 미리 메일로 인사를 하는 것도 좋다. 메일을 보낼 때, 간단한 자기소개와 자신의 사진을 함께 보내 친근감을 쌓아두는 것도 좋다.

> Please write your name down here?
> 여기에 당신 이름을 좀 적어주시겠어요?
> This is my first visit to Canada.
> 캐나다에는 처음 왔어요.
> In my family there's just my parents and me. / I'm an only child.
> 우리 가족은 부모님과 저, 이렇게 세 명이에요. / 외동이에요.
> I hope you can come to Korea someday. I'll show you around.
> 언젠가 한국에 꼭 오세요. 제가 안내해 드릴게요.

홈스테이는 한국의 하숙과 비슷한 개념이기는 하지만, 단순한 숙박시설의 의미를 넘어, 홈스테이 가족의 일원으로 함께 생활을 하며 문화를 배우고 영어를 늘릴 수 있는 좋은 기회이기도 하다. 하지만 문화와 언어가 다른 사람들이 모여 가족처럼 생활하는 것에는 불편함이 따를 수 있다. 특히 영어실력의 부족이나, 문화적 차이로 인해 오해가 생길 수 있으니 서로를 이해하고자 노력해야 한다.

홈스테이를 했던 친구로부터 좋지 않은 경험담을 듣게 되면, 홈스테이를 해야 하나 말아야 하나 고민될 것이다. 하지만 같은 홈스테이 집이라도 나와 잘 맞는 가정이라면 좋아할 수도 있고 그렇지 않을 수도 있다. 처음부터 나와 잘 맞는 가정과 만난다면 더할 나위 없이 좋겠지만, 문화적인 차이가 있어 조금 맞지 않은 부분이 있어도 바로 불만을 표출하지 말고 내가 먼저 이해하려고 노력해보자.

그렇다고 해서 불이익을 당하거나 원치 않는 상황까지 무조건 참고 그냥 넘기라는 의미가 아니다. 원치 않을 때나 이해가 되지 않는 상황에서는 분명하게 자신의 의사를 표현하는 것이 좋다. 많은 한국학생들의 경우, 싫은 소리를 해서 서로 서먹해지는 게 싫다는 이유로, 의사 표현을 정확하게 하지 않는 경우가 많다. 필요할 때는 분명하게 자기 의사를 표시하자. 홈스테이 가족과 문제가 있는데 혼자 해결하기 곤란하다면, 학교의 홈스테이 담당자나 홈스테이 알선 업체에 상담을 받아보는 것도 도움이 된다.

홈스테이 비용

홈스테이 비용은 지역, 제공되는 식사 횟수 등 여러 조건에 따라 조금씩 차이가 난다. 토론토, 밴쿠버, 몬트리올 등 주요 도시의 홈스테이 비용은 거의 비슷하다.

지역별 한달 평균 홈스테이 비용

토론토	밴쿠버	몬트리올	빅토리아
750~860불	750~860불	750~850불	700~820불
캘거리	에드먼턴	핼리팩스	위니펙
700~760불	700~800불	700~780불	700~800불

* 1인실, 3식 기준

홈스테이 첫날

장시간 비행에 피곤하겠지만, 홈스테이 가족들과 만나는 첫날이 가장 중요하니 좋은 첫인상을 남길 수 있도록 노력하자. 영어를 잘 못하더라도, 자신을 간단히 소개할 수 있도록 준비하고, 한국을 알릴 수 있는 작은 선물을 준비하는 것도 좋다. 전통적인 선물을 준비했다면, 선물을 주면서 우리 문화를 주제로도 얼마든지 대화를 시작할 수 있다.

홈스테이를 하는 가장 큰 이유는, 그들의 문화와 영어를 더 배울 수 있기 때문이다. 하지만 그들과 더 많은 대화를 나누고자 스스로 노력하지 않는다면, 아무 소용이 없다는 것도 알아야 한다.

캐나다에 첫 발을 내딛는 그 순간부터 스스로 모든 것을 할 각오가 되어 있어야 한다. 누가 먼저 말 걸어주기만을 기다리는 그런 소극적인 자세도 버리는 것이 좋다.

홈스테이 주인	Welcome to Canada and our house. 캐나다에, 그리고 우리 집에 온 걸 환영해요.
주영	Hello, Nice to meet you. My name is Juyoung LEE from Korea. You can call me Joanne. It's my English name. 안녕하세요. 만나서 반갑습니다. 저는 한국에서 온 이주영이라고 합니다. 조앤이라고 부르셔도 돼요. 제 영어 이름입니다.
홈스테이 주인	Nice to meet you, too. I'm Coy. Let me introduce my family. This is my husband, Tommy and that is my daughter, Dido. 나도 만나서 반가워요. 난 코이라고 해요. 제 가족을 소개하죠. 여기는 제 남편 토미, 이쪽은 제 딸 디도.
주영	I'm very glad to meet you. 만나서 정말 반갑습니다.
홈스테이 주인	How was your flight? You must be tired. 비행기 여행은 어땠어요? 피곤하죠?

처음 홈스테이에 도착하면, 가족들과 간단히 인사를 하고, 자신이 사용할 방과 집 전체를 소개해줄 것이다.

그리고 밥 먹는 시간이나, 샤워 시간, 세탁 관련된 것 등 홈스테이 집마다 가지고 있는 간단한 규칙들을 설명해줄 것이다. 홈스테이 주인이 첫날 알아서 규칙들을 미리 알려주기도 하지만, 자신이 먼저 집에서 지켜야 할 규칙이 있다면 알려 달라고 물어보는 것도 좋다.
홈스테이 가족들은 많은 학생을 만나본 경험이 있기 때문에 영어를 잘 하지 못해 단어 위주로 대화를 하더라도 이해할 것이고 당신의 그런 노력들을 더 예쁘게 봐줄 것이다.

홈스테이 주인	I'll show you around our house.	
	우리 집을 안내해줄게요.	
주영	Thanks.	
	감사합니다.	
홈스테이 주인	This is your room.	
	여기가 당신 방이에요.	
주영	This room is really nice and comfortable.	
	방이 좋네요. 편하게 지낼 수 있을 거 같아요.	
	By the way, where is the bathroom?	
	그런데, 욕실은 어디에 있죠?	
홈스테이 주인	This is the bathroom. You are sharing with my daughter.	
	여기가 욕실이에요. 우리 딸과 같이 사용하게 될 거예요.	
주영	I see.	
	알겠습니다.	
홈스테이 주인	Please, follow me. I show you the laundry room.	
	따라오세요. 세탁실을 보여줄게요.	
주영	Is there any fixed days to do the laundry?	
	세탁하는 날이 정해져 있나요?	
홈스테이 주인	We usually do the laundry every weekend. Please, put your laundry in that basket.	
	우리는 보통 주말마다 세탁을 하거든요. 세탁물은 저 바구니에 넣어줘요.	

홈스테이 생활에서 지켜야 할 기본 에티켓

홈스테이 가족 내 정해진 규칙들을 잘 지켜야 하며, 함께 사는 동안은 한 가족의 일원임을 잊지 말자. 식사 준비를 같이 한다든지 설거지를 도와주면서 친밀감을 쌓아보자. 식사만 하고 바로 자기 방에 들어가 혼자 있지 말고, 거실에서 같이 TV도 보면서 대화를 나누어보자.

약속이 있어서 저녁에 늦게 들어가야 하거나, 저녁을 밖에서 먹고 들어올 경우에는 홈스테이 주인에게 미리 전화해서 알려주어야 한다. 특히 친구를 집으로 초대할 경우, 미리 홈스테이 주인에게 허락을 받아야 한다.

캐나다에서는 너무 오랜 시간 욕실을 사용하는 것도 예의에 어긋난 일이다. 욕실바닥에는 보통 배수구 시설이 되어 있지 않기 때문에 샤워를 할 때 꼭 샤워커튼을 사용해야 하고, 샤워 후에는 바닥의 물기와 머리카락 등의 뒷정리를 깨끗이 해야 한다.

국제전화 카드를 이용해서 한국으로 전화를 할 때 전화요금이 따로 나가는 것이 아니라고 해도, 전화 사용 전에 미리 홈스테이 주인에게 이야기를 하는 것이 좋다.

I'll be late tonight. You don't need to prepare dinner for me. I'll try not to be too late.
오늘 저녁에 늦을 것 같아요. 제 저녁은 준비하지 않으셔도 돼요. 너무 늦지 않도록 할게요.

Can I invite my classmate to here this weekend?
이번 주말에 반친구를 초대해도 될까요?

My friend is visiting Canada from Korea. Can she stay here for 1 week?
한국에서 친구가 오는데요. 여기서 1주일 머물 수 있을까요?

Can I use the phone/internet?
전화/인터넷을 사용해도 되나요?

Can I make an international phone call to Korea using an international phone card?
국제전화카드를 사용해서 한국으로 국제전화를 해도 되나요?

Can I use the phone anytime?
전화는 아무때나 써도 되나요?

I'll write the usage time down on the notepaper and pay you the cost of the call.
사용 시간을 적어두었어요. 나중에 전화 요금을 드릴게요.

캐나다 체류기간 내내 홈스테이를 이용하는 사람도 있다. 하지만 대부분 한두 달 정도 후에 숙소를 옮긴다. 만약 홈스테이를 나갈 계획이 있다면, 반드시 이사 가기 2~4주 전에 미리 홈스테이 주인에게 알려줘야 한다.

3. 셰어하우스&렌트

캐나다의 주거 형태는 주택(house), 타운하우스(townhouse), 아파트(apartment), 콘도(condo) 등으로 나뉜다.

주택의 경우에는 주로 2~3층의 나무로 지어진 집이며, 한국처럼 담장은 없는 대신 앞마당과 뒷마당에 잔디를 깔고 정원을 꾸며놓은 것이 특징이다. 여름이면 집 마당에서 바비큐를 즐기는 모습을 흔히 볼 수 있다.

타운하우스는 한국의 빌라와 같은 다가구 주택이다. 외형은 주택과 비슷하지만, 이런 집들이 여러 개 붙어 있는 형태라고 생각하면 된다.

아파트는 한국과 같은 형태로, 아파트 내부에 수영장 등의 시설을 갖추고 있는 경우도 있다.

콘도는 아파트와 동일한 형태지만, 차이점이 있다면 소유주가 한 명이냐 여럿이냐이다. 아파트의 경우 빌딩 전체의 주인이 부동산 업체이거나 소유주가 한 명인데 반해, 콘도는 각 호수마다 주인이 다르다. 따라서 아파트의 경우에는 소유주가 각 호수별로 렌트를 주는 형태이고, 콘도의 경우는 각 호수의 주인이 집을 매매하거나 렌트를 준다.

주택

타운하우스

아파트

숙소 관련 단어

Accommodation 숙소
Basement 지하방(캐나다에는 지하방이 많다)
Studio 한국의 오피스텔 같은 형태
Unit 타운하우스 등의 집의 형태에서 한 가구
Immediate occupancy 즉시 입주 가능
Unfurnished 가구 없음
Furnished 가구 제공
Living room 거실
Vacant house 비어 있는 집
Landlord 집주인

집을 구할 때는 자신의 거주 목적을 고려하여 집의 위치, 교통편, 주변환경 등을 파악하고 선택하도록 하자. 예를 들어 학교를 다닌다면 학교에서 가까운 지역에서 집을 알아보는 것이 좋다. 특히 토론토의 경우에는 워낙 도시가 커서 이동 거리를 고려하지 않고 집을 구한다면, 집이 학교나 일을 하는 곳과 너무 멀어 힘들 수 있다.

집을 결정할 때는 한 번에 결정하지 말고, 여러 집을 방문해 비교해 본 후 결정하는 것이 바람직하다. 하지만 정말 마음에 드는 집을 만났다면, 바로 결정하는 것도 좋다. 특히 주말에는 단 몇 시간만에 방이 나가는 일이 비일비재하기 때문이다.

유학생의 경우, 집을 렌트하거나 셰어메이트/룸메이트로 들어간다.
친구들 2~3명이서 함께 아파트를 렌트하거나, 본인이 직접 렌트를 해서 셰어메이트를 구하기도 한다.

필자의 경우에는 홈스테이도 해보았고, 일반 주택에서 셰어도 해보았고, 렌트한 아파트를 중간에 양도받아 살아보기도 했지만, 어떤 것이 가장 좋다고 단정 지을 수는 없다. 그때 그때 내 여건에 따라 장단점이 있기 때문이다. 여러 가지를 꼼꼼히 고려해보고 각자에게 맞는 형태를 선택하도록 하자.

셰어하우스

셰어하우스(share house)란, 욕실이나 주방, 거실 등의 공간은 공용으로 사용하고, 방은 따로 쓰는 것을 말하는데 룸렌탈(room rental)이라고도 부른다.
방은 주로 1~2인실이고, 함께 사는 사람들을 셰어메이트(sharemate), 플랫메이트(flatmate) 또는 룸메이트(roommate/roomy)라고 한다.

일반적으로 침대, 책상 등의 가구들이 구비되어 있고, 취사도구나 냉장고 등은 공동으로 사용이 가능하다. 하지만 이불이나 침대 커버 등은 본인이 준비해야 하는 경우가 있으니, 이사 전에 확인해서 준비하도록 하자.

Where can I get information about share houses here?
어디서 셰어하우스 정보를 얻을 수 있을까요?

Excuse me? Can you tell me where the notice board is?
실례지만, 공지게시판이 어디에 있나요?

셰어하우스 입주 관련 단어

Deposit 보증금, Utility 전기세, 수도세 등의 공과금을 통칭.
Gas bill 난방비, Electricity bill 전기세
Water/Hydro 수도세, Pay in advance 선불, Advance notice 사전통보
High speed/Wireless internet 인터넷, Cable TV 케이블 TV
Laundry facility 세탁실, Dishwasher 식기세척기, Powder room 여성용 화장실&세면장

셰어정보 사이트
Craigslist
www.craigslist.ca
Kijiji
www.kijiji.ca
지역별로 웹사이트 주소가 다른데 www대신 지역이름을 넣어주면 된다.
(예) toronto.craigslist.ca, vancouver.kijiji.ca

셰어하우스에 대한 정보를 얻는 방법은 여러가지가 있다. 신문이나 정보지, 한인슈퍼, 대학교 캠퍼스 내의 정보 게시판이나 길거리 돌기둥에 붙어 있는 광고문 등에서도 얻을 수 있지만, 요즘에 무엇보다 많이 이용하고 있는 방법은 바로 온라인을 통한 검색이다.

대표적인 사이트로는 크레이그리스트(craigslist)와 키지지(kijiji)가 있다. 지역별로 많은 셰어하우스 정보를 가지고 있다.

숙소광고에 나와 있는 약자

immed Immediately(즉시), apt Apartment(아파트), shr Share(공용), equip Equipped(구비)
Bsmt Basement(지하방), Bdm/Br Bedroom(침실), incl. util. Included utility(공과금 포함),
cls to subway stn Close to subway station(bus)(지하철 역이나 버스정류장 근처)
A/C Air-conditioned(냉난방시설), Blt built-in(붙박이 가구), unfurn, U/F unfurnished(가구 미비치), D/R dining room(주방), D/W Dish Washer(식기 세척기), Grg Garage(차고),
Trans Transportation(교통편), Schl School(학교), W/D Washer and dryer(세탁기&건조기), Stv Stove(가스렌지), Elev Elevater(엘리베이터)

위치와 가격을 비교해보고, 자신이 이사하고 싶은 날짜와 맞는다면, 주인에게 직접 전화해보거나 메일을 보내서 방문 약속을 잡도록 하자. 급한 마음에

광고만을 보고 바로 계약한 뒤 이사를 가보면 광고와 다른 경우가 종종 있으니 가능하면 집을 미리 둘러보고 계약하도록 하자.

필자의 경우에도 시간이 없어 전화상으로 문의를 하였는데, 집에 가구도 모두 구비되어 있고 저렴한 편이라 방문해 보지 않고 바로 이사한 적이 있었다. 지하방(basement)이라 다른 집에 비해 비용이 저렴했지만, 욕실에는 곰팡이가 피어 있었고, 방안에도 습기로 인해 곰팡이 냄새가 진동했다. 게다가 책상 대신 놓여 있는 이상한 테이블까지… 그 집에서 사는 내내 식섭 집을 보고 계약하지 않은 것을 후회했다.

간혹 가짜로 집 광고를 내고 나쁜 일을 꾀하는 경우도 있다고 한다. 특히 여자의 경우에는 집을 보러 갈 때 되도록이면 혼자 가지 말고, 친구와 함께 가도록 하자. 늦은 밤 방문을 원할 경우에도 되도록이면 삼가는 것이 좋다.

주영	I'm looking for a room. Can I take a look today? 방을 구하고 있는데요. 오늘 집을 볼 수 있을까요?	
집주인	Sure. I'm available at 3 in the afternoon. Are you OK with it?	
주영	물론이죠. 오후 3시 괜찮으세요?	
	Yes, I can make it. I'll be there at 3 o'clock. 네, 가능합니다. 3시까지 가도록 하겠습니다.	

It's a little bit different from what I'm looking for.
제가 찾는 곳과는 약간 차이가 있습니다.

Let me think about it and give my reply later.
조금 생각해 보고 나서 대답하겠습니다.

Is the apartment furnished?
가구가 딸린 아파트입니까?

How much is the rent per week?
주당 방값이 얼마입니까?

Are utilities included in the weekly rate?
주당 방값에 공공요금이 포함됩니까?

셰어비용은 지역이나 위치, 집의 시설 등에 따라 비용의 차이가 크지만, 보통 토론토나 밴쿠버 등의 대도시 경우 월평균 500불에서 700불 정도(1인실 기준)선이다. 다운타운에서 좀 떨어져 있는 집의 경우 비용이 더 저렴하거나, 비용은 비슷하지만, 새로 지은 집들이 많기 때문에 시설만 따지면 다운타운의 집보다 훨씬 좋은 곳이 많다.

셰어 문의를 할 때는 주당 비용에 공과금이 포함되지 않은 경우도 있기 때문에 확인해야 하며, 무선인터넷 사용 여부, 마트나 버스 또는 지하철 역 등이 가까이에 있는지 등도 확인하는 게 좋다.

첫 만남에 사람을 모두 알 수는 없겠지만, 가능하다면 집을 방문하였을 때, 여러가지 질문과 대화를 통해서 집주인이나 셰어메이트가 어떤 사람인지 파악하는 게 좋다. 또 만약 이사하게 될 셰어하우스가 한국인만 사는 집이라면 그 집에 사는 동안 영어실력 향상은 기대하기 힘들다. 셰어하우스를 구할 때는 가능한 외국사람이 사는 집을 추천해 주고 싶다.

캐나다의 겨울은 혹독하리만큼 춥다. 때문에 집을 알아볼 때 난방시설이 잘 되어 있는지도 확인해야 하는데 사실상 집을 알아볼 때 낮에 잠시 방문해서는 난방시설이 잘 되어 있는지 확인하기 어렵다. 그러니 만약 집을 알아보러 방문했을 때 다른 셰어메이트가 있다면 이런 것도 살짝 확인해 보는게 좋을 것이다.

나는 추위를 무척이나 못 견디는 편인데, 내가 살던 집주인은 우리가 잠든 새벽만 되면 난방비를 아끼고자 보일러를 꺼서 매일 밤 뜨거운 물통을 끌어안고 자기도 했다.

주영	This is Juyoung who called you to take a look. 집 보려고 아까 전화 드렸던 주영입니다.	
집주인	Yes, come in. 아, 네. 들어오세요.	
집주인	This is the kitchen, and living room. This is the bathroom and all the common rooms are shared with three females. Let me show you your room. 여기가 주방이고, 여긴 거실, 여기는 욕실입니다. 3명 여자들끼리 함께 사용하는 공간이고요. 이제 방을 보여드리겠습니다.	

주영	Is there a laundry room in this house?
	세탁실은 있습니까?
집주인	No, We don't have one. There is a coin laundry facility within 5 minutes walk.
	집에는 없고요. 5분 거리에 세탁 가능한 곳이 있습니다.
주영	How much is the rent?
	셰어비용은 얼마입니까?
집주인	It's $500 per month.
	500불입니다.
주영	Are utilities included in the rent?
	공과금은 포함된 건가요?
집주인	Yes, of course, it is. Wireless internet is also free.
	네, 물론이죠. 그리고 무선 인터넷도 무료로 사용 가능합니다.
주영	How much do I pay upfront?
	처음에 얼마를 내야 하나요?
집주인	It'll be $1000 which is the amount of the first and final month's rent added together.
	첫 달과 마지막 달의 렌트 비용인 천불을 내면 됩니다.

처음 이사를 해서 첫 달에 내야 하는 비용은 지역별로, 집주인별로 약간씩 개념의 차이가 있다.

보통 토론토의 경우에는, "first and last month's rental"이라고 해서, 두 달치 셰어비용을 처음에 지불한다. 그 뒤 두 번째 달부터는 셰어비용을 지불하다가 마지막 이사 나가는 달에는 셰어비용을 지불하지 않아도 된다.

밴쿠버의 경우에는, 한 달치 셰어비용과 보증금(deposit)을 내는데, 보증금은 가구 등의 파손이 없을 경우, 이사 나가는 날 돌려받게 되며, 보통 2주치나 한 달치 셰어비용이다. 모든 비용은 지불 후, 꼭 영수증을 챙기도록 하자.

10년 전 맨 처음 캐나다에 갔을 때만 해도 필자는 지도를 들고 이리 갔다 저리 갔다 몸이 고생이었다. 그러나 스마트폰을 가지고 캐나다를 다시 찾았을 때는 구글맵을 이용하여 더 이상 길을 헤매지 않아도 되었다.

구글맵을 이용하여 위치 찾기

내가 있는 곳에서 셰어하우스까지 가장 빨리 가는 방법은 무엇인가? 한국에서라면 네이버나 다음 지도를 이용해서 검색해 보지만 캐나다에서는 캐나다 구글맵을 많이 이용한다.

(예) 357 College Street, Toronto에서 45 Willcocks Street, Toronto로 가는 방법을 찾으려면 어떻게 해야 할까?
  캐나다 구글맵 사이트에 접속한다. https://maps.google.ca
- 목적지 주소를 입력한다.
- Get directions라는 메뉴를 클릭하면 주소를 입력할 수 있는 창이 하나 더 생긴다. 여기에 출발지 주소를 입력한다.
- 기차 모양의 By public transit을 클릭한다
- 검색하는 현재 시간을 기준으로 검색 결과를 보여준다.
- 출발 시간(depart at)을 변경해서 재검색이 가능하고, 도착 시간(arrive by)을 기준으로도 검색이 가능하다.
- 몇 번 버스를 타고 어디서 내리고, 어디서 갈아타야 하며, 버스가 언제 오는지 등 결과를 보여준다.

캐나다의 주소 체계를 익혀, 집을 쉽게 찾아가자

캐나다는 블록마다 거리를 표시하는 표지판이 있다. 크고 중심이 되는 거리의 경우, 표지판도 파란색, 초록색 등의 색깔로 크게 표시되어 있다. 작은 거리의 경우에는 보통 흰색의 간판으로 작게 표시되어 있는 경우가 많다.

캐나다는 한쪽 거리에는 짝수 번지수를 가진 건물이, 맞은편 거리에는 홀수 번지수를 가진 건물이 있다. 즉, 2번지 옆 건물의 주소는 4번지가 되고, 1번지, 3번지는 맞은편에 있게 된다. 하지만 간혹 길 뒤편으로 집이 있는 경우나, 큰 빌딩인 경우에는 번지수가 2번 옆에 갑자기 8번이 나올 때도 있다.

거리이름을 나타내는 명칭과 약자

주소를 가지고 길을 물어볼 때, 약자를 뭐라고 읽어야 할지 몰라 당황한 적이 있을 것이다. St나 Ave는 많이 접해 봤기 때문에 익숙하겠지만, 가장 생소한 것이 blvd 가 아닐까 싶다. 넓은 길을 나타내는 표현으로 '블러바드' 정도로 발음하면 된다.
Street=St, Avenue=Ave, Boulevard=Blvd, Road=Rd, Drive=Dr, Lane=Ln, Expressway=Expy, Parkway=Pkwy

렌트와 테이크오버

렌트를 할 경우 보통 최소 6개월에서 1년 정도의 계약을 요구하다 보니, 단기 체류의 경우에는 렌트보다는 셰어하우스로 들어가는 것이 더 낫다. 1년 정도 계약으로 아파트 렌트를 하고 지내다가 계약기간을 채우지 못하고 중도에 이사하는 경우에는 남은 기간에 해당하는 렌트 비용을 지불해야 하기 때문에 다른 사람에게 남은 계약기간을 넘기는 경우도 있다.

렌트를 한 경우에는 수도세, 전기세 등의 공과금 관리를 내가 직접 해야 하고, 집도 스스로 관리해야 하며, 가구도 모두 내가 구입해야 하는 등 여러가지로 신경쓸 것이 많다. 하지만 방 2~3개짜리를 렌트해서 셰어메이트를 구하면, 자신의 방값은 내지 않거나 비용이 절감되기도 해서 렌트를 선호하기도 한다.

주영	Excuse me. I'm looking for a place to rent. Can I see some places? 실례합니다. 제가 렌트하우스를 찾고 있거든요. 집을 볼 수 있을까요?
부동산	Of course you can. What type of rental property are you looking for? 물론이지요. 어떤 렌트하우스를 찾고 있나요?
주영	I'm looking for a two bedroom house to rent. Do you have anything available? 방 두 개짜리 임대할 집을 찾고 있는데, 혹시 임대 가능한 집이 있습니까?

> Is there always a security guard on duty?
> 그곳에는 보안요원이 항상 있나요?
> When is it available?
> 언제부터 이 집을 사용할 수 있죠?
> Is this area safe for women?
> 이 지역은 여성에게 안전한가요?

부동산 업체를 통해 수수료를 주고 렌트를 하거나, 직접 렌트 가능한 집을 찾아 집주인이나 매니저와 직접 계약을 하기도 한다. 후자의 경우에는 수수료가 들지 않는다는 장점이 있지만, 계약시 꼼꼼하게 살피지 않는다면 피해를 입을 수도 있으니 주의하도록 하자.

주영	Oh! It looks great. I'll take it. 오! 굉장히 좋네요. 여기로 하겠습니다.
집주인	Alright. Now please read this agreement carefully. 알겠습니다. 그럼 이 계약서를 잘 읽어보세요.
주영	Thanks. I'd like to have a one-year lease. What happens if I leave before the end of the lease? 감사합니다. 우선 1년을 먼저 계약하고 싶어요. 계약기간 내에 제가 떠나게 되면 어떻게 되나요?
집주인	You can check the terms in this contract. 이 계약서에서 그 내용을 확인할 수 있답니다.

렌트 가능한 집의 정보는 셰어하우스를 구할 때처럼 역시 craigslist와 kijiji 사이트를 통해 얻는 방법이 있다. 또 하나는 직접 다리품을 팔아 본인이 렌트를 원하는 지역의 길을 다니면서, "Vacancy" 또는 "For Rent"라고 써 있는 집이나 아파트를 보면 바로 전화해보는 것이다. 이 때 바로 집을 구경해 볼 수도 있고, 예약을 해야 하는 경우도 있다.

렌트 계약시에는 집주인에 따라 요구하는 것이 다를 수 있지만, 보통 여권 등의 신분증과 체류 가능한 비자를 요구하며, 집을 렌트할 수 있는 능력이 있는지 확인하기 위해 잔고증명과 신용카드를 요구하는 경우도 있다.

I don't understand this part of the agreement.
계약서의 이 부분이 이해가 잘 되지 않아요.
Could you show me another apartment?
다른 아파트도 좀 볼 수 있을까요?
How should I pay the rent?
집세는 어떻게 내야 하죠?

처음 입주할 때 2주 또는 한 달에 해당하는 렌트비용을 보증금으로 지불한다. 이 비용은 이사 나갈 때 돌려 받을 수 있는데, 만약 청소 상태가 좋지 않거나 파손이 있어 수리비가 들 경우, 해당 금액만큼 보증금에서 제하고 받게 된다. 간혹 내가 파손하지 않은 경우인데도 불구하고, 이사 나가는 날 점검 시 파손된 부분이 발견되서 나의 보증금이 깎이는 경우가 생길 수도 있으므로, 계약 전 주인과 함께 파손 등 집의 상태를 잘 확인해서 계약서 등에 기록으로 남기도록 하자.

인스펙션(Inspection)
가끔 집주인이 청소 상태나 집에 손상된 곳이 없는지 등을 점검하기 위해 방문하는데 이를 Inspection이라고 한다.

계약 시 꼭 체크해야 할 것

- 계약기간은 얼마나 되는지?
- 계약기간 전에 나가게 될 경우, 패널티는 어떻게 되는지?
- 보증금은 얼마나 되며, 나중에 어떻게 돌려받게 되는지?
- 몇 명이 함께 살 수 있는지?
- 집에 문제가 생겼을 경우, 어디로 연락해야 하는지?

렌트한 후 전기, TV, 인터넷 등의 서비스도 신청해야 하고, 빈집을 렌트한 경우에는 가구나 전자제품 등의 세간도 장만해야 한다. 새 물품을 구입해서 나중에 중고로 되팔거나, 처음부터 중고를 구입한다.

단기 체류 학생들의 경우, 렌트보다는 주로 테이크오버(Take over)를 많이 한다. 테이크오버란 계약기간 전에 집을 나가야 할 경우 다른 사람에게 아파트 계약기간을 양도하면서, 이사올 사람에게 집의 가구 등을 함께 넘기는 것을 말한다. 계약기간은 만료됐지만, 가구 등을 별도로 처분하는 것이 번거로워 테이크오버로 처분하기도 한다.

테이크오버를 할 때 명심해야 할 점은, 원래 계약자로부터 집을 인수받아 새

주택

로 입주하는 것을 집주인이나 매니저에게 꼭 통보하고 명의를 나의 것으로 변경하면서 새로운 계약서를 작성해야 한다는 것이다. 또한 집을 넘겨받기 전 파손 여부나 남은 계약 기간 등을 잘 체크하여 나중에 불이익을 당하는 일이 없도록 해야 한다.
렌트비와 보증금은 아파트 관리인에게, 테이크오버한 물건값은 전에 살던 사람에게 지불하면 된다.

나도 학교에서 알게 된 친구와 테이크오버를 해서 함께 살았는데, 매니저에게 이 사실을 알리지 않아 불이익을 당한 적이 있다. 평소 우리를 마음에 들어하지 않던 앞집 사람이 우리가 중간에 그 아파트를 넘겨받고 집주인에게 알리지 않은 사실을 알고는, 우리를 쫓아낸 적이 있었다. 정말 억울한 일이었지만, 전 세입자하고만 거래한 것은 사실 불법 계약이기 때문에 법적인 보호를 받지 못했다.

세탁
집에 세탁기가 없는 경우에는 아파트 한 곳에 동전($1~$2)을 넣고 세탁(Coin laundry)할 수 있는 세탁실이 설치되어 있다. 어떤 곳은 세탁기와 건조기도 함께 설치되어 있어 건조까지 해결할 수 있다.

세탁실

함께 사는 경우에 꼭 지켜야 할 예의

친한 친구와는 한 집에서 살지 말라는 말을 많이 들어봤을 것이다. 함께 사는 동안 여러 가지 일들로 인해 의가 상할 수도 있기 때문이다. 그만큼 함께 산다는 것은 쉬운 일은 아니다. 서로를 배려하고 꼭 지켜야 할 것들을 기억한다면, 원만한 셰어 생활을 할 수 있을 거라 생각한다. 특히 다른 나라 사람과 생활할 때, 나의 사소한 행동이 한국 사람 전체를 욕먹이는 행동이 될 수도 있음을 명심하자.
설거지는 그때 그때 하고, 함께 쓰는 공간은 사용 후 잘 정리하도록 하자. 특히 욕실의 경우에는 샤워 후 뒷정리를 하는 것은 필수다. 앞서 말했듯 한국의 욕실과 달리, 캐나다의 욕실 바닥에는 배수구가 없다. 따라서 샤워할 때 샤워커튼을 이용하여 샤워 시 욕실바닥으로 물이 튀지 않도록 주의하자. 또한 머리카락을 치우는 것도 잊지 말자.

내 | 인 생 을 | 바 꾸 는 | 캐 나 다 에 서 | 홀 로 서 기

Part 4

생활하기

1. 전화 이용하기

핸드폰 fido LG폰
핸드폰 Bell 블랙베리

캐나다에서는 전화를 할 때 시외전화(Long Distance Call)뿐 아니라 시내전화(Local Call)의 경우에도 지역번호(area code) 3자리를 포함한 전화번호(7자리)를 모두 눌러 줘야 한다. 시외통화의 경우 지역번호(3자리)와 전화번호(7자리) 앞에 무조건 시외통화 접속번호 1을 눌러줘야 한다.

캐나다에서는 당연히 지역번호가 앞에 붙기 때문에 전화번호를 물어보면 지역번호를 빼고 전화번호 7자리만 알려준다.

도시별 지역번호

- 대도시의 경우 전화번호 가입자가 늘면서 새로운 번호 생성을 위해 지역번호가 2~3개인 곳도 있다.
- 오타와 613 / 343, 토론토 416 / 437 / 647, 밴쿠버 236 / 604 / 778, 몬트리올 514 / 438, 빅토리아 250, 캘거리 403, 핼리팩스 902, 위니펙 204, 에드먼턴 780, 새스커툰 306
- 기타 지역 지역번호 http://www.allareacodes.com/canadian_area_codes.htm

(예)

토론토에서 토론토로 전화하는 경우
416(토론토 지역번호)-111-1111(전화번호)

토론토에서 밴쿠버로 전화하는 경우
1(시외통화 접속번호)-604(밴쿠버 지역번호)-222-2222(전화번호)

핸드폰 개통하기

요즘 핸드폰 없이 살 수 있을까?

캐나다에서도 집을 구할 때나, 일자리를 구할 때, 친구를 사귈 때 등 전화가 있다면 연락하기도, 받기도 수월하기 때문에 누구나 하나씩 핸드폰을 만들게 된다.

캐나다에서는 핸드폰을 셀폰(cellphone)이라고 부르는데, 캐나다의 대표적인 통신회사로는 벨(Bell), 로저스(Rogers), 피도(Fido), 텔러스(Telus) 등이 있다. 벨과 로저스는 핸드폰 기종이나 플랜이 다양하고, 서비스도 좋고 잘 터지지만, 비싸다는 단점이 있다. 한국학생들은 주로 피도나 벨을 많이 이용한다.

이외에도 퍼블릭폰(Public Phone), 쿠도(Koodo), 버진(Virgin), 채터(chat-r), 솔로(Solo), 윈드(Wind) 등 저가의 통신사가 많이 생겼다. 저가 통신사의 경우, 통신요금이나 폰의 가격 등은 저렴하지만 서비스 지역이 한정되어 있거나 통신율이 떨어진다는 단점이 있다.

자신이 거주하는 지역에서의 통신율이나 서비스 제공 정도 등을 고려해서 자신에게 맞는 통신사를 선택하도록 하자. 캐나다에서 핸드폰을 구입하여 사용할 때 한국처럼 핸드폰이 빵빵 잘 터질 거라고 기대해서는 안 된다.

심카드 미리 구입

심카드를 미리 한국에서 구입하여 개통하면 해외 도착하자마자 전화기 사용이 가능하다. 온라인이나 인천공항 내 상점에서 구입 가능하다.

한국에서 핸드폰을 개통하면 '010'이 전화번호 앞에 붙지만 캐나다에서는 개통한 지역의 지역번호가 자동으로 부여된다. 그래서 자신의 핸드폰 번호를 친구에게 알려줄 때는 핸드폰 번호 7자리 이외에도 지역번호도 함께 알려줘야 한다. 만약 밴쿠버의 핸드폰 번호를 가지고 있는 사람이 토론토로 이사한 후에도 밴쿠버의 핸드폰 번호를 그대로 이용한다면, 토론토 번호를 가진 사람이 건 전화를 받을 때나, 본인이 전화를 걸 때마다 시외전화 요금을 부담해야 한다. 잠시 여행을 간 거라면 모르겠지만, 지역을 옮겨 이사를 했다면 가입한 해당 통신회사 대리점을 찾아가 수수료(약 $15~25. 통신사마다 다름)를 지불하고 전화번호와 주소변경 신청을 해야 한다.

전화번호/주소 변경 요청
해당 통신사 웹사이트에 로그인 후 변경할 수 있지만 수수료가 조금 더 비싸게 책정되기도 한다.

주영	I'm going to move to another city. Therefore, I would like to change my phone number. 다른 도시로 이사를 가게 되서, 전화번호를 변경하고 싶은데요.
직원	No problem. Which city are you going to move to? 네, 가능합니다. 어느 도시로 이사를 가나요?
주영	To Vancouver. It's a new address.

심카드 현지 구입처

> 밴쿠버입니다. 여기 변경될 주소입니다.
>
> **직원** There are a few number available. Which number do you prefer?
> 여기 변경 가능한 밴쿠버 전화번호입니다. 어떤 걸로 변경해드릴까요?
>
> **주영** I'll take this number.
> 이 번호로 할게요.
>
> **직원** Certainly, I'll do that for you. There's a $15 programming fee.
> 네, 변경해드릴게요. 수수료는 15불입니다.
>
> **주영** Here you are.
> 여기 있습니다.

예전에는 대부분 캐나다에 도착해서 핸드폰 기기를 구입했으나, 요즘은 한국에서 사용하던 핸드폰을 그대로 가지고 와 캐나다에서 개통하는 경우도 늘어나고 있다. 또는 특정 대행업체를 통해서 임대폰을 가지고 오거나, 중고폰 기기만 구입하거나, 약정제를 사용하고 있던 사람으로부터 양도받는 경우도 있다.

한국에서 사용하던 핸드폰을 캐나다에서 사용하고자 할 경우, 자신의 핸드폰이 캐나다에서 개통 가능한 기종인지 먼저 확인해야 한다. 그 다음에는 반드시 한국에서 언락(Unlock)을 해야만 현지에서 심카드(SIM card) 구입만으로 개통이 가능하다.

Unlock이란 해외에서 다른 통신서비스를 사용할 수 없도록 잠금을 해놓는 것으로 한국에서 사용하던 통신회사 고객센터로 전화하여 설정할 수 있다. 한국에서는 'country lock 해제'라고 한다.

★한국에서 사용하던 폰 캐나다에서 사용하기

앞에서 잠깐 언급했듯이 한국에서 사용하는 대부분의 핸드폰을 캐나다에서도 쓸 수 있다. 하지만 폰 기종이나 캐나다 통신회사에 따라 개통이 안될 수도 있으니, 우선 자신의 핸드폰 기종이 캐나다에서 사용 가능한 폰인지를 자신이 이용하는 핸드폰 회사에 문의해야 한다. 그런 뒤에 캐나다에 가서 개통이 가능한 통신회사를 찾아보는 것이 좋다. 통신회사의 고객센터나 사이트에서 확인해볼 수 있지만, 오래된 기종의 경우 확인이 어려울 수도 있다.

핸드폰 개통 시 자주 나오는 용어

- **agreement / contract** 한국에서 흔히 쓰는 1~3년 약정을 말하는데, 약정요금제를 이용하는 경우 핸드폰 기기값이 저렴하거나 무료폰이 제공된다.
- **activation fee** 핸드폰 개통 서비스 비용으로, 약 35불 정도의 금액이다. 약정요금제를 이용하는 경우, 보통 이 비용이 면제되기도 한다. 선불제(Prepaid)를 이용하는 경우에는 이 금액을 요구하지 않는다.

주영 I've brought my own phone and would like to activate it.
기존에 가지고 있는 핸드폰을 개통하고 싶은데요.

직원 What kind of phone do you have?
어떤 기종의 핸드폰을 가지고 있나요?

주영 It's an iPhone 4 and I need a sim card for it.
아이폰4예요. 심카드도 필요해요.

직원 We sell sim cards for $10. Which plan are you interested in? We have prepaid and monthly plan.
아이폰4용 심카드를 판매하고 있고요. 10불입니다. 요금제는 어떤 걸로 원하시죠? 선불제와 후불제가 있습니다.

주영 I'm going to stay for 1 year, so the monthly plan would be better.
저는 1년 정도 체류할 생각이니, 후불제가 좋을 것 같네요.

통신사 브로슈어들

★현지에서 핸드폰을 구입하고자 할 경우

캐나다에서 핸드폰을 구입할 때 한국처럼 약정 기간이 있는 경우가 많은데 2~3년 정도의 약정을 할 경우에는 최신 스마트폰의 가격이 저렴해지거나(무약정의 경우 $600 정도의 폰이 3년 약정으로 $50이 되기도 함) 무료로 구입을 하기도 한다. 2~3년의 약정폰이라도 약정 기간까지 사용하지 않고 사용 중에 다른 사람에게 남은 기간을 양도하는 방법도 있다.

1년 미만으로 사용할 경우 보통 학생들은 $50~$100 미만 가격의 폰을 많이 구매한다. 이런 경우에도 통신회사와 요금제에 따라 무료통화를 할 수 있는 보조금(Credit)을 주고 있어서 보조금 금액을 생각하면 전화기가 무료라고 할 수 있다. Fido 회사에서 월 $30짜리 요금제를 사용하는 경우 $60의 보조금을 주기도 한다.

큰 쇼핑몰 내 휴대폰 판매 부스
각 통신사의 대리점 외에도 큰 쇼핑몰 안에 보면 작은 규모의 휴대폰 판매 부스가 있다. 이런 곳은 대리점보다 좀 더 많은 서비스를 제공하기도 한다. 만약 약정폰을 구매하고자 할 경우, 심카드 비용을 면제받거나, 국제 문자 서비스를 몇 개월 무료로 제공받을 가능성이 높으니, 시도해보자.

한인이 운영하는 핸드폰 대리점
폰박스, 모비랜드, 휴대폰 마을 등

주영	I would like to buy a cell phone.
	핸드폰을 개통하려고 하는데요.
직원	Are you looking for a contract phones?
	약정 핸드폰을 생각하시나요?
주영	No, I am only staying for a year; so I don't want a contract phone. Can you recommend the cheapest phone which doesn't have a contract?
	아니요. 저는 1년 동안만 사용할 거라, 약정 핸드폰 말고 가장 저렴한 일반 핸드폰으로 추천해주세요.
직원	It's $50 without contract.
	이 핸드폰이 무약정으로 50불입니다.
주영	I'll take it. Which plan do you recommended?
	핸드폰은 그것으로 하고요. 요금제는 어떤 걸 선택해야 하나요?
직원	There are Prepaid and Monthly plans. I need to do a credit check and I require 2 pieces of ID such as your passport, credit card, driver license or SIN.
	선불제와 후불제 두 종류가 있는데, 선불의 경우, 신용증빙을 위한 2가지를 제시해 주셔야 합니다. 예를 들어 여권, 신용카드 등이요.
주영	I prefer a prepaid plan.
	선불제로 할게요.
직원	I'm processing to activate the phone. Can you give me your name, please?
	그럼 지금 개통해드릴게요. 이름을 말해주시겠어요?

★핸드폰을 양도받아 사용하고자 하는 경우

장기체류 목적의 유학생이 급히 돌아가거나 다른 폰을 구입하게 되어, 쓰던 폰을 양도받게 되는 경우가 있다. (한국에서도 승계기변이라고 해서 가능하다.)

양도를 받기 위해서는 양도자와 양수자가 함께 신분증을 가지고 대리점에 찾아가 양도변경을 해야한다. 양도변경을 할 때는 남은 약정 기간이 자신이 사용할 수 있는 기간 이하로 남았는지 체크해봐야 한다.

내가 양도받았던 핸드폰은 1년 6개월 정도 계약기간이 남았는데 1년 사용하

고 해지하려 하니 약 $150의 해지수수료를 내야 했다. 그래서 다른 친구에게 양도를 하려 했으나, 폰이 오래된 것이라 아무도 양도를 받지 않아 해지수수료를 부담한 적이 있었다.

용석	I would like to transfer ownership of my phone to her. 이 핸드폰을 이 친구의 이름으로 변경하고 싶은데요.
직원	Do you have an account with us? 저희 통신회사의 서비스를 이용한 적이 있으신가요?(양수자에게 질문함)
주영	No, I don't have it. 아니오.
직원	Then I need to do a credit check and require 2 pieces of ID - such as your passport, valid credit card number or driver's license. 그럼 신용체크를 위해 여권, 신용카드, 운전면허증 같은 ID를 제시해주셔야 합니다.
주영	No problem. Here is my passport and credit card. 알겠습니다. 여기 여권과 신용카드입니다.
용석	Do I have to pay a fee for transferring ownership of my phone to her? 양도 시 수수료가 있나요?
직원	No, in this case you don't have to. 아니오. 이 경우에 수수료는 없습니다.

직접 대리점을 방문하지 않고, 전화상이나 이메일로도 양도요청은 가능하다. 양도를 할 사람이 먼저 전화나 이메일로 양도요청을 한 다음, 양도를 받고자 하는 사람이 통신회사에 전화해서 처리하면 된다. 하지만 두 사람이 함께 대리점을 방문해서 양도하는 것이 더 확실하고 빨리 처리된다.

핸드폰 요금

캐나다에서는 상대에게 전화를 거는 요금뿐 아니라 내게 걸려온 전화요금도 부담해야 한다. 따라서 전화를 많이 걸지 않는다 해도, 걸려오는 전화가 많다면 핸드폰 요금은 많이 나오게 된다. 하지만 보통 받는 문자 메시지에 대한 요

핸드폰 요금제와 관련된 용어
Monthly fees
월 사용료
Local daytime minutes
시내통화 사용가능 시간
Unlimited calling
무제한 통화
Local incoming calls
받는 시내통화
Outgoing text
보내는 문자
Incoming text
받는 문자
Outgoing international text
보내는 국제문자
Picture and Video messaging
멀티메시지
Canada-wide long distance
캐나다 시외전화
Talk+Data+Messaging
통화+데이터사용+문자

금은 부과되지 않기 때문에 유학생들은 서로 문자를 많이 사용하는 편이다. 요즘은 통신회사들이 무제한 요금제를 다양하게 제공하고 있으니, 여러 통신회사의 조건을 비교해보고 자신의 통화습관에 맞는 요금제를 선택하면 된다. 자신이 주로 통화하는 시간대는 언제인지, 통화를 많이 하는지, 문자를 많이 하는지, 전화를 하거나 문자를 하는 경우가 많은지, 반대로 받는 경우가 많은지 등의 통화패턴을 고려해서 선택해야 한다. 요즘은 스마트폰을 많이 사용하면서, 데이터 요금제도 별도로 있으니 데이터 사용을 원할 경우 함께 고려하면 된다.

캐나다 핸드폰의 요금제를 플랜(plan)이라고 하며, 크게 두 가지로 나뉜다. 일정 기간 계약 후, 이용요금은 후불로 지불하는 방식(Plan)과 일정금액을 선불로 충전해서 쓰는 방식(Prepaid)이다.

후불제(Plan)	선불제(Prepaid)
• 시간대에 따라 무료통화가 제공됨 (무료통화시간 초과 시 분당 요금을 부과) • 가입 기간에 따라 핸드폰 기기나 통신요금의 할인 등을 받을 수 있음 • 보통 개통비 있음(약35불) • 신용체크를 위한 신분증, 신용카드 등 필요 신용카드가 없을 경우, 보증금(100~300불 정도)을 요구하기도 함 • 일부 신용카드의 경우, 인증이 안 되는 경우도 있음.	• 일정 금액을 미리 충전하고 그 금액만큼 사용이 가능한 방식 • 가입절차가 간단하고 신용체크 등을 하지 않으므로, 단기간 체류하거나 신용카드가 없는 사람에게 적합 • 선불제에서도 월별요금제 서비스를 제공하므로, 통화량이 많은 사람에게 적합 • 충전용 바우처는 통신사, 편의점 등에서 구입 가능 • 월당(By the month), 일당(By the day), 분당(By the minute) 등의 요금제가 있음.

캐나다의 주요 통신회사

★벨(Bell) http://www.bell.ca
벨은 핸드폰뿐 아니라, 집전화, TV, 인터넷 등 캐나다 전역에서 독보적인 통신회사이다.

★로저스(Rogers) http://www.rogers.com
로저스는 핸드폰뿐 아니라, 집전화, TV, 인터넷 등 다양한 통신 분야에서 벨 다음으로 큰 통신회사이다.

★피도(Fido) http://www.fido.ca
로저스에서 만든 회사로 요금이 저렴하고, 서비스를 받을 수 있는 매장도 많음. 통신가능 지역도 넓은 편이라 유학생들이 많이 사용한다.

★텔러스(Telus) http://www.telus.com
벨, 로저스와 같은 대형 통신회사이다.

★채터(chat-r) http://www.chatrwireless.com
로저스 회사의 계열사로 매달 선불로 이용하는 요금제만 제공한다.

★솔로(Solo) http://www.solomobile.ca
벨에서 만든 회사로 저렴한 가격에 수신무제한 요금제를 내놓고 있어서 피도를 쓰던 유학생들이 솔로로 많이 이동하고 있다.

★퍼블릭 모바일(Public MobilePhone) http://www.publicmobile.ca
선불로 이용하는 요금제만 제공하며 아직 인지도가 낮고 통화 가능 서비스 지역이 적은 편이다.

★쿠도(Koodo) http://koodomobile.com
텔러스에서 운영하는 곳으로 요금제가 저렴하여 점점 이용자들이 늘어나고 있다.

캐나다 내에서 무료통화

인터넷 전화를 이용하면 캐나다 내에서 무료통화를 할 수 있다. 전화를 거는 사람이 사이트에 로그인해서 전화를 하면 상대방은 자신의 전화기로 전화를 받을 수 있다. 사이트에 가입하려면 캐나다 내에 주소와 전화번호 등이 있어야 가능하다.

캐나다에 전화번호를 가지고 있는 사람에게 캐나다 이외의 국가에서도 무료로 전화를 할 수 있는 방법이다.

> ### 무료통화 사이트 가입방법
>
> 사이트(http://www.freephoneline.ca)에 접속 → 가입 시 필요한 정보 입력(이메일 주소, 암호, 이름, 우편번호, 주소, 전화번호 10자리 등) → 상대방 전화에 찍히게 될 발신전화번호 선택(주와 시를 선택하면 전화번호가 자동 생성됨.) → 가입신청이 완료되면 이메일을 받게 됨. 받은 이메일에 링크되어 있는 'free phone line activation url'을 클릭하면 가입이 완료됨.
> 밴쿠버, 몬트리올, 핼리팩스, 캘거리, 에드먼턴 등의 주요도시에서 사용 가능하며 기타 가능한 도시는 사이트에서 확인(http://www.freephoneline.ca/cityListing).

공중전화 이용하기

캐나다의 공중전화는 벨(Bell)과 텔러스(Telus), 두 통신회사에서 관리 운영한다. 벨은 토론토가 있는 온타리오주 등 동부 캐나다 지역에서, 텔러스는 밴쿠버가 있는 브리티시 컬럼비아주, 앨버타주, 퀘벡주 등에서 공중전화를 운영하고 있다. 매니토바, 서스캐처원주 등 일부 캐나다 중부 지역은 엠티에스(MTS), 새스크텔(SaskTEL) 등의 통신회사에서 공중전화 및 집전화 서비스를 제공하고 있다.

공중전화 기본요금은 50센트이다(지역에 따라 다름). 한국 돈으로 생각하면 굉장히 비싼 요금이지만, 시내전화(Local call)의 경우 시간 제한 없이 통화가 가능하므로 긴 통화는 핸드폰 대신 공중전화를 이용한다면 저렴하다. 시외전화(Long distance call)나 국제전화(Overseas/International call)의 경우에는, 나라와 지역과 거리에 따라 요금이 부과된다.

시내전화번호를 누른 경우에는 분당 50센트의 요금이, 시외전화번호를 누른 경우에는 분당 5.30불의 기본 요금이 부과된다.
국제전화의 경우에는 분당 11.05불의 기본 요금이 들며 동전을 넣거나, 카드를 넣으라는 안내방송과 함께 공중전화 스크린에 요금이 표시된다.

> Where is the payphone?
> 공중전화는 어디 있습니까?
> Should I insert coins first?
> 동전을 먼저 넣어야 됩니까?

Could you help me make a call?
전화 거는 법을 가르쳐 주시겠어요?

Where can I get a calling card?
전화 카드는 어디서 살 수 있죠?

How much should I put in?
얼마를 넣어야 됩니까?

공중전화는 동전뿐 아니라 비자나 마스터 등의 신용카드로도 결제가 가능하다. 카드를 삽입하면 사용 가능한 카드인지 확인 중이라는 메시지와 함께 기다리라고 한다.

사용 가능한 카드라면 바로 통화가 되고, 그렇지 않은 경우에는 다른 카드로 다시 시도해보라는 안내방송이 나온다.

신용카드 사용 시 카드 번호를 잘못 눌렀거나, 사용할 수 없을 경우, "There is problem to read your card." "Try again." 또는 "We're sorry. We can't make it." 등의 메시지가 나오며, 신용카드 사용 시 1불이 과금되니 되도록이면 동전을 이용하도록 하자.

키보드같이 생긴 키패드가 숫자패드 아래에 달려 있는 공중전화기로는 문자도 보낼 수 있다.

공중전화에서 신용카드로 결제 시

(공중전화기에 따라 안내 메시지, 처리하는 순서 등이 조금씩 다름)

1. Insert card or dial the number
   신용카드를 삽입하거나 전화번호를 누른다.
   (마그네틱 선이 왼쪽 위로 가도록 삽입)
2. Please, remove your card
   카드를 뺀다
3. Dial the number
   전화번호를 누른다.
   (카드를 삽입하기 전에 전화번호를 눌렀다면, 이 단계는 없음.)
4. To make a collect call press 1 now
   수신자 요금 부담 전화를 하려면 1번을 눌러주세요.
5. To bill on calling card or credit card, Enter the card number now
   전화카드나 신용카드로 전화하려면, 카드 번호를 눌러주세요.
6. Press the expiry date, 2 digits for the month and 2 digits for the year
   유효기간 4자리를 눌러주세요. (월/년 순서로 누르면 됨)
7. Press PIN or CVA
   비밀번호나 카드 뒷면의 3자리 CVA를 입력

키패드가 달린 공중전화

공중전화 Bell

공중전화 Telus

전화번호를 찾을 수 있는 사이트

식당이나 각종 업체이름 또는 사람 이름으로 전화번호를 검색할 때 이용하는 사이트로 전화번호뿐 아니라, 위치, 웹사이트 등의 정보를 제공한다.

http://www.yellowpages.ca
http://www.whitepages.ca
http://www.canada411.ca

전화번호가 문자로 되어 있다?!

- 캐나다 웹사이트나 광고판 등을 보면 전화번호에 문자가 써 있는 것을 볼 수 있는데, 이것은 숫자 키패드에 있는 문자를 숫자 대신 적어놓은 것.
- 상호이름에 맞는 전화번호를 만든다면, 전화번호를 문자로 표기해서 광고 효과를 높일 수 있고, 상대방도 기억하기 쉽다.
- 예: 캐나다에서 저렴한 국내 항공사 중 하나인 westjet의 전화번호 1-888-WESTJET(937-8538)

국제전화 하기

국제전화를 걸 때는 001이나 00700 등의 국제전화 접속번호를 먼저 누르고 국가번호(한국 82, 캐나다 1)와 지역번호를 포함한 전화번호를 차례로 누르면 된다. 이때 지역번호나 핸드폰 앞자리의 0은 빼야 한다. 001 등의 국제전화는 분당 10불이 넘는 비싼 요금이므로, 정말 급한 경우가 아니라면 국제전화 선불카드나 다른 저렴한 방법을 이용하는 것이 좋다.

- 서울 555-67** 로 전화를 걸 때
  001(국제전화 접속번호)-82(국가번호)-2(0을 뺀 지역번호)-555-67**
- 한국 핸드폰 010-8576-05**로 전화를 걸 때
  001(국제전화 접속번호)-82(국가번호)-10(0을 뺀 번호)-8576-05**

예전에는 대부분 국제전화 선불카드를 구입해 국제전화를 이용했지만, 요즘은 한국에서 인터넷폰을 가져와 사용하거나, 스마트폰의 무료국제전화 앱을 이용한다. 또는 스카이프(Skype) 등의 무료통화 메신저를 이용한 인터넷 통화를 많이 하고 있다.

국제전화 선불카드는 $10, $20, $30 등 다양한 종류의 카드가 있으며 한인 마켓이나 편의점, 유학원, 호스텔 등 다양한 곳에서 구입이 가능하다. 통화요금은 거는 전화와 받는 전화가 무선이냐 유선이냐에 따라 다르다. 자신이 자주 사용하는 유&무선 방식을 고려해서 카드를 구입하면 보다 저렴하게 사용할 수 있다. 카드 뒷면에는 한글로 사용 설명이 자세히 나와 있기 때문에 부담 없이 국제전화를 이용할 수 있다.

요즘은 한국에서도 집전화 대신 인터넷폰을 많이 사용하고 있고, 해외를 나가는 경우에도 한국에서 인터넷폰을 신청해서 많이 가지고 간다. LG, SK, KT 등 다양한 통신회사에서 서비스를 제공하고 있는데 같은 회사의 인터넷 전화를 이용하면 무료 통화가 가능하다. 인터넷이 되는 곳이라면 연결해서 사용하면 된다.

연결방법은 기기에 따라, 유/무선 접속에 따라 다르므로 사용설명서를 참고하자. 단, 한국에서 미리 개통해서 가져가야 사용이 가능하다. 와이파이가 지원되는 기기일 경우 공유기 설정을 하면 와이파이존을 만들 수도 있다. 캐나다의 경우 한국에 비해 인터넷 환경이 열악하기 때문에 인터넷 속도에 따라 통화음질이 안 좋거나, 통화 도중 끊김 현상이 자주 생길 수도 있다.

Can I get a $30 international phone card, please?
국제전화 선불카드 30불짜리 하나 주세요.
I'll call him later.
나중에 다시 걸겠습니다.
Could you take a message?
메모 좀 남겨 주시겠습니까?
Hold on second, please.
끊지 말고 잠시만 기다려 주세요.
Would you tell him that I called?
저한테 전화가 왔었다고 전해 주세요.
I'm sorry. I have the wrong number.
미안합니다. 잘못 걸었네요.
I will call you back in five minutes.
제가 5분 후 전화 드리겠습니다.
I'm calling about…
제가 전화 드린 것은… 때문입니다.
Hold on. I will get him for you.
잠시만요. 전화 바꿔 드릴게요.
Would you please repeat that?
다시 말해 줄 수 있습니까?
Would you speak a little more slowly?
조금 더 천천히 말해 줄 수 있습니까?
Who's calling, please?
누구시죠?
Can I talk to someone who speaks Korean?
한국어 할 수 있는 사람을 바꿔 주시겠어요?
I just called to say hello.
그냥 안부 차 전화했어.
Could you take a massage?
말씀 좀 전해주시겠습니까?

공중전화 SaskTEL

스마트폰의 경우 LG 070 앱이 따로 있기 때문에 인터넷 전화기를 구입하지 않아도 LG사용자와 통화가 가능하다.

학교에서도 집에서도 주변 사람들이 고향의 가족들, 친구들과 영상통화하는 것을 자주 보게 된다. 그들이 주로 사용하는 프로그램은 바로 스카이프(Skype)다. 한국에서는 주로 네이트온을 사용하지만 해외에서는 스카이프를 주로 사용한다. 스카이프는 해외유학생들에게 이제 필수가 되어 버렸다. 컴퓨터나 스마트폰 앱으로 설치하여 사용할 수 있다.

주영	Do you have a skype ID? 너 혹시 스카이프 아이디 있어?
치에미	Of course, I do. My ID is ****. 당연하지! 내 주소는 ****야~
주영	OK. I'll add you on skype. Let's talk on the skype after you go back to Japan. 친구 등록해둘 테니 네가 일본으로 돌아가면 스카이프로 자주 통화하자.
치에미	Sure. I log-in to skype every Saturday night. 그래. 토요일 저녁에는 항상 로그인하고 있을게.

네이트온은 채팅 기능이 우선시 되지만 스카이프는 음성통화 또는 화상통화가 우선이며 채팅 기능도 갖추고 있다. 그래서 한국과 캐나다에 살고 있는 두 사람이 서로 동일한 시간에 스카이프에 로그인 되어 있다면 화상통화를 무료로 이용할 수 있다.

또한 스카이프 사용자가 일반 전화로 통화를 하고자 할 경우에는 정액 요금제에 가입하여 무제한 통화를 하거나 선불카드처럼 일정액을 충전해서 일반 전화로 저렴하게 통화하기도 한다.

2. 은행 이용하기

요즘은 해외 사용이 가능한 국제체크카드를 한국에서 만들어 가는 경우가 많다. 특히 시티은행의 국제체크카드는 출금 수수료가 1불로 저렴해서 많이 가지고 간다. 하지만 문제는 시티은행 ATM이 캐나다에는 많지 않다는 것이다. 아무리 수수료가 저렴하다고 해도 거주하는 지역에 시티은행 ATM이 없거나, 주 거주지와 너무 먼 곳에 있다면 여간 불편한 일이 아닐 수 없다.

따라서 단기 여행을 목적으로 캐나다에 가는 것이 아니라면, 캐나다 은행에서 계좌를 개설하고 직불카드를 발급 받는 것이 좋다. 한국에서 해외송금을 받을 때나 캐나다의 가게와 식당 등에서 비용을 지불할 때 직불카드를 많이 사용하기 때문이다.

시티은행
미국 여행 계획이 있다면 미국은 시티은행 ATM이 많으니 꼭 만들도록 한다.
전세계 시티은행 지점 위치
http://locations.citibank.com/citibankV2/Index.aspx

캐나다의 대표적 은행

캐나다의 대표적인 은행으로는 TD Trust, RBC, Scotia Bank, BMO, CIBC 등이 있는데, 이중에서 유학생들이 가장 많이 이용하고 있는 은행은 TD Trust와 RBC 은행이다.

★TD Canada Trust(Toronto Dominion Canada Trust)

토론토 온타리오 주에 처음 설립된 은행으로 캐나다 전 지역에 지점을 가지고 있고, 가장 많은 ATM(Green Machine 이라는 닉네임을 가지고 있음)과 지점을 보유하고 있다. 그래서 토론토에 거주하는 학생들은 주로 TD Trust은행을 이용하고 있다. 워낙 많은 사람들이

은행별 사이트
· TD Trust
http://www.tdcanadatrust.com
· RBC
http://www.rbc.com
· Scotiabank
http://scotiabank.com
· BMO
http://www.bmo.com
· CIBC
https://www.cibc.com/ca

이용하는 은행이기 때문에 은행에서의 대기 시간도 상대적으로 다른 은행보다 조금 더 길다.

★RBC(The Royal Bank of Canada)

토론토에 본사를 두고 있는 은행으로 캐나다 전 지역에 지점을 두고 있는 큰 은행이다. 불과 몇 년 전까지만 해도 캐나다 1위의 은행이었으며, RBC의 웹사이트가 소비자들이 이용하기 가장 쉬운 은행 사이트라는 조사결과를 받은 적도 있다.

★Scotiabank(The Bank of Nova Scotia)

노바스코시아주의 핼리팩스에서 1832년에 처음 시작한 은행으로 천 개가 넘는 지점을 보유하고 있다. 캐나다에서 세 번째로 큰 은행이라 할 수 있다.

★BMO(Bank of Montreal)

1817년 몬트리올에서 처음 시작한 Bank of Montreal은 캐나다에 900여 개의 지점을 보유한 네 번째로 큰 은행이다. 각종 스포츠 이벤트에 BMO라는 이름으로 후원을 하고 있다.

★CIBC(Canadian Imperial Bank of Commerce)

1867년에 오픈해 오래된 역사를 가지고 있는 은행 중 한 곳으로 TD은행만큼 많은 지점과 ATM을 보유하고 있으며 캐나다 전 지역에 지점을 가지고 있다.

은행계좌를 개설하기 전에 어떤 은행과 거래할 것인지를 먼저 정해야 한다.
거래은행을 정하기 위해 고려해야 할 점은 자신이 주로 활동하는 지역 주변에 지점과 ATM이 많은지, 자신의 은행 이용 빈도에 따른 수수료는 어떻게 되는지 등이다.
한국과 달리 캐나다는 매달 계좌유지에 대한 수수료를 부과한다. 돈을 인출할 때도 출금횟수에 제한이 있어서, 무료 횟수 제한을 넘으면 수수료가 부과된다. 따라서 이런 수수료 등을 따져보고 본인에게 유리한 것을 선택해야 한다.

은행계좌 개설하기

영어가 미숙한 경우 계좌를 개설하러 은행 가는 것이 무척 두렵고 꺼려지기 마련이다. 그렇다 보니 한국인이 있는 지점을 찾는다거나, 오래 거주한 친구를 데리고 가, 말 한 번 안하고 친구 옆에 앉아 있다가 친구가 은행계좌를 다 개설해 주는 경우도 있다.

하지만 영어가 능숙하지 못해도 직원들이 친절하게 안내해주므로, 직접 도전해보라고 하고 싶다. 스스로 경험을 해보고자 캐나다행을 결심하지 않았는가? 이 책의 내용만 잘 숙지한다면 충분히 할 수 있다.

은행 이용 시 알아둬야 할 단어

- **Transaction** 입출금 등의 은행거래를 통칭 / **Transfer** 계좌이체
- **Teller** 은행창구 직원 / **Pay bill** 온라인을 통한 공과금 납부
- **Chequing account** 보통예금 / **Saving account** 저축예금
- **Waived balance** 수수료 등을 면제받기 위한 잔고
- **Monthly fee** 월 계좌관리비 / **Monthly fee waived** 월 계좌 관리비 면제
- **Debit card** 직불카드 / **Personal cheque** 개인수표 / **PIN No.** 비밀번호
- **Withdraw/Deposit** 출금/입금
- **Passbook** 통장 / **Bank Statement** 거래내역

은행 지점별로 약간씩 차이는 있지만, 일반적으로 계좌개설을 위해서는 신원증명을 위해 2개의 ID가 필요하다.

여권과 신용카드, 캐나다 운전면허증(국제운전면허증은 받아주지 않음), SIN, 비자라벨(학생이나 워킹홀리데이 비자, 관광비자라고 해도 연장 후, 비자라벨을 가지고 있는 경우라면 이것으로도 가능) 등을 가지고 가면 된다.

또한 캐나다 현거주지 주소와 전화번호를 요구하는데, 어떤 은행은 주소만 알려주면 되지만, 어떤 은행은 본인 이름과 주소가 명시된 우편물을 요구할 수도 있다. 학생인 경우에는 학생임을 증명할 수 있는 재학증명서나 학생증 등을 지참하면, 학생을 위한 수수료 면제 또는 수수료가 저렴한 계좌 등을 개설할 수도 있다.

직원	How can I help you? 무엇을 도와드릴까요?
주영	I would like to open a bank account. 계좌를 개설하고 싶습니다.

BMO Bank of Montreal

직원	Are you a student in Canada?
	학생이신가요?
주영	Yes, I am English School student.
	영어연수 학교를 다니고 있습니다.
직원	I will open a student account for you. The Monthly fee is free for students. Do you have anything to prove you're a student?
	학생을 위한 수수료 무료 계좌가 있는데, 그걸로 개설해드리겠습니다. 증빙서류를 가지고 오셨는지요?
주영	Yes, I have a certificate of enrolment. Here you are.
	재학증명서면 되지요? 여기 있습니다.
직원	I need 2 pieces of ID to do a credit check.
	2개의 ID도 제시해주셔야 합니다.
주영	I have my passport and international driver's license. Can I use them?
	여권하고 국제운전면허증이 있는데, 이거면 될까요?
직원	We don't allow international driver license. Do you have a credit card?
	국제운전면허증은 안 되고요. 신용카드는 있으세요?
주영	Yes, I do. Here you are.
	네, 여기에 있습니다.
직원	I need your address and phone number.
	주소랑 전화번호를 알려주세요.
주영	Yes. My address is *** and phone number is ***.
	네. 제 주소는 ***, 전화번호는 *** 입니다.
직원	I will open a chequing account and a saving account for you. It's a special package for student accounts. Type in a 4 or 6 PIN number for your debit card, please.
	학생을 위한 패키지는 저축예금과 당좌예금 2개가 개설됩니다. 카드 사용을 위한 비밀번호 4자리 또는 6자리를 눌러주세요.

주영	Sure.
	네 했습니다.
직원	Here's your debit card and temporary password for online banking.
	You can change it to a new password on the website.
	카드 여기 있습니다. 온라인 뱅킹을 위한 임시 비밀번호입니다. 웹사이트에서 변경 가능합니다.
주영	OK, Thank you.
	알겠습니다. 감사합니다.

필요한 서류를 준비해서 은행을 방문하면, 대부분 당일에 계좌 개설이 가능하다. 하지만 계좌개설은 창구 직원이 하는 것이 아니라 담당직원이 따로 있기 때문에, 손님이 많은 날은 방문한 당일에 개설하지 못할 수도 있다. 계좌개설은 담당직원과 개별상담을 통해 이뤄진다. 이때 계좌별로 수수료, 기타 조건 등을 설명하므로, 본인에 맞는 계좌를 선택하면 된다.

Can I see your passport, please?
여권 좀 보여 주시겠습니까?
Please choose a pin number for your bank card.
비밀번호를 정해주세요.
Can you help me fill out this form?
이 서류를 어떻게 작성해야 하는지 도와주실 수 있나요?

캐나다는 특별히 원하지 않는 경우 통장이 따로 발급되지 않으며, 직불카드(Debit Card)만 발급이 된다. 거래내역은 온라인을 통해 확인하거나, 매월 우편으로 받을 수도 있다. 직불카드 사용에 쓸 비밀번호(4자리 또는 6자리)를 지정하고 나면 모든 절차가 끝난다. 계좌개설이 끝나면, 직불카드를 주면서, 안내자료와 해외송금 받을 때 필요한 정보, 입출금 방법 등에 대한 설명을 해준다. 은행에 따라 직불카드 수령을 우편으로 하는 경우도 있다.

은행카드 RBC, TD

계좌를 개설할 때 보통예금(Chequing account)과 저축예금(Saving account) 중 어떤 계좌를 개설할 건지 물어보는데 처음에는 그 차이점을 알 수 없어 많이 당황해한다.

저축예금의 경우에는 입금된 금액이 있으면 이자도 받을 수 있지만, 월 1회 이상 출금을 할 경우 수수료도 비싸고 출금이 자유롭지 않다. 그래서 유학생들의 경우에는 보통예금을 많이 이용한다. 이자도 없고 일정금액 이하로 잔고가 남게 되면 계좌관리비를 지급하게 되지만 입출금이 자유롭고 개인수표를 이용할 수 있기 때문이다.

하지만 한국에서 몇 개월에 한 번씩 송금을 받는 경우라면, 두 계좌를 모두 개설하는 것도 좋은 방법이다. 저축예금으로 송금을 받아, 한 달 사용할 일정 금액만 보통예금으로 이체해서 사용하면 된다.

계좌를 사용하지 않더라도 계좌관리비는 계속 빠져나가기 때문에 한국으로 돌아오기 전에는 계좌를 해지(close)하는 것이 좋다. 은행잔고가 마이너스가 되면 캐나다 재입국 시 신용도에 문제가 될 수 있기 때문이다. 여권을 가지고 은행에 가서 "I'd like to close my account.(계좌를 해지하고 싶습니다.)"라고 말하면 된다.

> 캐나다에서는 Chequing 미국에서는 Checking이라고 함.

은행에 따라 학생용 계좌개설은, 대학교나 전문대학교 등의 풀타임 학생에게만 해당하는 경우가 있다. 즉 영어연수 학교를 다니는 경우, 학생용 계좌개설은 안 될 수도 있다. 은행별, 지점별 또는 담당직원별로 약간씩 차이가 있을 수 있으니, 먼저 원하는 은행에 방문해서 문의하도록 하자.

> "Do you offer any promotion?"
> 이벤트 기간에는 계좌개설 시 선물을 주는 경우가 있다. 밑져야 본전이니, 한번 도전해 보자.

주요 은행의 계좌 종류별 수수료

TD Trust

계좌이름	Unlimited	Every Day	Student
계좌유지비용(월)	$14.95	$10.95	면제
무료 거래 횟수(월)	무제한	25회	25회
계좌유지비 면제를 위한 최소 잔고	$3,500	$2,500	-

학생패키지로 chequing/saving account 두 계좌를 개설해준다.

RBC

계좌이름	Day to Day	No Limit	Student
계좌유지비용(월)	$4	$10.95	면제
무료 거래 횟수(월)	10회	무제한	25회

RBC의 경우, 계좌유지비 면제를 받으려면 RBC의 신용카드나 다른 투자/예금 상품을 이용하고 있어야 한다.

Scotiabank

계좌이름	Basic	Scotia One	Student
계좌유지비용(월)	$3.95	$12.95	면제
계좌유지비 면제를 위한 최소 잔고	-	$3,000	-
무료 거래 횟수(월)	12회	무제한	무제한

BMO

계좌이름	Practical	Performance	Student
계좌유지비용(월)	$4	$13.95	면제
계좌유지비 면제를 위한 최소 잔고	$1,000	$3,000	-
무료 거래 횟수(월)	10회	무제한	30회

CIBC

계좌이름	everyday	Unlimited	Student
계좌유지비용(월)	$3.90	$13.95	면제
계좌유지비 면제를 위한 최소 잔고	$1,000	-	-
무료 거래 횟수(월)	10회	무제한	무제한

* 2014년 1월 Chequing Account 기준

직불카드(Debit Card) 사용하기

직불카드(Debit Card)는 한국의 체크카드 개념으로 생각하면 된다. 자신의 계좌에서 돈을 인출하거나, 물건을 살 때 많이 사용한다. 사용법은 한국에서와 동일하다. 단 현금인출뿐 아니라 물건을 구매할 때도 직불카드의 PIN 번호를 누르게 되어 있다.

마트 등에서 'Request Cash Back.'이라는 안내문이 있는 경우 해당 금액보다 많은 금액을 결제하고 대신 그 차액만큼의 현금을 돌려받는 서비스도 가능하다.
예를 들어 마트에서 구입한 물건의 가격이 15불이라고 했을 때, debit card로 35불 결제를 요구하고, 물건값을 제외한 나머지 20불을 현금으로 돌려받을 수 있다는 것이다.

직원	The total is $15. 전체 15불입니다.
주영	I'd like to cash back. 캐시백 서비스를 이용할 수 있을까요?
직원	What is your desired cash back amount? 얼마를 결제하길 바라시나요?
주영	Please, make a payment for $35. I would like $20 cash back. 35불을 결제하고 20불을 돌려받고 싶어요.
직원	Sure. Please type in your PIN, please. 알겠습니다. 여기 핀 번호를 눌러주세요.

캐나다에서도 카드도용 사건이 빈번히 일어나고 있으므로 비밀번호가 누출되지 않도록 주의해야 한다.
대부분의 ATM을 보면 키패드가 가려져있지만 그렇지 않은 경우라면, 비밀번호를 누를 때마다 한 손으로 가리도록 한다. 마트에서도 고객이 직접 결제할 수 있도록 결제기가 계산대 앞에 놓여 있는 것을 쉽게 볼 수 있다. 물건 구매 시 직원에게 카드를 건넬 때 카드복제기를 통해 순식간에 카드가 복제될 수 있기 때문이다.

개인수표 사용하기

한국에서는 10만원, 100만원 등 일정금액의 수표를 발행해서 사용하지만, 캐나다의 경우, 개인수표에 지불금액을 직접 적을 수 있다. 그래서 학비나 방값 등의 고액을 지불해야 할 때 사용하기 편리하기 때문에 캐나다에서는 많이 사용하고 있다.
수표에는 개인의 계좌번호가 담겨 있으며, 처음 계좌개설 시 임시 사용 가능한 무료수표를 보통 5장 정도 받을 수 있다. 수표를 더 사용하고 싶다면 은행에 별도로 구매요청을 해야 하는데, 보통 50매에 30불 정도의 수수료가 부과된다. 해당은행 웹사이트 또는 직접 은행을 방문하면 신청 가능하다. 수표는 여러 가지 디자인이 있으니, 그 중에서 선택해도 되고, 자신이 원하는 디자인을 넣을 수도 있다. 구매 요청 후 2주 정도 지나서 우편으로 받을 수 있다.

여러 가지 디자인의 개인수표

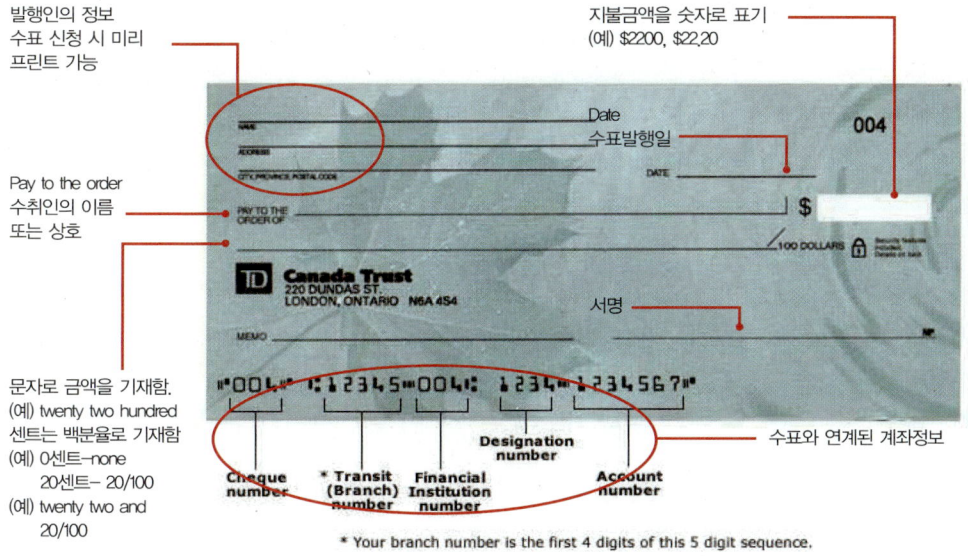

발행인의 정보
수표 신청 시 미리 프린트 가능

Pay to the order
수취인의 이름 또는 상호

문자로 금액을 기재함.
(예) twenty two hundred
센트는 백분율로 기재함
(예) 0센트—none
20센트— 20/100
(예) twenty two and 20/100

지불금액을 숫자로 표기
(예) $2200, $22,20

수표발행일

서명

수표와 연계된 계좌정보

* Your branch number is the first 4 digits of this 5 digit sequence.

주영	How do I order cheques?
	개인수표를 신청하려면 어떻게 해야 하나요?
직원	Please, fill out this application form to order cheques.
	수표 신청서를 작성해주시겠어요?

주영	I'm done.
	다 작성했습니다.
직원	Please, show me your access card and ID.
	사용하고 있는 카드와 신분증을 주시겠어요?
주영	Here you are.
	여기 있습니다.
직원	Please, check your current address.
	등록된 주소가 정확한지 확인해주세요.
주영	Yes, it is correct.
	네, 정확합니다.
직원	It costs $30 for 50 cheques. You can choose from one of these samples.
	50매 묶음에 30불입니다. 여기 있는 수표 디자인 중 선택해주세요.
주영	I'll get this one. Please, make a payment with the debit card.
	이걸로 하겠습니다. 그리고 결제는 직불카드로 해주세요.
직원	Sure, no problem. Please, type in your PIN number for your debit card. Cheques will be delivered in 2 weeks.
	알겠습니다. 비밀번호를 눌러주세요. 2주 후에 우편으로 받으실 수 있습니다.

수표에 원하는 금액을 적어 발행하면, 수취인은 그 수표를 은행에 입금한다. 수표 입금 1주일 정도 후에 수표 발행인 계좌에서 해당 수표금액이 인출되고 수취인의 계좌에 수표금액이 입금되는 것이다.

이때 만약 발행한 수표의 금액보다 잔고가 적다면, 수취인은 돈을 지불받지 못할 뿐 아니라, 수표를 발행한 사람은 수수료를 내야 하며 신용도도 떨어지게 된다.

그러므로 수표를 자주 발행하게 된다면 발행할 때마다 거래내역을 기록해서 이런 문제를 미연에 방지하도록 하는 것이 좋다. 수표종류에 따라 수표 발행 내역을 함께 보관할 수 있도록 먹지가 붙어 있는 수표도 있다.

캐나다에 온 지 얼마 안 된 중국 친구가 수표에 대해 잘 몰라서 피해를 입은 경우를 본 적이 있다. 중국 친구와 같은 학원을 다녔던 친구가 "부모님이 돈을 송금했는데 며칠 안에 입금된다."면서 급하게 3천불을 빌려달라고 했다. 이자로 500불이나 주겠다고 하면서 3,500불짜리 개인수표를 발행해 주고는, 은행에 입금하면 1주일 안에 현금화가 될 수 있다고 했다. 중국 친구는 아무 의심 없이 돈을 빌려주고, 그 수표를 받았다고 한다. 하지만 1주일 후 돈은 입금되지 않았다. 이런 피해를 입지 않으려면 항상 주의해야 한다.

개인수표만큼이나 많이 사용되고 있는 것 중에 하나가 바로 우편환(Money order)이다.

우편환은 은행 또는 우체국에서 발행이 가능하며, 신분증과 발행을 원하는 우편환 금액에 해당하는 돈, 그리고 수취인 이름 등의 정보가 필요하다. 우편환은 수취인을 지정해서 발행하므로 분실 시에도 수취인 외에는 우편환을 사용할 수 없으며, 우편환을 현금화하고자 할 때는 우편환과 수취인의 신분증을 가지고 발행 은행 또는 우체국에 방문하면 된다. 은행에서 신청할 경우 해당 은행의 계좌가 있을 경우에만 발급이 가능할 수도 있다.

연계된 계좌에 잔고가 없는 개인수표, 일명 부도수표는 현금화할 수 없지만 우편환은 이미 발행인이 우체국 또는 은행에 현금을 지불했기 때문에 이런 위험이 줄어든다.

> 우체국에서 우편환 발행 시 현금결제만 가능할 수 있다.

주영 I'd like to purchase a money order.
우편환을 만들려고 하는데요.

직원 Please, fill out this application form. Please, provide the information of the Sender and Payee, and desired amount, correctly. It's really important.
신청서를 작성해주세요. 이건 중요하니까, 보내는 사람, 받는 사람의 정보를 정확히 입력해주세요.

주영 I'm done.
다 작성했습니다.

직원 How will you make the payment for the money order of $500? A fee of $5.50 will also be charged.
발행금액 500불과 수수료 5.50불을 어떻게 결제하실 건가요?

CIBC ATM

RBC ATM

TD ATM

TD Trust 은행 ATM을 이용해 입금방법 예
http://www.tdcanadatrust.com/ebanking/greenmachine/depositcalc1.html

주영	I'll pay by a credit card.
	신용카드로 결제하겠습니다.
직원	The only acceptable methods are cash or debit card.
	현금이나 직불카드로만 결제 가능합니다.
주영	Then I'll pay by a debit card.
	그럼, 직불카드로 결제하겠습니다.

ATM을 이용한 현금 입금

캐나다에서 은행을 이용할 때, 가장 낯설게 느끼는 것이 바로 ATM을 이용한 입금방법일 것이다.

한국에서는 ATM에 현금을 넣으면, 바로 현금의 액수를 계산하고, 예금주가 금액이 맞음을 확인하면, 바로 입금이 되어 잔고를 확인할 수 있다.

하지만 캐나다에서는 ATM에 비치된 봉투에 현금을 넣은 후, 그 봉투를 ATM 기기에 집어넣는 것이다. 그리고 그 봉투안에 금액을 본인이 직접 입력해야 한다. 그러면 나중에 은행 직원이 수작업을 통해 봉투 안에 있는 현금을 확인한 후, 최종 입금처리된다.

입금용 봉투

ATM을 이용해서 입금할 경우, 현금인출을 위해 며칠이 걸릴 수 있다. 따라서 입금 후 바로 인출을 원할 경우, 직접 은행직원(Teller)에게 입금하는 것이 좋다.

해외송금

캐나다 현지계좌를 개설하면 해외송금을 받을 때 필요한 정보를 상세히 알려주므로, 잘 메모해두었다가 한국에서 송금해 줄 사람에게 정보를 알려주면 된다. 해외송금을 할 때는 예금주의 영문이름, 캐나다 주소 및 전화번호, 캐나다 계좌번호, 은행이름 및 주소, SWIFT Code 등의 정보가 필요하다. 한국의 대부분 은행에서 해외송금이 가능하므로, 외환은행이나 주거래 은행을 통해 해외송금을 하면 된다.

송금 후 약 2~3일 정도면 캐나다에서 인출이 가능한데, 해외송금 시에는 한국에서 송금할 때와 캐나다에서 받을 때 모두 수수료가 부과된다. 은행과 송금 금액에 따라 차이는 있지만, 평균적으로 한국에서는 약 2~3만원, 캐나다에

서는 약 20~30불 정도가 부과된다.

앞서 언급했던 국제체크카드로 한국의 계좌에 있는 돈을 인출할 경우에 수수료는 시티은행의 경우 건당 1불로 가장 저렴하고, 그 외 은행은 건당 4~5천원과 인출액의 약 0.1% 정도를 수수료로 부과한다.
하지만 해외송금 수수료를 국제체크카드 수수료와 비교해 보면 크게 차이가 나지 않을 수 있다. 따라서 해외송금을 받는 것보다는 국제체크카드로 한꺼번에 한국 계좌의 돈을 인출해서, 캐나다 현지계좌에 입금하는 방법이 더 편리할 수 있다.

I'd like to check the remittance from Korea.
한국에서 온 송금을 확인하고 싶습니다.
OK. May I have your name and your account number, please?
알겠습니다. 성함과 계좌번호를 말씀해 주세요.
I'd like to send some money to Korea.
한국으로 송금을 하고 싶습니다.
How much is the commission?
수수료는 얼마인가요?
You have to pay a service charge.
수수료를 내셔야 합니다.

캐나다의 인터넷뱅킹 이용
캐나다는 한국처럼 인터넷 뱅킹을 많이 이용하지는 않고, 주로 잔고확인이나 자신의 saving account에서 chequing account로 이체 시 또는 공과금 납부 등에 이용하는 편이다.

3. 대중교통 이용하기

캐나다의 교통수단으로는 지역별로 토론토의 스트리트카(Street car)나 밴쿠버의 시버스(Sea bus)처럼 독특한 것도 있지만, 주로 이용되는 대중교통 수단은 버스와 전철이다.

캐나다 대중교통 요금은 비싸기 때문에 시스템을 정확히 이해하고 있어야 교통비를 절약할 수 있다.

회사원이나 학생과 같이 대중교통을 정기적으로 이용하는 경우에는 월정액권(monthly pass)을 주로 사용한다. 그 외에도 주정액권(weekly pass), 일정액권(day pass) 등 일정기간 동안 모든 대중교통 수단을 제한 없이 이용할 수 있는 다양한 정액권이 있다. 정액권의 경우에는 매월 초나 매주 월요일부터 사용이 가능하며 구입시기도 정해져 있어 아무 때나 구입해서 사용할 수 없다는 것을 명심해야 한다.

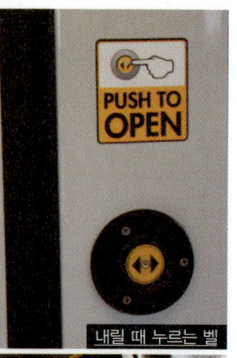
내릴 때 누르는 벨

하차 시 당기는 노란 줄

대중교통을 자주 이용하지 않는 경우 현금으로 요금을 지불하기도 하는데 잔돈을 거슬러 주지 않으므로, 정확한 요금을 준비해야 한다. 현금을 지불하고 받은 영수증을 가지고 있으면, 약 90분 이내(지역마다 차이가 있음) 다른 교통수단으로 환승이 가능하다. 단 일부 지역(토론토 등)의 경우에는 같은 방향으로만 환승이 가능하다.

버스나 스트리트카를 이용할 때는 자신이 내리고자 하는 정거장에 도착하기 전, 한국과 마찬가지로 스톱버튼을 눌러야 정거장에서 문을 열어준다. 그런데 스톱버튼이 있는 버스도 있지만, 대부분 스톱버튼 대신 창문 위에 빨래줄처럼 걸쳐 있는 노란줄을 당겨야 한다. 노란줄을 당기면 '띵' 하는 소리와 함께, 전광판에 'Stop request' 또는 'next stop'이라는 사인이 들어온다.

하차 시에는 문이 자동으로 열리지 않는 경우가 대부분이다. 이때는 한 계단 내려서야 문이 열린다.

차에 따라서는 내릴 때 문의 손잡이를 손으로 밀면서(Push the bar / Touch here to open door) 내려야 하는 경우도 있다. 내리고 있을 때 문이 닫힌다면, 긴장하지 말고 자연스럽게 다시 손으로 밀면 열린다. 간혹 차 안에 사람이 많아 내가 내리기도 전에 문이 닫히는 경우가 있는데, 이때는 "back door, please."라고 외치면 된다.

일부 지역에 운행되는 급행(Express)버스는 정류장 몇 곳만 정차한다. 빠르기는 하지만 본인이 내려야 하는 역에 Express 버스가 서는지 확인 후 이용해야 한다. 노선도와 스케줄은 지역별 해당 교통기관 웹사이트에서 확인 가능하며, 보통 전철역이나 버스 내, 도서관, 관광안내소 등에서도 구할 수 있다.

밀어야 열리는 문

FREE New Year's Eve Service
새해를 맞이하는 사람들을 위해, 한 해 마지막 날 저녁부터 새해 첫날 새벽까지(지역에 따라 서비스 시간은 차이가 있음) 무료로 대중교통을 운행한다.

- 우스갯소리 한마디!

어떤 사람이 스트리트카에서 내리지 못하고 머뭇거리고 있으니 주위 사람들이 "Step down"이라고 알려줬다. 그런데 이 사람은 갑자기 계단 위에 주저앉는 것이다. "Sit down"이라고 알아들었던 것이다. *^^*

I missed my stop.
내려야 할 정류장을 지나쳤어요.

I'm Sorry. I got on the wrong bus.
죄송합니다만 버스를 잘못 탔어요.

Where can I buy a bus ticket?
버스표를 어디서 사나요?

Where should I get off?
어디에서 내려야 합니까?

What stop are we at?
여기는 무슨 정류장입니까?

Where can I get a bus route map?
어디서 버스노선도를 얻을 수 있나요?

May I have the timetable?
버스시간표를 얻을 수 있을까요?

지역별 주요 교통수단 바로 알기

★토론토 교통수단

토론토 TTC (http://www.ttc.ca)

토론토의 대중교통수단(전철, 스트리트카, 버스)은 TTC(Toronto Transit Commission)에서 운영하며 TTC사이트에서 스케줄, 노선도, 요금 등을 확인할 수 있다. 전철역에서는 Ride Guide(전철노선도뿐 아니라, TTC 버스, 스트리트카 운행지역 등을 표시하는 토론토 전체 지도가 포함되어 있음)를 받을 수 있다.

토론토는 다른 지역과는 달리 거리(Zone)에 상관없이 같은 요금을 지불하도록 되어 있다. 요금 지불은 정액권(monthly pass, weekly pass, day pass), 토큰(token), 현금 모두 사용 가능하다.

버스와 스트리트카의 경우 일명 블루 나잇 네트워크(blue night network)라 부르는 밤샘 서비스(overnight service)를 제공한다. 정류장 표시에 24시간(24hr)이라는 글씨가 파란색 바탕에 쓰여 있으면 새벽 1:30am~5am에도 약 30분 간격으로 서비스를 제공한다. 또한 늦은 시간(9pm~6am)에 여성이 버스를 이용하는 경우 기사에게 말하면 버스정류장이 아니어도 노선 내에서 원하는 곳에서 내릴 수 있다.

24시간 운영되는 버스정류장표시

TTC 버스

버스정류장

버스

토론토는 교통체증으로 인해 버스보다는 지하철을 선호한다. 하지만 버스는 140개 이상의 노선을 가지고 있기 때문에 토론토 전지역에서 이용이 가능하고 특히 지하철이 다니지 않는 교외 지역이 새벽 시간대에 유용하다.

버스노선은 번호로 되어 있으며, 간혹 번호 뒤에 A, B, C 등의 알파벳이 붙어 있는데, 이것은 비슷한 노선을 표시하는 것이다. 출퇴근 시간에는 버스 운행횟수가 자주 있지만 그 이외의 시간이나 주말에는 운행 횟수도 많이 줄고 시내와 멀리 떨어져 있는 일부 구간은 버스가 다니지 않기도 한다.

What time does the last bus run until?
막차가 언제 있나요?

Does this bus go to the Museum?
이 버스 박물관에 갑니까?

Where can I catch the bus for Central Station?
센트럴 스테이션으로 가는 버스는 어디서 타죠?

How long do I have to wait for the next bus?
다음 버스까지는 어느 정도 기다려야 되죠?

전철(subway)

토론토의 전철은 총4개의 노선으로 되어 있다. 노선은 서로 연결되어 있어 동서를 연결하는 Bloor-Danforth 노선(그린 라인)과 남북을 연결하는 U자형의 Yonge-University-Spadina 노선(옐로우 라인) 2개를 중심으로, Bloor-Danforth 노선 동쪽 끝에 있는 Kennedy 역에서부터 연결된 Scarborough RT 노선(블루 라인)과 Yonge-University-Spadina 노선의 Sheppard-Yonge역에서부터 연결되어 있는 Sheppard 노선(퍼플 라인, 지상으로만 운행함)으로 무척 간단하게 되어 있다.

그렇기 때문에 자신이 가고자 하는 역이, 현재의 역에서 동서남북 어느 쪽인지만 안다면 토론토에서 전철 이용하는 것은 비교적 쉽다. 모든 전철역은 거리의 이름으로 되어 있으며, 지하철역 벽에 역 이름이 표시되어 있고, 철로 위 표지판에는 다음 역 이름과 어느 방향으로 가는지가 명시되어 있다.

DWA(Designated Waiting Area)

지하철역에 DWA 표지판이 있는 곳은 다른 곳보다 더 밝고 보안카메라도 작동하는 안전지대.

May I have a subway map?
지하철 노선도를 주시겠어요?

Which line goes downtown?
몇 호선이 시내로 가나요?

Where should I transfer?
어디에서 갈아타야 합니까?

Where is the subway station?
지하철역은 어디 있습니까?

Where can I buy a subway ticket?
지하철표는 어디서 사죠?

What's the next station?
다음 역은 어디죠?

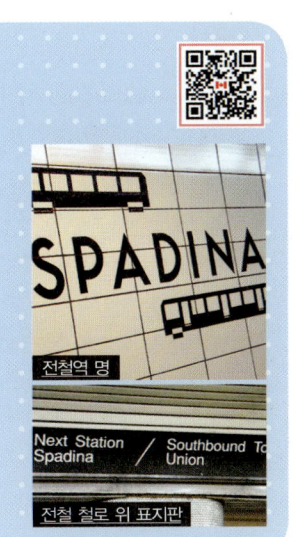

전철역 명

Next Station / Southbound To
Spadina / Union

전철 철로 위 표지판

스트리트카(streetcar)

토론토의 독특한 대중교통 방식인 스트리트카는 50년대 서울 시내에 다니던 도로 위에 달리는 전차 같은 것으로 12개의 노선을 가지고 있으며, 노선은 500번대로 표시가 된다. 예를 들어, 510 Spadina는 스파다이나 스트리트를 따라서 운행하고, 505 Dundas는 던다스 스트리트를 따라 운행한다.

거의 1~2블록마다 정류장이 있고 토론토 곳곳을 연결하고 있어, 다른 교

스트리트카

Go Transit 버스 정류장

월정액권

통수단보다 가장 많이 이용되고 있으나 교통체증이 심한 시간대에는 특히 다운타운 쪽에서 많이 밀린다.

광역 토론토를 연결하는 대중교통 Go Transit

토론토에서 조금 멀지만 큰 지역(한국과 비교하면 인천, 일산등)을 연결하는 버스(Go Bus)와 기차(Go Train)를 운영하는 업체가 있다. 바로 고트랜짓(Go Transit)이다. 모든 Go Bus와 Go Train에는 초록색으로 'Go'라고 쓰여 있다. TTC 환승권으로 Go Transit 환승은 불가능하며, Go Transit의 버스와 기차 사이에도 환승은 안 된다.

유학생들의 경우, 멀리 거주하는 경우가 많지 않으므로 고트랜짓을 이용할 일은 거의 없지만, 나이아가라 폭포로 가는 노선(편도 20불 미만)이 있기 때문에 여행할 때 이용하기도 한다.

Where should I get off?
어디에서 내려야 합니까?

Which Streetcar should I transfer to?
어떤 스트리트카로 갈아타야 합니까?

Please let me know when we get to the University of Toronto.
토론토 대학에 도착하면 저에게 알려주세요.

How much is it to Niagara Falls?
나이아가라 폭포까지 요금은 얼마인가요?

요금제(2014년 기준)

① Monthly Metropass

월정액권은 133.75불(학생요금 108불)로 한 달간 TTC 모든 교통 수단을 무제한 사용 가능하며, 타인에게 빌려주거나 양도도 가능하다. 단 학생요금 정액권의 경우에는 학생증 확인을 하기 때문에 같은 자격을 가진 사람만 이용할 수 있다.

월정액권은 지하철역 내 모든 창구에서 현금으로 구매 가능(카드 결제는 일부 역만 가능)하며, 역내의 PVM(Pass Vending Machine)에서는 직불카드(Debit card)로 구매 가능하다. 월 정액권은 구입한 날로부터 한 달간 사용 가능한 것이 아니라, 매월 1일부터 월말까지만 사용이 가능하기 때문에 매월 24일부터 월초 4일까지(월 1~2일이 주말이었다면 6일까지)만 구입이 가능하다.

> 역별로 구매 가능한 정액권 리스트 체크
> http://www3.ttc.ca/Fares_and_passes/Passes/Pass_Vending_Machine/index.jsp

② Weekly pass
매주 목요일부터 화요일까지 지하철역 내 창구나 PVM에서 39.25불(학생요금 31.25불)에 구입 가능하며 구입한 티켓의 유효기간은 매주 월요일부터 일요일까지이다.

> 학생요금 적용기준
> post-secondary student(허가된 컬리지나 대학교)에서 degree/diploma 풀타임 과정 학생

③ Day Pass
하루 정액권은 세븐일레븐 같은 편의점에서 11불에 구입할 수 있고, 복권처럼 오늘의 날짜에 해당하는 월과 일을 긁어서 사용한다. 주말(토요일/일요일/공휴일부터 그 다음날 새벽 5:30까지)에는 성인 1명이 Day pass를 소지하고 있으면, 최대 성인 2명과 아이 4명 또는 성인 1명과 아이 5명까지 함께 교통편을 이용할 수 있다.

④ Token
토큰은 1센트 정도 크기의 동전으로, TTC 이용 시 현금승차보다 저렴하며 매번 잔돈을 준비해야 하는 불편함 없이 사용할 수 있다. 지하철 역무원에게 직접 또는 지하철역에 비치된 VM(Vending Machine)을 통해 구입 가능하며, 7묶음에 18.90불이다.

토큰판매기

⑤ 현금 승차
현금 승차할 경우 3불이며 잔돈을 거슬러주지 않으므로 정확한 금액을 준비해서 승차해야 한다. 현금 승차가 안 되는 지하철역도 있다.

⑥ 환승(Transfer)
현금이나 토큰을 지불하면 버스나 스트리트카를 탈 때 환승권을 받을 수 있고 만약 환승권을 받지 못했다면 기사에게 "transfer, please"라고 하면 준다. 지하철을 타는 경우 요금을 지불하고 들어가면 입구 앞에 'Transfers'라고 쓰여 있는 빨간색 환승권 발매기 버튼을

환승 티켓

환승권 발매기

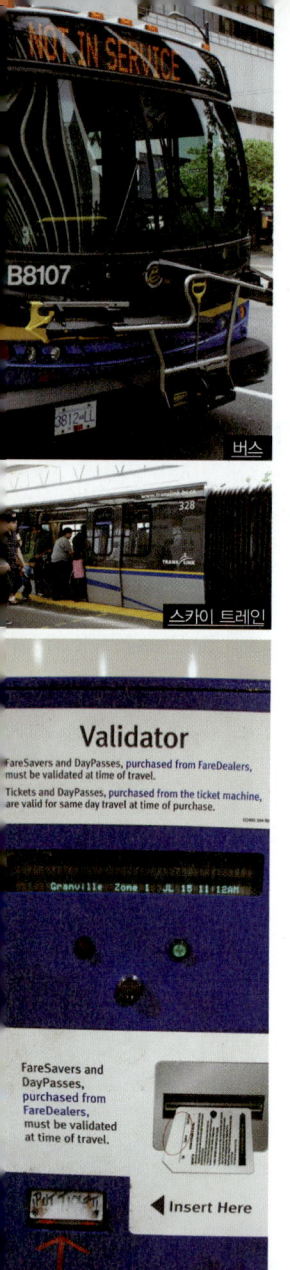

버스

스카이 트레인

환승권 확인기

누르면 현재의 시간과 역 이름이 찍힌 환승권이 나온다.
이 환승권이 있으면 같은 방향으로(반대 방향으로는 안 됨) 버스, 지하철, 스트리트카 이렇게 3가지 교통수단으로 한 번 환승이 가능하다. 환승을 할 때 내린 곳에서 바로 환승을 하지 않고 시간을 많이 허비하거나 다른 지역으로 이동해서 환승을 하는 경우에는 환승이 안 될 수 있다.

★밴쿠버 교통수단

밴쿠버 TransLink(http://www.translink.ca)

트랜스링크(TransLink)에서 관리 운영하는 밴쿠버의 주요 대중교통은 버스, 스카이트레인(skytrain), 시버스(sea bus)가 있다.

버스

밴쿠버에서 운행하는 대부분의 버스는 전차처럼 전선이 달린 전기차이다.

스카이 트레인(sky train)

지상으로 달리는 구간이 많아서 이름도 스카이트레인이라 부른다. 엑스포 라인(Expo line, 다운타운-Surrey 연결), 밀레니엄 라인(Millennium line , 다운타운-Burnaby, New Westminster역 연결), 그리고 캐나다 라인(Canada line, 국제공항-waterfront역 연결) 이렇게 총 3개의 노선으로 되어 있다.

시버스(sea bus)

다운타운의 워터프런트(Wasterfront)와 밴쿠버 북쪽의 론스데일 키(Lonsdale Quay)를 연결하는 페리로, 낮시간에는 매 15분, 저녁 시간에는 매 30분마다 운행되며, 약 12분 정도 걸린다. 티켓은 시버스 터미널 내 자동판매기에서 구입하면 된다.

페리(ferry)

밴쿠버와 그랜빌아일랜드를 연결하는 페리의 경우에는 트랜스링크(TransLink)에서 관리하는 것이 아니라, 아쿠아버스(Aqua bus)와 폴스크릭페리(FalseCreek Ferries)라는 두 회사에서 운행한다. 따라서 트랜스링크 티켓으로는 이용할 수 없다. 요금과 스케줄은 각 사이트에서 체크하자.

아쿠아버스 http://www.theaquabus.com

폴스크릭페리 http://www.granvilleislandferries.bc.ca

요금제(2014년 기준)

밴쿠버는 토론토와 달리 구간별로, 주말/평일별로 요금이 다르게 적용된다. 평일 오후 6:30 이후, 주말/공휴일 종일은 구간에 상관없이 현금 승차 요금은 2.75불이 적용된다.

만약 1존 티켓으로 2존 이상 구간으로 갈 경우, 차액만큼의 추가 요금을 지불하거나 스카이트레인 역내 기계에서 추가요금(AddFare)티켓을 구입하면 된다. 일정액권(DayPass)으로는 구간에 상관없이 무제한으로 버스, 스카이트레인, 시버스를 이용할 수 있다. 요금할인 티켓(FareSaver Tickets)은 10장 묶음으로 할인된 가격에 판매한다. 대중교통을 이용하는 경우에는 요금할인 티켓을 이용하면 현금으로 승차할 때보다 저렴하다.

승차권

정액권 등은 판매소(FareDealer) 표시가 있는 세븐일레븐 등의 지정된 곳에서 구입이 가능하며, 편도 티켓은 역 입구의 자동판매기(Ticket Vending Machine, TVM)에서도 구입 가능하다.

zone 체크
http://www.translink.ca/en/Fares-and-Passes/Fare-Zone-Map.aspx

학생요금 적용 기준
광역빅토리아 지역의 칼리지/대학교에 풀타임(주당 20시간 이상)으로 최소 3개월 이상 재학중인 학생의 경우 월정액권을 할인된 가격에 구입할 수 있다.
티켓 구입처
http://www.bctransit.com/regions/vic/fares/collegefares.cfm
학생요금 명칭
지역별로 student fare, concession fare, reduced fare 등으로도 불린다.

구간(zone)	편도티켓/현금(cash)	월정액권 (Monthly FareCard)	일정액권 (DayPass)	묶음티켓 (FareSaver Tickets)
1존	2.75불	91불		21불
2존	4불	124불	9.75불	31.50불
3존	5.50불	170불		42불

월정액권

환승

90분 이내 같은 구간 이용 시 트랜스링크에서 관리하는 모든 교통 수단으로 환승이 가능하다. 자동판매기에서 구입한 티켓의 경우 시간이 찍혀있으므로 환승 시에도 티켓을 직접 이용하면 된다. 하지만 요금할인 티켓의 경우에는 승차 전에, 역마다 비치된 파란색(은색으로 된 것도 있음)의 환승권 확인기(Ticket Validator)에 티켓을 넣어 시간을 찍어야 한다.

★빅토리아 교통수단

빅토리아 BC Transit (http://www.bctransit.com/regions/vic)

빅토리아에서 이용할 수 있는 대중교통은 버스로, BC Transit에서 운영한다. BC Transit에서 운행하는 버스는 빅토리아 뿐 아니라, 나나이모, 킬로나, 캠루프스, 휘슬러 지역까지도 갈 수 있다. 빅토리아의 다운타운은 걸어서도 충분히 다닐 수 있어, 버스를 이용할 일이 많지 않다.

버스 요금은 1존(Sooke-Sidney) 편도/현금 2.50불, 10매 묶음(10 tickets) 22.50불, 일정액권(Day pass) 5불, 월정액권(Monthly pass) 85불(학생요금 77불)이다. 환승이 필요할 경우, 요금 지불 시에 환승권을 요구하면 같은 방향으로 60분 이내 다른 버스로 환승이 가능하다.

★몬트리올 교통수단

몬트리올 STM(Société de transport de Montréal) http://www.stm.info

몬트리올의 대중교통 수단으로는 STM에서 운행하는 지하철(metro)과 버스(autobus)가 있다.

Metro(지하철)

다운타운을 중심으로, 총 4개의 노선이 있다. 초록색 노선은 Angrignon-Honorebeaugrand, U자형의 주황색 노선은 Montmorency-Conte Vertu, 주황색 노선과 연결되는 파란색 노선은 Saint Michel-Snowdon이다. 노란색 노선은 Berri UQAM역에서 섬으로 연결된다. 지하철역에는 현재역과 종착역 이름이 표시되어 있으므로, 자신이 이용할 노선의 종착역을 확인하고 타야 한다. (예: McGill역에서 Guy-Concordia역으로 가려면 Angrignon으로 가는 지하철을 타면 된다.)

Autobus(시내버스)

일반과 급행버스로 나뉘는데, 버스정류장 표지판에 초록색으로 되어 있는 버스노선은 급행이며 현금 승차 시 요금이 더 비싸다. 정류장에 달 표시가 있는 노선의 경우에는 자정이 넘어서도 운행하는 버스이다.

요금제(2014년 기준)

- 편도 3불(버스 현금 승차, 지하철 티켓 구매)
- 2 trips 5.50불, 10 trips 25.50불

자전거
자전거도 많이 이용되는 교통수단이지만, 몬트리올은 바닥이 울퉁불통한 돌이 깔려 있고, 길이 좁아 자전거 이용이 불편할 수 있다

메트로 역

버스

- 1day(구입시점부터 24시간 이용) 10불, 3day 18불
- Unlimited Weekend Pass 13불
- Monthly CAM 79.50불 (Photo ID OPUS card 47.25불)
- 티켓은 역내 무인판매기 또는 역무원에게 직접 구입 가능하며, Occasional card(On L'occasionnelle), Magnetic Card 등 다양한 종류의 티켓이 있다.
- 교통카드 OPUS card(카드발급 일반 6불)
  몬트리올의 교통카드로 요금을 충전해서 사용할 수 있으며, STM에서 지정한 장소에서 주당(Weekly), 월당(Monthly) 등 원하는 금액으로 충전(Top-up) 가능하며, 역내 자동충전기(metro fare control booth)를 이용해도 된다. 만 25세 미만 학생의 경우 Photo ID card로 발급 시 월정액권 요금이 저렴하다.

STM 승차권, OPUS 교통카드

환승

승차권에 승차시간이 찍히며, 120분 이내에는 메트로와 버스로 환승 가능하다. 단, 메트로에서 메트로로 환승하거나 같은 노선버스 또는 왕복구간의 환승은 불가능하다.

★오타와 교통수단

오타와 OC Transpo http://www.octranspo.com/ STO http://www.sto.ca

오타와에는 오타와 지역의 버스, 기차를 운영하는 OC Transpo와 퀘벡주에 속하는 헐(Hull)지역을 운행하는 버스회사인 STO가 있다. OC Transpo에서 STO로 환승 시 추가 요금 없이 이용 가능하며(일반버스만), 90분 이내에 버스와 기차 등 방향에 상관없이 환승 가능하다.

OC Transpo에서 운행하는 일반(Regular) 버스는 빨강, 검정 노선으로 나뉜다. 편도요금은 현금 3.40불 또는 보라색 버스 티켓 2장에 3불이며, PRESTO 교통카드로 결제 시 2.72불이다. 월정액권(Monthly pass) 98.75불, 일정액권(Day pass) 7.95불이다.
급행(express) 버스의 경우, 편도 4.80불(버스 티켓 3장), PRESTO 카드 요금은 4.10불로 일반버스보다 요금이 좀 더 비싸다. O-Train 기차를 이용할 때 요금은 편도 기준으로 현금 결제 시 3.40불, PRESTO 카드로는 2.72불이며 Daypass 요금은 7.95불이다. 2014년 7월부터는 각각 요금별로 5센트에서 2달러까지 인상될 예정이니 확인하자.
STO에서 운행하는 버스 요금은, 일반버스 현금 3.90불(티켓 3.50불) 이다.

OC Transpo 버스

캘거리 버스

★캘거리 교통수단

캘거리 Calgary Transit http://www.calgarytransit.com

캘거리의 주요 교통수단으로는 버스와 C-train(전철)이 있다.

버스는 대부분 15~30분 간격으로 운행되며 야간에는 운행하지 않는다.

C-train은 지상으로 연결된 두 개의 노선으로 운행되며, 역내에는 역무원이 없다. C-train 노선 중 다운타운 7번가(7th ave)를 따라 두 개 노선이 겹치는 구간이 있는데, 무임구역(Free fare zone)이라 해서 무료 이용이 가능하다.

요금은 현금/티켓 3불, 월정액권 96불, 일정액권 9불로, C-train 티켓으로 버스 환승이 가능하며, 버스에서 전철로 환승할 경우 버스에서 환승권을 받아야 한다.

에드먼턴 버스표지판

LRT 역

★에드먼턴 교통수단

에드먼턴 ETS (Edmonton Transit System) http://www.edmonton.ca

에드먼턴의 주요 교통수단은 버스와 지하철(LRT-Light Rail Transit)이다. 주로 관광용으로 많이 이용되는 고급 전차(High Level Streetcar, 주의사당과 앨버타주립대 사이를 흐르는 노스서스캐처원 강의 High Level Bridge를 따라 운행)도 있다. LRT 지하철은 1개 노선(capital line)에 총 15개 역이 있으며, 2014년에 metro line이 추가될 예정이다.

지하철역에는 역무원이 없다. ETS 사이트에서 LRT 역내를 360도 가상으로 볼 수 있도록 서비스를 하고 있다.

요금은 현금 3.20불, 10개 묶음티켓은 24불, 일정액권 9불, 월정액권 89불이다.

90분 이내 이용하면 버스와 지하철간 환승이 가능하며, 자동판매기에서 구입한 티켓에는 유효기간이 찍혀 나오지만, 버스 승차시에는 환승권을 요구해야 한다. 묶음티켓의 경우, 사용할 때마다 지하철역의 환승권 확인기(ticket validator)라고 쓰여 있는 오렌지색 기계 안에 넣어 시간을 찍어야 한다.

위니펙 버스

★위니펙 교통수단

위니펙 Winnipeg Transit http://winnipegtransit.com/en

위니펙의 대중교통으로는 버스가 있으며, 요금은 현금 2.55불, 티켓 2.20불, 월정액권 84.70불, 슈퍼패스(Super Pass, 월~일요일 사용) 22불, 평일권(Max5) 19.80불이다. 다운타운 주요지역을 운행하는 무료버스(Downtown Spirit)도 있다. 버스 승차시 환승권을 요구할 수 있으며, 1시간 이내 환승이 가능하다.

택시 Taxi/Cab

캐나다의 택시요금은 비싼 편이다. 기본요금 자체가 비싸며, 출발해서 거의 초반부터 요금이 올라가기 시작하며 정차하고 있을 때도 요금은 계속 올라간다. 뿐만 아니라 요금의 10~15%정도를 팁으로 지불하기 때문에 부담이 커서 자주 이용하지는 않는다. 하지만 처음 공항에 도착했을 때나, 친구들과 놀다가 대중교통편이 끊기거나, 적은 짐을 가지고 이사를 하는 경우에는 어쩔수 없이 택시를 이용하게 된다.

캐나다에서는 한국과 같이 지나가는 택시를 잡아타기도 하지만, 주로 전화로 미리 택시를 불러야 한다. 콜택시 번호로 전화를 걸어 출발지와 목적지, 출발시간을 말하면 시간에 맞춰온다. 택시를 미리 예약한다고 해서 추가비용이 들지는 않는다.

택시요금은 지역별로 약간의 차이는 있지만, 보통 기본요금(약 3.20~4.25불)에 1km당 1.38~2불의 요금이 부과된다. 신호대기 중에도 요금이 올라간다. 대도시의 경우 택시회사가 많기 때문에 손님 유치를 위해 서비스가 좋은 편이다. 하지만 작은 지역의 경우에는 주로 개인택시가 많아 간혹 미터기를 켜지 않고 부르는 요금으로 가는 경우도 있다. 이런 지역에서 택시를 이용할 경우 미리 대략적인 비용을 체크하는 것이 좋다. 택시에 따라 신용카드 또는 직불카드로 결제 가능하며, 영수증은 요구하지 않으면 주지 않는 경우가 많으므로 필요한 경우, 미리 요구하도록 하자.

Taxi / Cab
캐나다에서는 택시를 taxi나 cab이라고 많이 부른다.

주요지역 택시회사 번호
- 토론토
  BECK 416-751-5555
- 밴쿠버
  Yellow Cab 604-681-1111
- 몬트리올
  Taxi Diamond 514-273-6331
- 캘거리
  Checker Yellow Cab 403-299-9999
- 에드먼턴
  Yellow Cab 780-462-3456
- 위니펙
  Duffy's Taxi 204-925-0101

주영 I'd like you to call a cab for me.
택시를 예약하고 싶은데요.

직원 Sure. Where and what time do you want the cab to be sent?
네, 픽업할 주소와 시간을 말씀해주세요.

주영	Please, pick me up in front of K Mall at 5 o'clock in the afternoon. K 쇼핑몰 정문 앞에서 오후 5시에 픽업해주십시오.
직원	Can you give me your cell phone number, please? 전화번호를 알려주시겠습니까?
주영	Yes, it is ***. Do you take a credit card or just cash? 네, 제 번호는 ** 입니다. 신용카드로 결제 가능한가요, 아니면 현금 결제만 가능한가요?
직원	We take both of them. When the driver arrives to pick you up, please give the location of your destination to the driver. 신용카드, 현금 결제 모두 가능합니다. 기사님이 도착하면, 목적지를 말씀해주십시오.

Please stop at the next light.
다음 신호에서 세워 주세요.

This is not the right place.
여기가 아니에요.

Why is the fare different from the meter?
요금이 왜 미터기와 다른가요?

Take me to this address, please.
이 주소로 데려다 주세요.

Please open the trunk.
트렁크 좀 열어 주시겠습니까?

Can I get a receipt, please?
영수증을 끊어 줄 수 있어요?

택시 요금 계산기
TAXI Fare Finder
Canada
http://www.taxifarefinder.com/ca
TAXIWIZ
http://taxiwiz.com

4. 음식 이야기

캐나다에서 아침은 빵과 시리얼, 점심은 샐러드나 샌드위치, 햄버거 등으로 간단하게 먹고 저녁은 고기, 해산물 요리나 파스타 등 다양한 음식을 해먹는다. 캐나다에서는 한국처럼 전통음식이라고 할 만한 것을 찾기 어렵다. 영국과 프랑스가 신대륙 개척 후, 그들의 음식문화가 들어왔고, 그 뒤로 세계 여러 나라의 사람들이 이주해서 다문화 국가를 형성했기 때문이다.
캐나다 음식이란 바로 캐나다에서 먹을 수 있는 세계 각국의 음식이라고 하는 편이 더 맞을 것 같다.

세계 각국의 음식을 맛보다

다문화 국가인 캐나다에는 다양한 인종만큼이나 세계 각국의 음식점이 많이 있다. 여러 나라의 음식을 먹어보는 것도, 캐나다 생활에서의 좋은 경험이다. 대부분의 식당 앞에 메뉴판이 있어서 가격대를 확인해보고 들어갈 수 있다. 식당 안으로 들어가서 웨이터가 안내해줄 때까지 카운터 앞에서 기다리면, 안내를 위해 웨이터가 다가온다. 인원수를 말하면 자리를 안내해준다.

멕시코 음식점

(영어대화 – 식당에서)

종업원 Good evening. Would you like a drink?
안녕하세요. 음료부터 먼저 주문하시겠어요?

주영 Yes, I'll have a glass of red wine and water, please.
네. 전 레드와인 한잔 주시고요. 그리고 물도 한잔 주세요.

용석 Do you have a Granville island beer?
그랜빌 아일랜드 맥주 있나요?

종업원 Yes, we do.
예.

용석 I'll have one then.
그럼 전 그걸로 주세요.

(주문된 음료를 가져다 준 후, 잠시 후 종업원이 다시 와서)

종업원 Are you ready to order?
주문할 준비 되셨어요?

주영 Yes. I'll have a Pad Sew with shrimps.
예. 저는 새우를 넣은 볶음쌀국수 주세요.

용석 I'll have beef fried rice.
저는 소고기 볶음밥으로 할게요.

종업원 Here is your food. Have a nice time.
여기 주문하신 음식 나왔습니다. 맛있게 드세요.

(음식을 먹고 있는 중간에)

종업원 How is the food?
음식 맛 괜찮으세요?

주영 It's great. Thanks.
네. 정말 맛있어요.

(식사를 마치고..)

용석 Excuse me. Bill please.
여기 계산서 좀 주세요.

종업원 Will you be paying by cash or credit card?
현금, 카드 어떤 걸로 계산하시겠습니까?

용석 We'll pay by cash.
현금으로 계산할 거예요.

처음 캐나다에서 생활할 때는 다양한 국가의 음식을 쉽게 접할 수 있는 환경인데도 어떤 나라의 어떤 음식이 있는지 알지 못하고 모든 나라 친구를 사귈 수도 없기 때문에 주로 한국식당에 가게 된다. 각 국가의 기본적인 음식종류와 특징을 알면 좀 더 다양한 나라의 친구들도 사귈 수 있을 것이고 많은 음식을 쉽게 경험해 볼 수 있다.

It's on me. It's my treat.
내가 살게.
I'll pay my half.
내 것은 내가 낼게.
I'd like to book a table for three, please.
3인 테이블로 식당 예약하고 싶은데요.
How many people?
몇 분이신가요?

yelp
식당, 각종 상점 등 이용자들의 리뷰 및 위치 등을 확인할 수 있는 사이트
http://www.yelp.ca

★ 중동 음식

중동 음식하면 금방 떠올리게 되는 것이 바로 후머스(Hummus)와 피타브래드(Pitt Bread) 이다.

병아리콩 으깬 것과 오일을 섞어 만든 후머스는 주로 피타빵과 함께 먹는 소스이다. 후머스와 피타빵은 마트에서 쉽게 구입할 수 있으며, 여러 가지를 첨가해 만든 다양한 맛의 후머스가 많다.

병아리콩을 갈아 도너츠처럼 둥글게 만들어 튀겨내는 음식인 팔라펠(Falafel)도 대표적인 중동음식 중 하나이다. 팔라펠은 샐러드와 함께 그냥 먹기도 하지만, 피타빵에 넣어 샌드위치처럼 만들어 먹기도 한다.

샤와르마(Shawarma)는 터키에서 유래된 음식으로 알려져 있는데, 케밥과 비슷하다. 주머니처럼 가운데를 벌릴 수 있는 포켓 피타빵이 있는데, 그 속에 고기와 각종 야채, 소스를 넣어 말아서 먹는 음식이다. 빵 안에 볶음밥을 넣어주는 곳도 있다.

팔라펠
피타빵과 후머스
샤와르마

추천 중동 음식점

- **Eat a Pita**(6 Cumberland St) – 토론토 리퍼런스 도서관 근처에 있는 아주 작은 중동 식당이다. 런치스페셜로 팔라페나 샤와르마, 음료수까지 해서 약 5불 정도로 아주 저렴해 점심에 줄이 긴 곳이다.
- **Basha**(http://basharestaurant.com) – 북미에서 가장 처음 오픈한 레바논식 패스트푸드점으로, 몬트리올 여러 곳에 지점을 가지고 있다. 저렴한 가격으로 인기가 많은 곳이다.

★그리스 음식

한국에도 물론 그리스 식당이 있지만, 한국에 있을 때 난 그리스 음식을 먹어본 적이 없다. 캐나다 와서 그리스 음식을 좋아하게 되었다. (아이러니컬하게도 난 대표적인 그리스 음식인 양고기는 아직까지도 잘 먹지 못한다.)

그리스의 대표적인 음식으로는 수블라키(Souvlakia), 지로스(Gyros), 무사카(Moussaka) 등이 있다.

수블라키란 꼬치구이로 주로 양고기, 돼지, 닭고기 등을 야채 등과 함께 꽂아 만든 음식이다.

지로스는 터키의 케밥과 같이, 빵 위에 야채와 찢은 양고기나 돼지, 닭고기 등을 얹고 말아 먹는 음식이다.

무사카는 다진 고기를 볶아, 가지와 같은 볶은 야채와 함께 차지키라는 소스와 빵을 얹어 먹는 일종의 햄버거와 같은 스타일의 음식을 말한다.

그리스식 요구르트를 주원료로 만든 차지키 소스는 하얀색의 약간 시큼한 맛이다. 무사카뿐 아니라, 샐러드 등 그리스 음식에 이 소스를 많이 넣어 먹는다.

그 밖에도 홍합(mussel), 조개(clam) 요리, 오징어튀김(fried calamari) 등은 에피타이저로 먹으며, 주 요리와 곁들여 자주 나오는 피타빵(Pitt a Bread) 등이 있다.

추천 그리스 음식점

- **Stepho's**(1124 Davie St) – 밴쿠버에서 유명한 그리스 식당인데, 거의 매년 최고 식당으로 뽑힌 곳이다. 기본 30분 이상은 줄 서서 기다려야만 먹을 수 있을 정도로 유명하다.
- **Astoria Shish Kebob House**(390 Danforth Ave) – 토론토에서 그리스 음식이 먹고 싶다면, 그리스 타운(Pape와 Chester역 사이)으로 가보자. 그 중 이곳은 맛뿐 아니라, 양이 많기로도 유명하다.

★아시아 음식

일본, 중국, 태국, 베트남, 몽골 등 다양한 아시아 음식점이 많다. 물론 한국 음식점도 어느 지역에나 많이 있다. 특히 Korean B.B.Q.는 캐나다인들에게도 인기가 많은 한국 음식이다.

아시아 음식은 한국에서도 쉽게 접할 수 있지만, 캐나다에서 만나는 음식의 맛은 캐나다인들에게 좀 더 맞춰진 퓨전스타일이 많아서 한국에서의 맛과는 조금 다른 경우가 있다.

추천 아시아 음식점

- **Spring Rolls** – 토론토 지역에서 인기를 끌고 있는 아시안 퓨전 레스토랑으로 체인점이 늘고 있다. http://www.springrolls.ca
- **Thai Express** – 여러 지역에 체인점을 가지고 있는 타이 익스프레스는 우리 입맛에 잘 맞는다. 푸드코트에서도 자주 볼 수 있다. http://www.thaiexpress.ca

- **MoMo Sushi** – 밴쿠버에는 스시집이 정말 많이 있다. 저렴하고 푸짐해 더욱 인기 있는 일식집인 모모스시는 2개의 지점을 가지고 있는데, 그 중 하나는 랍슨 거리 끝자락 (833 Bidwell St)에 하나는 개스타운(375 Water St)에 있다.
- **Pho Hung**(350 Spadina Ave) – 토론토 차이나타운의 베트남 식당으로, 작은 사이즈 의 쌀국수도 양이 아주 많다.

베트남 스프링롤

중식

일식 라면

태국 볶음쌀국수

이탈리아 스파게티

★이탈리아 음식

이탈리아 음식은 스파게티, 파스타 등으로 우리에게 익숙하다. 캐나다 생활을 좀 더 하다 보면, 아마 스파게티나 파스타는 사먹기보다는 간단히 집에서 만들어 먹게 될 것이다.

추천 이탈리아 음식점

- **The Old Spaghetti Factory**
오랜 전통의 패밀리레스토랑으로 전국 각 지역에 매장을 가지고 있다. 스파게티, 피자뿐 아니라, 스테이크 등의 다양한 메뉴가 있다.

이외에도 인도, 멕시코 음식 등 세계 각국의 다양한 음식을 맛 볼 수 있다.

추천 음식점

- **3Amigos**(1657 Sainte-Catherine St.w)
Guy-Concordia(기 콩코디아)역에서 도보로 5분 거리이며 몬트리올에서 가장 인기 있는 멕시코 음식점이다. 3색의 특이한 간판은 눈에 쉽게 띈다.

식당에서 음식이 남으면?
음식을 주문하고 보면 생각보다 양이 꽤 많을 때가 있다. 배고픈 유학 생활, 아까운 생각에 배가 부르지만 억지로 남김없이 먹으려고 한다. 하지만 캐나다는 남은 음식을 싸가는 것이 생활화되어 있기 때문에 그럴 필요가 없다.

패스트푸드점 웹사이트
A&W http://www.aw.ca Mr. Sub http://www.mrsub.ca Bagel Stop http://www.thebagelstop.com

★피자, 패스트푸드점, 그리고 길거리 음식

캐나다 생활 초반에는 직접 요리해서 먹기보다는 간단히 나가서 사먹게 된다. 근데 어디 가서 뭘 먹어야 할지 몰라, 한국에서 많이 본 패스트푸드점을 찾게 된다.

캐나다에는 정말 많은 피자집, 패스트푸드점이 있다. 한국에서도 쉽게 볼 수 있는 도미노, 피자헛 등의 피자 전문점도 있지만, Pizza Pizza, Boston Pizza, Mama's Pizza 등의 피자가게도 있다. 그 외에도 작고 큰 피자 가게들이 많다. 특히 조각피자를 파는 피자가게들이 많으며, 한 조각만 먹어도 배부를 정도로 크고 저렴한 피자를 파는 가게들도 많다.

미스터 서브

핫도그

Can I have the menu, please?
메뉴 좀 주시겠어요?

May I take your order?
주문하시겠어요?

What does it taste like?
이건 어떤 맛입니까?

Do you need anything else?
더 필요하신 거 있으세요?

Here or to go? 또는 Dine-in or Take-out?
여기서 드실 거예요, 포장해드릴까요?

This is not what I ordered.
이건 제가 주문한 음식이 아닌데요.

What do you recommend?
메뉴 좀 추천해주시겠어요?

What is popular dish at this restaurant?
어떤 메뉴가 이 식당에서 제일 잘 나가나요?

맥도널드, KFC, 버거킹, 서브웨이, 파파이스 등 한국에서 쉽게 만날 수 있는 대표적인 패스트푸드점은 캐나다에도 모두 있다.

캐나다 서브웨이라 불리는 Mr. Sub 샌드위치 가게, Baby/Mama/Papa 등 재미있는 이름의 버거 메뉴로 유명한 A&W, 지금은 한국에서 없어진 Wendy's, 베이글 샌드위치 전문점 Bagel Stop, 타코 전문점인 Taco Bell 등 다양한 가게가 많다. 커피전문점인 팀홀튼에서도 도너츠 뿐 아니라, 샌드위치나 베이글 등도 팔고 있다.

길을 걷다 보면 핫도그를 파는 작은 노점상들을 쉽게 볼 수 있는데, 캐나다의 대표적인 길거리 음식 하면, 바로 이 핫도그라고 할 수 있다. 핫도그 빵 사이에 소시지를 구워 끼워 주면, 앞에 준비되어 있는 피클, 양파, 칠리, 소스를 입맛에 맞게 넣어 먹으면 된다. 길거리 장사로 시작해서 점포까지 차리게 된 밴쿠버의 일본식 핫도그 전문점 Japadog(자파도그)는 매운 핫도그, 오코노미 핫도그 등 색다른 메뉴가 많으니 먹어보자.

캐나다의 유명한 먹거리

캐나다인들한테 캐나다 음식하면 뭐가 떠오르냐고 물어보았지만, 하나같이 고개를 갸우뚱 할 뿐 쉽게 답을 하지 못한다. 그래도 캐나다 음식을 꼽으라면, 퀘벡주에서 만들어진 푸틴(Poutine)을 소개한다.
푸틴은 감자튀김 위에 치즈를 얹고 그 위에 갈색의 짭조름한 소스를 뿌려 먹는 음식을 말하는데, 한끼 식사나 맥주 안주로도 안성맞춤이다.

푸틴

겨울이 긴 캐나다의 이색 길거리 음식으로 행사 때 주로 많이 먹는 메이플태피(Maple Taffy)가 있다. Taffy란 엿처럼 말랑말랑한 사탕종류인데, 눈 위에 따뜻하게 졸인 메이플 시럽을 길게 붓고, 굳도록 잠시 놔둔 후, 나무막대로 돌돌 말아주면 완성된다. 캐나다를 대표하는 단풍나무의 수액으로 만든 메이플 시럽은, 건강에도 좋아 설탕 대신 차를 마실 때 넣거나, 팬케익이나 와플 등을 먹을 때도 많이 사용한다.

초콜릿 전문 매장으로는, Purdy's, Rocky Mountains Chocolate Factory 등이 있다. 초콜릿도 물론 맛있지만, 사과 통째로 겉에 카라멜 시럽을 묻히고, 초콜

메이플시럽

카라멜을 입힌 사과

비버테일

을 씌워, 땅콩, 아몬드 등을 붙인 카라멜 사과도 맛있다.

오타와에 왔다면 바이워드 마켓에 들러 비버테일을 꼭 맛보도록 하자! 비버의 꼬리처럼 넓적하게 생겼다 해서 이름 붙여진 비버테일은 넓적한 한국 호떡 같은 맛이다. 오바마 대통령도 맛있게 먹었다고 해서 더 유명해졌다.

캐나다의 대표적인 디저트로는 나나이모 바(Nanaimo Bar)가 있다. BC주의 나나이모 지역명에서 유래한 나나이모 바는 북미에서 인기가 많다. 브라우니와 비슷한 모양으로, 바삭한 빵 위에 커스터드를 얹고 그 위에 초콜릿을 발라 3층으로 완성한 디저트이다.

캐나다는 소고기가 저렴하고, 연어나 랍스터와 같은 해산물이 풍부하다.

특히 앨버타주(AB)의 소고기가 최상급 품질로, 맛이 좋기로 유명하니, 앨버타주에 가면 꼭 비프 스테이크를 먹어보자. 퀘벡주(QC)의 몬트리올은 훈제햄인 스모크미트(Smoke Meat)로 유명하다.

몬트리올에서 맛 보는 스모크미트!
유명한 스모크미트 전문점인 Schwartz's(3895 Saint-Laurent blvd.)에서 맛을 보기 위해서는 인내심이 필요하다. 그만큼 기다리는 줄이 길기 때문이다. 80년 이상의 전통을 자랑하는곳이다.

캘거리에서 맛보는 비프 스테이크!
유명한 스테이크 전문점인 The KEG (http://www.kegsteakhouse.com/en)는 캘거리뿐 아니라, 캐나다 전지역에 걸쳐 매장을 가지고 있다.

What's today's special?
오늘의 추천 요리는 뭐죠?

How would you like your stake done?
스테이크를 어떻게 구워드릴까요?

Which side dish would you like with that?
사이드 메뉴는 어떤 걸로 하시겠어요?

What would you like for dessert?
디저트는 무엇으로 하시겠어요?

What kind of dressing?
소스는 어떤 걸로 하실래요?

핼리팩스에서 맛 보는 랍스터!

핼리팩스에는 랍스터 전문점들이 많이 있지만, 그 중 다운타운의 Five Fisherman (1740 Argyle St)을 추천한다. 무한리필되는 샐러드바의 홍합요리도 맛있지만, 큼직한 랍스터 요리는 더 맛있다. 가격이 부담된다면 랍스터 샌드위치 등도 있다.

캐나다 동부, 노바스코시아(NS)주의 핼리팩스나 프린스 에드워드 아일랜드(PEI)의 샬럿타운은 랍스터로 유명한 곳인데, 이곳에서는 크고 싱싱한 랍스터를 저렴하게 맛볼 수 있으며, 대형마트에서도 쉽게 랍스터를 구할 수 있다. 캐나다 서부의 밴쿠버, 빅토리아도 해안가가 접해 있어 해산물 요리로 유명하다. 서부쪽은 연어가 많이 잡히는데 연어는 그냥 먹기도 하지만, 훈제 연어나 말려 포를 떠서 먹기도 한다.

해산물이 풍부한 캐나다에서는 생선 튀김과 감

랍스터

피시앤칩스

자튀김을 함께 먹을 수 있는 피시 앤 칩스(Fish & Chips)도 자주 볼 수 있는 음식 중 하나다.

마실거리 – 커피, 음료수, 술

캐나다의 거리에서는 한 손에 커피를 들고 다니는 사람들을 쉽게 볼 수 있는데, 그만큼 캐나다인들은 커피를 자주 마신다. 커피전문점들을 거리 곳곳에서 쉽게 찾을 수 있으며, 지역별로 그 종류도 다양하다.

캐나다의 대표적인 커피전문점으로는 팀홀튼(Tim Hortons)이 있다. 캐나다의 유명 하키 선수에 의해 처음 개점하여, 저렴하고 맛있는 커피와 도넛으로 캐나다인의 사랑을 받고 있다. 저렴한 가격 때문에 주머니 사정이 넉넉지 않은 유학생의 사랑 또한 톡톡히 받고 있다. 이른 아침 출근길에 커피를 마시기 위해서는 긴 줄을 감수해야 한다.

그 밖에도 세계적으로 유명한 스타벅스(Starbucks)를 비롯해, 세컨컵(Second Cup), 커피타임(Coffee Time), 티모시(Timothy's), 블랜즈(Blenz)등의 다양한 커피전문점이 있다.

커피전문점 웹사이트
Tim Hortons
http://www.timhortons.com
Second Cup
http://www.secondcup.com
Coffee Time
http://www.coffeetime.ca
Timothy's
http://www.timothys.ca

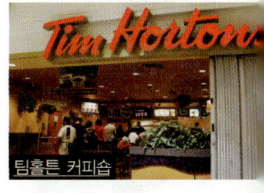
팀홀튼 커피숍

점원	What would you like to order?
	무엇을 주문하시겠습니까?
주영	A small coffee, please.
	작은 사이즈의 커피 한잔 주세요
점원	How many sugars?
	설탕은 얼마나 넣어드릴까요?
주영	One sugar and one cream, please.
	설탕 하나, 크림 하나요.

버블티

더운 여름 스프라이트나 콜라보다도 더 즐겨 마시는 캐나다의 대표적인 탄산음료로는 캐나다 드라이 진저 에일(Canada Dry Ginger Ale)이 있다. 캐나다 드라이(Canada Dry)는 초록색 병에 담긴 진저 에일(Ginger Ale)과 파란색 병에 담긴 소다 클럽(Soda Club)이 있는데, 파란색의 소다 클럽은 칵테일을 만들 때 주로 쓰는 것이다.

캐나다에서 맛봐야 하는 또 하나의 음료수로는 차이나타운에서 많이 볼 수 있는 버블티(Bubble Tea)가 있다. 버블티는 식물의 뿌리에서 채취한 녹말로 만

소다 클럽, 진저 에일

든 타피오카 펄이 들어 있는 과일맛 음료로, 쫀득쫀득한 타피오카 펄을 씹는 맛에 버블티를 즐겨 마셨다.

술을 좋아하는 사람이라면 캐나다에서도 아마 술을 자주 마실 것이다. 한국에서는 저렴해서 많이 마시는 대중적인 소주도 있긴 하지만, 주류전문점에서 한 병당 약 10불 정도 하고 식당에서는 더 비싸다. 그러다 보니 특별히 소주를 즐기는 사람이 아니라면 맥주나 와인을 더 찾게 된다.

캐나다 와인과 맥주

캐나다의 주류전문점에 가면 수입맥주뿐 아니라, 정말 다양한 종류의 캐나다 맥주들이 많이 있다. 저렴해서 한국 유학생들한테 인기가 있는 코카니(Kokanee)를 비롯해 몰슨캐네디언(Molson Canadian), 무스헤드(Moosehead), 블루(Blue), 쿠어스(Coors), 포스터스(Foster's), 100년 이상의 전통 맥주 알렉산더 키스(Alexander Keith's) 등 그 종류가 정말 다양하다. 또한 지역별로 그 지역에서만 판매되는 맥주가 있는데, 대표적인 지역 맥주로는, 밴쿠버 지역의 그랜빌 아일랜드 비어(Granville Island Beer)가 있다. 주황색 라벨의 허니 라거(Honey Lager), 빨간색 라벨의 아일랜드 라거(Island Lager) 등 종류도 다양하고, 그랜빌 아일랜드에 생산 공장이 있어 견학도 가능하다.

캐나다의 주요 와인 생산지는 오카나간밸리와 나이아가라 지역인데, 이곳에서 좋은 와인들이 많이 생산된다. 특히 캐나다에서 유명한 와인으로는 아이스 와인(Ice Wine)이 있다. 언뜻 이름을 듣고 생각하면 차갑게 먹는 와인이라 생각할 수 있으나, 사실은 겨울이 될 때까지 놓아두어 꽁꽁 언 포도를 수확해서 만든 와인이라 붙여진 이름이다. 포도가 얼게 되면 포도 안의 당분은 그대로 남아 있고 수분만 얼게 되는데, 이렇게 농축된 당분만을 짜내 만든 와인이 바로 아이스 와인이다. 그렇다 보니 굉장히 달아 주로 디저트 와인으로 마신다.

캐나다의 팁문화

한국에는 없지만 캐나다에서는 당연하게 여겨지는 이 팁문화가 처음에는 달갑지 않게 느껴진다. 하지만 이 팁문화에 적응하고 나면 아주 후하게 팁을 주는 사람이 한국사람이라고 한다. 로마에 가면 로마법을 따르라는 말처럼, 캐나다에서 생활하려면 당연한 그들의 문화를 이해하고 받아들이는 것이 좋다. 그럼 팁은 어떤 때, 얼마큼 내는 것이 좋은지 알아보도록 하자.

팁은 최저 임금이 낮게 책정된 서비스업에 종사하는 저임금 노동자들에 대한 관례로 식당 종업원, 술집의 바텐더, 미용실, 택시 등을 이용했을 때 내면 된다.

보통 팁은 총금액의 15~20% 정도, 바텐더의 경우에는 잔당 1불 정도의 팁을 주면 된다. 서비스가 마음에 들지 않았다면 10% 정도로 더 적게 주기도 한다. 식당에 가면 각자 테이블을 서빙하는 웨이터나 웨이트리스가 있는데, 이들이 중간중간 더 필요한 것은 없는지, 맛은 어떤지 등을 체크한다. 그런 서비스에 기분이 좋아진 손님은 팁을 더 후하게 주기도 한다.

캐나다는 보통 앉은 자리에서 계산하는 경우가 많다. 현금으로 지불할 경우 자리에 팁을 포함한 금액을 두고 나가면 되고, 카드로 계산할 경우에는 카드지불기에 몇 %의 팁을 포함해서 계산할지 숫자를 직접 누르면 된다. 카드지불기에 따라 %가 아닌 금액을 눌러야 하는 경우도 있다. 또는 영수증 밑에 팁을 얼마나 줄지 적는 부분이 있는데, 여기에 적힌 금액을 포함해서 카드로 계산하는 경우도 있다.

5. 식료품&생활용품 구입하기

홈스테이를 하는 사람이라면 직접 식료품이나 생활용품 등을 구입할 일은 많이 없겠지만, 셰어를 한다면 모든 의식주를 스스로 해결해야 한다. 캐나다에 도착하는 순간 시작된 홀로서기! 이제 캐나다 생활을 위해 필요한 물건들을 구입해 보자.

식료품과 생필품 구입하기-대형마트/한국식품점
캐나다에는 한국의 롯데마트나 이마트와 같은 대형마트들이 많이 있을 뿐 아니라, 지역별로 그 종류도 다양하다.

★대부분의 지역에 있는 대형마트
세이프웨이(Safeway), 슈퍼스토어(Super Store), 소비스(Sobeys), 아이지에이(IGA), 노프릴스(No Frills), 월마트(Wal-mart), 로블로스(Loblaws) 등

★BC주(밴쿠버, 빅토리아)와 AB주(에드먼턴)에만 있는 대형마트
세이브 온 푸드(Save on Foods)

★ON주와 BC주에만 있는 대형마트
홀푸드(WholeFoods)

★ON주와 QC주(몬트리올)에만 있는 대형마트
메트로(Metro) 등

★ON주(토론토)에만 있는 대형마트
푸드 베이직(Food Basic), 프라이스찹퍼(Price Chopper) 등

★QC주(몬트리올)에만 있는 대형마트
프로비고(Provigo)

★Costco(한국에서는 '코스트코' 라고 부르고, 캐나다에서는 '코스코' 라 부름)
한국에도 있는 마트 중 하나이다. 한국 회원카드가 있다면 캐나다 매장에서도 사용이 가능하다.

★ON, BC, AB주의 중국계 슈퍼
차이나타운이나, 중국인들이 모여 사는 곳에서 볼 수 있는 티앤티(T&T)는 아시아 제품을 판매하고 있으며, 한국의 제품도 구입할 수 있다.

로블로스(Loblaws), 아이지에이(IGA)는 물건의 품질은 좋지만, 다른 마트에 비해 조금 비싼 편이다. 반면 품질은 조금 떨어지지만 가격이 저렴해서 인기가 높은 노프릴스(No Frills, Loblaws 계열사), 프라이스 초퍼(Price Chopper) 등이 있고, 중국계 슈퍼마켓인 티앤티슈퍼마켓(T&T Supermarket)이 있다. 티앤티가 노프릴스보다는 조금 비싼 편이다.

대형마트에서는 각종 야채와 과일, 육류, 해산물 등의 식료품뿐 아니라, 주방용품, 욕실용품 등의 생필품 구입이 가능하고 수프나 샐러드, 파스타, 스시 등 만들어진 음식을 판매하는 식품코너도 있다.
캐나다는 많이 사거나, 큰 용량을 살수록 가격이 저렴해진다. 예를 들어, 물의 경우 보통 500ml짜리가 1불이 넘는데 4리터에 1불짜리도 있다. 따라서 같이 사는 사람이나 친구와 함께 장을 본 후, 나누는 것도 절약하는 방법이다. 같은 매장이라도 위치에 따라 가격이 다를 수 있으니, 물건을 구입하기 전에 금액을 확인하도록 하자.

마트별 웹사이트

Safeway http://www.safeway.ca
Super Store http://www.superstore.ca
Sobeys http://www.sobeys.com
IGA http://www.iga.ca
No Frills http://www.nofrills.ca
Walmart http://www.walmart.ca
Metro http://www.metro.ca
Food Basic http://www.foodbasics.ca
Price Chopper http://www.pricechopper.ca
Provigo http://www.provigo.ca
Save on Foods http://www.saveonfoods.com
WholeFoods http://www.wholefoodsmarket.com
Loblaws http://www.loblaws.ca
Costco http://www.costco.ca
T&T Seupermarket http://www.tnt-supermarket.com/en

★쇼퍼스(Shoppers), 런던 드럭스(London Drugs)

주로 약을 판매하는 곳이지만, 과자, 음료수, 공산품 등을 구입할 수 있다. 하지만 야채나 과일 등의 신선 제품은 판매하지 않는다.

웹사이트
Shoppers Drug Mart
http://www.shoppersdrugmart.ca
London Drugs
http://www.londondrugs.com
Dollarama
http://www.dollarama.com
Staples
http://www.staples.ca
OfficeMax Grand&Toy
http://www.grandandtoy.com

★달라라마(Dollarama)

일명 1달러 샵으로 캐나다의 천냥백화점이다. 주방용품, 생필품, 문구류, 과자, 음료수 등 다양한 물건을 저렴한 가격에 판매하고 있다. 달러샵이기는 하나, 1달러 넘는 물건들도 많다. 하지만 대부분 1~3달러 정도로 저렴하다.

마트 가기 전, 꼭 챙겨야 할 장바구니!
마트에서 계산할 때, 'Do you need a bag?' 하고 물어볼 것이다. 비닐봉지가 필요하냐고 묻는 것이다. 봉투값(30~50센트 정도)을 따로 받는 마트도 있으니, 장바구니를 챙겨 가는 것이 좋다.

★스테이플스(Staples), 오피스 데포(Office Depot), 오피스 맥스 그랜드 앤 토이(OfficeMax Grand&Toy)

문구류, 사무용품, 사무용기기 등을 판매하는 상점으로, 복사나 프린트를 할 수 있는 코너도 있다. 종이류의 질은 한국보다 떨어지는데 반해, 가격은 훨씬 비싸니 공책 등의 필기류는 필요한 만큼 한국에서 미리 준비해 가는 것이 좋다.

★한국 식품점

장기간 캐나다에 거주하다 보면 한국 음식이 생각날 것이다. 대부분의 도시에 크고 작은 한국 식품점이 있으며, 주로 한국인 이민자들이 많이 거주하는 곳에 위치해 있다. 고추장, 된장은 물론 과자, 아이스크림 등 한국에서 판매하는 대부분의 식료품을 구입할 수 있고, 찌게나 불고기, 고등어 조림 등 만들어 파는 반찬들도 있다.

토론토나 밴쿠버 등 한국인이 많이 사는 지역의 경우 다운타운에서 한국 식품점을 찾을 수 있다. 그 외 도시의 경우 다운타운에서 좀 멀리 떨어진 곳에 위치한 경우들이 많다.

한국 라면은 꼭 한국 식품점이 아니어도, 편의점이나 마트 등에서도 쉽게 찾을 수 있으며, 차이나타운 등의 아시아 식품점에서도 한국 식재료를 구입할 수 있다.

지역별 한국 식품점

- **토론토** P.A.T Central Market(675 Bloor St. W. – Christie역에서 도보 5분)
  이마트(Christie역에서 도보 3분)
- **밴쿠버** H-Mart(구. 한아름마트, Seymour St.와 Ronson St.가 만나는 사거리에 위치.)
- **몬트리올** Korean&Japanese Foods(온라인 주문 http://www.montrealkoreanfood.com)
  장터(2109 Sainte-Catherine St. W. – 1호점 Vendome역에서 도보 8분,
  2호점 Atwater 역에서 도보 5분)
- **캘거리** 아리랑식품(1324 10 Ave. SW – 다운타운에서 도보로 약 20분)
- **에드먼턴** 한국식품(3116 Parsons Rd. – 다운타운에서 차로 약 20분)
- **위니팩** 88 Mart(101-1855 Pembina Hwy – 다운타운에서 차로 약 25분)
- **핼리팩스** JJ Mart(2326 Gottingen St. – 다운타운에서 도보로 약 15분)
- **리자이나** 서울마트(2101 Broad St. – 다운타운에서 도보로 약 15분)

한인식품 내부

포인트 카드와 쿠폰 이용하기

대부분의 마트에서는 한국처럼 무료로 포인트 카드를 발급해주고 있다. 포인트 카드가 있으면 할인가로 구입할 수 있거나, 포인트가 쌓이면 현금처럼 쓸 수 있는 등의 혜택을 받을 수 있으니, 자주 가는 곳의 포인트 카드는 꼭 만들도록 하자. 한인마트도 포인트 카드제로 운영되는 곳이 많다.

쿠폰도 잘 활용하면 생활비를 절약할 수 있다. 쿠폰은 신문 등과 함께 배포하기도 하고, 지역별로 저렴한 가격에 정기적으로 쿠폰북을 발행하기도 한다. 또한 세이브 쿠폰 사이트(http://save.ca)를 통해 대형마트에서 판매되는 제품들의 할인/무료 쿠폰을 구할 수 있다.

식료품 구입하기 - 시장과 같은 지역별 마켓

캐나다에도 한국의 재래시장과 같은 곳이 지역별로 형성되어 있다. 과일, 야채, 빵, 해산물 등 신선한 식료품 등을 대형마트에 비해 저렴한 가격으로 구입할 수 있으며, 수공예품이나 기념품, 옷이나 가방 등을 파는 상점들도 있어 볼거리도 많다.

★토론토

캔싱턴 마켓(Kensington Market)
차이나타운 옆에 위치한 시장으로, 과일, 야채, 치즈, 소시지, 빵 등을 파는 식료품 가게뿐 아니라, 다양한 음식점, 예쁜 카페, 흥미로운 물건을 파는 가게 등 볼거리도 많은 곳이다.

세인트 로렌스 마켓(St. Lawrence Market)
실내에 형성된 큰 시장으로, 각종 식료품 가게와 기념품 가게 등이 있으며, 음식을 간단히 먹을 수 있는 푸드코트도 있다. 문닫을 시간에는 저렴하게 파는 물건들이 많다. 한국인이 운영하는 과일가게도 있고, 일요일에는 마켓 주변에 벼룩시장이 열린다.

★밴쿠버

그랜빌 아일랜드 퍼블릭 마켓(Granville Island Public Market)
그랜빌 아일랜드의 북쪽 끝에 자리하고 있는 마켓으로 해산물, 야채, 과일, 빵 등 다양한 식료품을 구입할 수 있다. 악기 상점, 양조장, 해양 스포츠 용품점 등 흥미로운 가게들도 많이 있다.

론스데일 키 마켓(Lonsdale Quay Market)
밴쿠버 북쪽의 시버스 정류장을 나가면 바로 찾을 수 있다. 다양한 음식점과 식료품점뿐 아니라, 옷이나 각종 기념품을 구입할 수 있는 가게들이 있고 한국인이 운영하는 가게들도 만날 수 있다.

★몬트리올

몬트리올 퍼블릭 마켓(Montreal Public Markets)
몬트리올의 대표적인 재래시장으로는 앳워터 마켓(Atwater Market), 장 딸롱 마켓(Jean Talon Market), 메조뇌브 마켓(Maisonneuve Market), 라신 마켓(Lachine Market) 등이 있다. 이중 다운타운에서 가장 가까운 곳에 있는 시장은 Jean Talon Market이다. 시장에는 몬트리올 주변의 농장에서 가져온 신선한 야채와 과일 등을 판매하고 있다.

★오타와

바이워드 마켓(Byward Market)

서섹스(Sussex Dr.) 북동쪽으로 형성된 거대한 시장이다. 신선한 야채와 과일뿐 아니라, 값싸고 다양한 음식점들과 원주민들의 수공예품이나 옷, 가방, 기념품 등 다양한 물건들을 파는 가게들이 많다

★에드먼턴

올드 스트래스코나 파머스 마켓(Old Strathcona Farmer's Market)

매주 토요일에 오픈하는 실내 시장이다. 각 지역에서 온 신선한 과일이나 야채, 직접 만든 과자, 빵, 치즈 등의 먹거리와 많은 시식 코너들이 있고 액세서리와 같은 수공예품 등도 구입할 수 있다.

★위니펙

포크스 마켓(Forks Market)

레드강(Red River)과 어시니보인 강(Assiniboine River) 사이에 형성된 포크스(Forks) 지역에 있는 마켓으로 화물 창고를 개조해 만들었다. 지역의 농축산물 등을 판매하는 다양한 식료품점과 아기자기한 소품, 기념품 등을 판매하는 가게들이 있다.

★리자이나

리자이나 파머스 마켓(Regina Farmer's Market)

과일, 야채, 육류, 잼, 꿀, 소스 등 각종 식료품 및 꽃, 식물 등의 화분 등 다양한 물건들을 구입할 수 있다.

웹사이트

Kensington Market http://www.kensington-market.ca
St. Lawrence Market http://www.stllawrencemarket.com
Granville Island Public Market http://www.granvilleisland.com/public-market
Lonsdale Quay Market http://www.lonsdalequay.com
Montreal Markets http://www.marchespublics-mtl.com/en
Byward Market http://www.byward-market.com
Old Strathcona Farmer's Market http://www.osfm.ca
Forks Market http://www.theforks.com
Regina Farmer's Market http://www.reginafarmersmarket.ca

식료품 관련 영어단어
★Fruit 과일

딸기 Strawberry, 씨없는 포도 Seedless Grape, 수박 Watermelon, 사과 Apple, 배 Pear, 복숭아 Peach, 자두 Plum, 살구 Apricot, 토마토 Tomato, 바나나 Banana, 체리 Cherry, 키위 Kiwi, 오렌지 Orange, 망고 Mango, 파인애플 Pineapple, 멜론 Melon

★Vegetable 야채

가지 Eggplant, 버섯 Mushroom, 마늘 Garlic, 양파 Onion, 대파 Leek, 파 Spring Onion 또는 Green Onion, 배추 Chinese Cabbage, 양상추 Lettuce, 브로콜리 Broccoli, 콜리플라워 Cauliflower, 무 Radishes/Turnip, 감자 Potato, 고구마 Sweet Potato, 당근 Carrot, 애호박 Zucchini, 늙은 호박 Pumpkin, 오이 Cucumber, 빨간고추 Red Pepper, 콩 Bean, 완두콩 Pea, 아티초크 Artichoke, 아스파라거스 Asparagus

★Meat 육류

Beef 소고기: 안심 Tenderloin Steak, 등심 Sirloin Steak, 꽃등심 Rib eye Steak, 넓적다리살 스테이크 Round Steak, 목살 Chuck Roll, 갈비 Rib, 안창살 Outside Skirt, 설깃살 Outside round, 홍두깨살 Eye of round, 티본 스테이크 T-bone Steak, 채끝살 Strip loin, 양지머리 Brisket

---

흰색과 노란색 계란
한국에서는 주로 노란 계란을 먹지만, 캐나다에는 흰색, 노란색 모두 판매한다. 닭의 품종에 따라 계란 색이 다른 것인데, 노란 계란이 더 비싸다.

Pork 돼지고기: 삼겹살 Pork belly/Samgyopsal, 갈매기살 Skirt Meat
Lamb/Mutton 양고기

★Seafood 해산물

오징어 Calamari/Cuttlefish/Squid, 작은 새우 Shrimp, 큰 새우 Prawn, 조개 Shellfish/Cockleshell, 대합 Clam, 홍합 Mussel, 게 Crab, 멸치 Anchovy, 참치 Tuna, 고등어 Mackerel, 장어 Eel(일본어로 우나기), 굴 Oyster, 연어 Salmon, 갈치 Hairtail

★Dairy Product 유제품

지방을 빼지 않은 우유(저온살균 우유) Whole Milk, 지방을 제거한 우유 Skim Milk/Fat-Free Milk, 저지방우유(지방 함유 1~2% 정도) Partly Skimmed Milk/Low-fat Milk, 3.25% 지방 포함 우유 Homo Milk, 10% 지방 함유의 커피용 크림 Half and Half Cream, 사우어 크림 Sour Cream, 휘핑크림 Whipping, 요거트 Yogurt

★기타

계란 Egg, 두부 Tofu, 김 Dried Seaweed(Laver), 참기름 Sesame Oil, 간장 Soy Source, 후추 Pepper, 소금 Salt, 고추가루 Chili Pepper Powder, 조미료(양념) Seasoning 또는 Flavoring

전자제품 구입하기

캐나다의 대표적인 전자제품 전문점으로는 퓨처샵(Future Shop), 베스트 바이(Best Buy), 더소스(The Source) 등이 있다. 이 곳에서는 한국의 하이마트처럼 TV, 냉장고, 사진기, 컴퓨터, 핸드폰 등 다양한 전자제품을 구입할 수 있다. 그 밖에 캐네디언 타이어(Canadian Tire), 월마트(Wal-mart), 코스트코(Costco), 스테이플스(Staples) 등의 대형마트에서도 전자제품을 판매한다.
캐나다는 110V 전압을 사용하기 때문에 캐나다에서 구입한 전자제품을 한국에 귀국해서도 사용할 거라면 110V/220V 겸용제품을 구입해야만 변압기 없이 사용 가능하다.

웹사이트
Future Shop
http://www.futureshop.ca
Best Buy
http://www.bestbuy.ca
The Source
http://www.thesource.ca

컴퓨터를 구입한다면?

컴퓨터나 노트북을 구입하면 한국에서는 OS와 기본적인 프로그램 등이 설치되어 있지만, 캐나다의 경우에는 옵션으로 추가하거나 본인이 직접 설치해야 한다. 설치 옵션 선택시, 보통 100불 정도의 비용이 추가되며 영문버전으로 설치된다. 설치 프로그램을 가지고 있다면 본인이 직접 설치하면 되겠지만, 여의치 않을 경우 한인타운의 PC방을 방문해보자. 컴퓨터 AS 및 설치 서비스를 제공해주는 PC방이 있다. 보통 30~60불 정도로 더 저렴하며 한글버전으로 설치가 가능하다.

웹사이트
IKEA
http://www.ikea.com/ca
The Brick
http://www.thebrick.com
Leon's
http://www.leons.ca
Canadian Tire
http://www.canadiantire.ca
Home Depot
http://www.homedepot.ca
Lowe's
http://www.lowes.ca

침구류, 가구, 주방물품, 공구 등 구입하기

가장 대표적인 가구전문점은 IKEA(한국에서는 이케아라고 부르지만, 캐나다에서는 아이케아라고 함)다. 한국에서는 조금 비싼 브랜드로 여겨지지만 북미, 유럽 쪽에서는 아주 저렴한 제품으로 많이 알려져 있다. 여행자숙소의 식기들을 보면 대부분 IKEA 제품이다. 그만큼 저렴하고 보편적인 제품임을 알 수 있다. 가구들도 조립식이라 다른 제품들보다 저렴하며 이불, 베개, 시트 등 침구류 구입도 가능하다.
이외에도 더브릭(The Brick), 레온스(Leon's) 등의 대형가구점이 있다.

각종 공구, 전기용품, 자동차 용품 등을 판매하고 있는 대표적인 곳은 캐네디언 타이어다. 캐네디언 타이어에서는 생활용품, 캠핑용품 등도 구입할 수 있다.
그 밖에도 홈디포(Home Depot), 로위스(Lowe's) 등의 업체가 있다.

저렴하게 물건 구매하기

생활비를 절약하기 위해, 중고제품(Secondhand)을 구입하는 것도 좋은 방법이다. 잘만 고른다면, 질 좋은 물건을 아주 저렴한 가격에 구입할 수 있다.
대표적인 중고품 매장으로는 구세군에서 운영하는 스리프트 스토어(Thrift Store)와 벨류 빌리지(Value Village), 굿 윌(Good Will)이 있다. 이들 중고가게는 물건 판매뿐 아니라, 불우 이웃을 돕기 위한 기부도 받고 있다.

게러지 세일(Garage Sale)이란 일명 차고 세일로, 필요 없는 물건들을 자신의 집 앞에서 판매하는 것을 말한다. 주방용품, 생활용품, 옷 등은 물론 레코드 앨범이나 책도 팔며 간혹 신기한 물건들도 발견할 수 있다. 교회 등의 단체에서도 이런 Garage Sale을 열곤 한다.

이외에도 이사를 하거나, 귀국하기 전 다른 유학생들한테 필요 없는 물건을 팔고 가는 귀국세일(Moving Sale)을 이용해서 저렴하게 물건을 구입할 수 있다.

웹사이트
Thrift Store
http://thriftstore.ca
Value Village
http://www.valuevillage.com
Good Will
http://www.goodwill.on.ca

빈 병, 빈 캔을 모으자!
병이나 캔 등을 구매하게 되면 금액에 보증금(deposit)이 포함되어 있다. 10~20센트 정도인데, 이 돈을 환불 받으려면, 빈 병과 캔을 모아 가져가면 된다.

주류 구입하기

한국과 달리 캐나다에서는 마트나 편의점 등에서 주류를 구입할 수 없다. 처음 캐나다에 왔을 때는, 마트에서 비어(Beer)라고 씌여있는 것만 보고 맥주인줄 알고 사서 마시다가 어이 없는 웃음을 지어본 경험이 있다. 일반 마트에서 판매하는 비어는 무알콜 맥주였던 것이다.
주류 판매는 허가 받은 전문 매장에서만 가능하며 맥주, 와인, 양주뿐 아니라, 한국의 소주, 청하 등의 술도 판매한다.
이런 주류 전문매장으로는 온타리오주의 LCBO와 비어스토어(Beer Store), 브리티시 콜럼비아주의 리큐어 스토어(Liquor Store), 매니토바주의 리큐어 마트(Liquor Mart), 앨버타주의 리큐어 스토어(Liquor Store), 노바스코샤주의 NSLC

웹사이트
LCBO
http://www.lcbo.com
Beer Store
http://www.thebeerstore.ca
BC Liquor Store
http://www.bcliquorstores.com
Manitoba Liquor Mart
http://www.liquormartsonline.com/e
Alberta Liquor Store
http://www.alsaweb.ca
NSLC
http://www.mynslc.com

지역별 PST
BC 7%, AB 0%,
QC 9.975%, MB 8%,
SK 5%

통합소비세 HST를 적용하는 주
ON 13%, PEI 14%,
NB 13%, NS 15%,
NL 13%

등이 있다. 퀘벡주의 경우에는 맥주는 프로비고(Provigo) 등의 마트에서도 구입이 가능하며, 와인을 전문으로 파는 매장인 SAQ 가 있다.
매장 영업시간은 요일별로 다르고 일요일이나 공휴일에는 일찍 닫는 편이다.
캐나다에서는 길거리나 해변가 등에서 술을 마실 수 없다. 법적으로 지정된 장소 외에서 술을 마시게 되면 벌금을 내야 하므로 꼭 명심하도록 하자. 야외 축제가 있는 곳에서도 술을 마실 수 있도록 지정된 곳이 따로 있다.

캐나다의 세금

처음에는 캐나다 돈에 대해 익숙지 않은데다가, 과소비를 하지 않기 위해 물건을 고르면서 총금액을 계산기로 두드려보게 된다. 그런데 비용을 지불할 때면 내가 실제 계산해본 것보다 금액이 더 많이 나와 처음에는 어리둥절했던 기억이 있다. 캐나다는 한국과 달리 물건에 붙어 있는 가격에는 세금이 포함되어 있지 않아, 최종 구입시에 가격표 금액에 세금을 추가하여 결제하게 된다.

일반적으로 부과되는 세금에는 GST(Good and Services Tax, 연방세)와 PST(Provincial Sales Tax, 지방세)가 있는데, 상품에 따라 둘 중 하나만 부과되는 경우도 있다. GST와 PST를 합친 통합소비세인 HST(Harmonized Sales Tax)를 적용하고 있는 주도 있다. 연방세 GST는 총 금액의 5%가 적용되고, 지방세 PST는 주 별로 다르게 적용되는데, 주정부 재정이 넉넉한 앨버타주(AB)의 경우에는 PST가 부과되지 않으며, 브리티시콜럼비아주(BC), 매니토바주(MB), 서스캐처원주(SK), 그리고 퀘벡주(QC)는 가격표 금액에 GST를 더한 금액에 PST가 부가된다. 퀘벡주(QC)의 경우 PST대신 QST(Quebec Sales Tax) 또는 불어로 TVQ(Taxe de vente du Québec)로 불린다.

6. 쇼핑하기

캐나다의 대표적인 백화점으로는 시어스(Sears), 더 베이(The Bay), 그리고 명품 위주의 백화점인 홀트렌프류(Holt Renfrew)가 있다. 하지만 한국과 달리 캐나다의 백화점에는 너무 이상하리만큼 매장에 손님들이 없다. 각 지역마다 대형쇼핑몰과 할인매장들이 있는데, 캐나다인들은 주로 여기서 쇼핑을 즐기는 편이다.

대형쇼핑몰 안에는 각종 브랜드의 신발, 옷가게, 전자제품 매장, 음식점, 커피숍 등이 모두 있어, 추운 겨울에는 쇼핑몰에서 많은 시간을 보내기도 한다. 혹독한 캐나다의 겨울로 인해 쇼핑몰들은 엄청난 규모로 지어져 있어, 쇼핑몰 안에서 길을 잃을 수도 있다.

유명브랜드 제품 중 질이 좀 떨어지는 제품들을 모아 저렴하게 판매하는 아울렛 형태의 매장인 위너스(Winners)도 인기가 많다.

캐나다에서 만나는 브랜드

캐나다 의류 브랜드로는 클럽모나코(Club Monaco)와 루츠(Roots)가 있다. 클럽모나코는 이미 많이 알고 있는 브랜드로 정장과 캐주얼 의류를 판매하며, 루츠는 편하게 입을 수 있는 의류를 주로 판매한다. 화장품 브랜드로는 맥(Mac)이, 바디제품으로는 푸르츠앤패션(Fruits&Passion)이 캐나다 순수 브랜드이다.

이외에 캐나다에서 만나는 대부분의 브랜드는 미국 것이 많다.
의류 브랜드로는 갭(Gap), 올드네이비(Old Navy), 아베크롬비(Abercrombie), 바나나리퍼블릭(Banana Republic), 아메리칸이글(American Eagle), A/X(Armani Exchange), 베베(bebe), 이스프리트(E-Sprit) 등이 있다. Gap과 Old Navy는 저렴한 가격의 캐주얼 의류를 판매하고 있어 유학생들에게도 인기가 많으며, 특히, Old Navy의 수영복은 질도, 가격도 괜찮은 편이다.

백화점/쇼핑몰 웹사이트
Sears
http://www.sears.ca
Hudson's Bay
http://www.thebay.com
Holt Renfrew
http://www.holtrenfrew.com
Winners
http://www.winners.ca

속옷 브랜드로는 American Eagle에서 만든 에어리(Aerie), 한국보다 저렴한 가격의 빅토리아시크릿(Victoria's Secret) 등이 있다.

룰루레몬(Lululemon)은 조금 비싸지만, 한 번 입어보면 꼭 살 수밖에 없다고 할 정도로 질이 좋아, 여성들에게 인기가 많은 요가복, 스포츠의류 브랜드이다. 신발 브랜드로는 한국에도 매장이 생긴 알도(Aldo) 등이 있다.

한국에서보다 저렴하게 구입할 수 있는 브랜드로는 코치(Coach), 게스(Guess), 포실(Fossil), 리바이스(Levis), 나이키(Nike) 등이 있다. 하지만 모두 미국 브랜드다 보니, 미국에서 구매하는 것이 사실 더 저렴하다.
캐나다에서는 스키용품이 다양하고 저렴한 것들이 많다.

종합화장품 체인점인 세포라(Sephora)에는 맥, 베네피트, 시세이도 등 다양한 화장품 브랜드를 판매하고 있으며, 미국에서 인기가 많은 얼반 아웃피터스(Urban Outfitters)는 브랜드 의류, 신발, 인테리어 소품 등을 판매하는 매장이다. 여러 브랜드 신발을 판매하고 있는 매장으로는 타운슈즈(Town*shoes), 페일리스슈소스(Payless ShoeSource), 풋로커(Foot Locker)등이 있다.

> **물건 구매시, 꼭 염두해 두자!**
> 물건을 구매하기 전, 꼭 염두 해야 할 것은, 가격표의 물건값에 약 12~15% 정도의 세금이 별도로 붙는다는 것이다. 처음에는 세금을 생각지 않고 싸게 느껴져 충동구매를 하는 경우들이 있다.

지역별 대형쇼핑몰 및 쇼핑 거리

★토론토
- 이튼센터(Eaton Centre): 영던다스 광장(Yonge-Dundas Square) 맞은편에 위치한 2개 블록에 걸쳐 세워진 대규모 쇼핑몰이다. 시어스(Sears) 백화점을 비롯해 다양한 브랜드의 매장들이 들어와 있다.
- 요크빌(Yorkville): 지하철 베이(Bay)역에서 도보로 5분 거리에 형성된 지역으로 블로어 거리(Bloor Street)를 따라 명품브랜드 매장들이 즐비하게 늘어서 있다.
- 퀸 거리(Queen Street): 토론토의 패션, 쇼핑 거리로 개성 있고 다양한 상점들이 많이 있다.

★밴쿠버
- 퍼시픽 센터 몰(Pacific Centre Mall): 그랜빌(Granville) 역과 연결된 다운타운의 대형쇼핑몰이다.

- 메트로폴리스(Metropolis): 메트로타운(Metrotown) 역과 연결된 대형 쇼핑몰로 캐나다에 입점된 대부분의 브랜드 매장이 있다.
- 파크로얄 쇼핑 센터(Park Royal Shopping Centre): 밴쿠버 북서부 지역에 위치한 쇼핑몰로 라이온스 게이트 다리가 만들어지게 된 배경이 되는 곳이다.
- 랍슨 거리(Robson Street): 밴쿠버의 대표적인 쇼핑 거리로 한국의 명동 같은 느낌이다.

> **영수증을 꼭 챙기자!**
> 물건 구매 후, 환불이나 교환을 할 수도 있으니, 영수증을 꼭 챙기자. 간혹 환불, 교환이 안 되는 경우도 있으니, 물건 구매 시, 확인하도록 하자. 점원이 미리 설명해주는 경우도 있지만, 처음에 영어가 잘 안될 때는, 무심코 넘어가는 경우가 종종 있기 때문이다.

★ 몬트리올

- 이튼센터(Eaton Centre): 몬트리올 다운타운의 고층 건물들 지하는 여러 블록에 걸쳐 복잡하게 연결되어 있는데, 이를 지하도시(Underground City)라 한다. 대형 쇼핑몰들이 모두 연결되어 있으며 그 중심이 바로 이튼센터다.

★ 위니펙

- 폴로파크 쇼핑몰(Polo Park Shopping Mall): 시어스, 젤러스 백화점 등 다수의 브랜드 매장이 입점되어 있는 위니펙의 가장 큰 쇼핑몰이다.

★ 에드먼턴

- 웨스트 에드먼턴 몰(West Edmonton Mall): 세계 최대 쇼핑몰로 기네스북에 기록되어 있다는 이 쇼핑몰 내에는 시어스, 베이, 젤러스 백화점 등 다양한 브랜드의 매장뿐 아니라, 워터파크도 있다. 다운타운에서 100번 버스(express)를 타고 종점에서 내리면 된다.
- 올드스트래스코나(Old Strathcona): 앨버타대학교 남동쪽의 화이트가(Whyte Ave.)를 따라 형성된 거리로 이색적인 상점들이 많아, 기념품을 사기에 좋다.

★ 캘거리

- 티디 스퀘어(TD Square): 베이, 시어스 백화점이 입점된 다운타운의 큰 쇼핑몰이다.
- 오클레어 마켓(Eau Claire Market): 다운타운 북쪽의 프린스 아일랜드 공원 근처에 있는 쇼핑몰로, 식료품점, 영화관 등이 들어와 있다.
- 17번가(17th Ave): 예쁜 상점들이 많이 늘어서 있는 캘거리의 대표적인 쇼핑거리이다.
- 시눅 센터(Chinook Centre): 시눅역에서 내려 도보로 10분 정도 거리에 있는 캘거리 최대의 쇼핑몰이다.

May I help you?
무엇을 도와드릴까요?

I'm just looking (around), thanks.
그냥 구경하는 중입니다.

I'll ask you if I need help.
도움이 필요하면 여쭤볼게요.

Could you explain about it?
이 제품에 대해 설명 좀 해주시겠어요?

Can I try this on?
입어봐도 될까요?

Which color looks better on me?
어떤 색이 저한테 더 어울리나요?

Are there other colors in this style?
이걸로 다른 색도 있나요?

Do you have a small size?
작은 사이즈 있어요?

How long is the warranty?
보증기간은 얼마나 됩니까?

Could you hold this for me?
이 물건 좀 맡아주시겠어요?(구입할 물건을 맡기고, 더 쇼핑할 때)

What time does this store close?
몇 시에 가게 문을 닫습니까?

I'll take it.
이것으로 하겠습니다.

Can I pay with a credit card? 또는 Do you take credit card?
신용카드로 결제할 수 있나요?

I'll think about it and come back later.
좀 더 생각해보고 다시 올게요.

Can I get a refund?
이거 환불할 수 있을까요?

쇼핑의 또 다른 즐거움, 세일!

12월 26일 복싱데이(Boxing Day)에는 대부분의 상점들이 세일을 많이 한다. 그래서 전자제품 등 비싼 품목이나 사려고 마음 먹었던 물건들은 이 날을 기다렸다가 구매하는 경우들이 많다. 세일 기간은 보통 복싱데이를 포함한 그 주 내내이지만, 당일에 세일을 가장 많이 하고, 물건도 많다. 복싱데이 당일에는 쇼핑몰 앞에 새벽부터 문을 열기를 기다리는 줄이 길게 늘어서 있다.

미국과 국경을 맞대고 있어, 캐나다인들도 미국 환율이 낮은 경우에는 쇼핑하러 미국에 있는 아울렛을 주로 찾는다. 밴쿠버에서는 시애틀로, 토론토에서는 뉴욕으로 국경을 넘는다.

하지만 미국에서 쇼핑 후 캐나다 입국 시에는, 면세 이상의 물품에 대해 관세를 물어야 한다. 그러나 이 법은 캐나다 국적을 가진 사람들에게만 적용되는 법이므로, 구입한 물품을 한국으로 가지고 돌아갈 사람들의 경우에는 세금을 물지 않아도 된다. 즉, 한국으로 돌아갈 항공권이 있으면 OK.

스키용품 할인, Turkey sale
스키시즌이 오기 전, 9~10월쯤 휘슬러에서는 스키용품 할인을 한다. 세일 일정은 사이트에서 확인할 수 있다.
http://www.whistlerblackcomb.com

7. 문화생활 즐기기

캐나다 도서관에 가 보면 열심히 책만 읽는 한국 학생들을 많이 볼 수 있을 것이다. 나도 처음에는 그랬으니까. 간혹 한국에서 동영상을 다운 받아온 것을 도서관에서 보고 있는 학생들도 있는데 캐나다 길거리에 나가면 걸어 다니는 동영상들이 있다.

물론 영어연수나 기타 공부의 목적으로 캐나다에 왔다면 분명 도서관에서 공부해야 하는 시간은 중요하다. 내가 말하고자 하는 것은, 도서관에서 공부하는 것만이 언어의 장벽을 깰 수 있는 길이라고 믿지는 말라는 것이다.

캐나다까지 왔다면 도서관에만 앉아 공부하거나, 한국 드라마를 보기보다는 캐나다 사람들과 어울리며 지낼 수 있도록 이들의 문화를 배우고 체험해보도록 하자. 캐나다는 다민족 국가로 다양한 나라의 문화를 접할 수 있기 때문에 많은 경험을 할 수 있고, 그런 경험들을 통해 많은 캐나다 현지 친구들을 사귈 수 있다.

길거리 공연

문화생활을 즐긴다고 하면 뮤지컬을 보러 가거나, 오페라를 보러 가는 것처럼 거창하게만 생각할 수 있다. 하지만 주머니 사정 가벼운 우리에게 반가운 것이 있으니, 바로 길거리 공연이다.

길거리나 지하철 역에 보면, 기타를 들고 노래하는 사람들부터, 드럼까지 갖춘 밴드의 공연, 브레이크 댄스 등 각종 댄스를 선보이는 사람들, 심지어 바이올린이나 하프 등의 클래식 연주도 들을 수 있다.

다민족 국가답게 여러 민족의 다양한 악기들의 연주부터, 직접 창작한 악기로 아름다운 연주를 선보이는 사람들도 있다. 캐나다에도 역시 중국인들이 많다 보니, 차이나타운 근처에서는 중국인들의 전통 악기 공연 모습도 볼 수 있다. 하지만 아쉽게도 한국 전통 악기로 연주하는 길거리 공연을 본 적은 없다. 캐나다인들에게 스마트폰의 악기애플리케이션으로 가야금과 거문고 소리를 들려준 적이 있었는데, 처음 들어보지만 아름답다고들 했다. 언젠가 한국의 전통 악기 소리가 캐나다의 거리에 아름답게 울려퍼지기를 기대해본다.

Can I do performance here?
제가 여기서 거리 공연을 해도 되나요?
Do you perform on this street every day?
당신은 이곳에서 매일 공연을 하나요?
Why don't we do a street performance?
저랑 함께 거리 공연을 해보시지 않겠어요?
Do I need a permission to do street performances?
거리 공연은 따로 허가를 받아야 하나요?

이런 길거리 공연들은 물론 무료로 즐길 수 있다. 하지만 공연이 마음에 들었다면, 사람들 앞에 놓인 팁 박스에 마음 내키는 만큼의 팁을 주도록 하자. 한번은 길을 가다 너무 아름다운 실로폰 연주에 매료되어 30분을 즐거운 마음으로 듣다가 그냥 가기 미안해서 가지고 있던 10불을 턱 하니 준 적이 있었다.

밴쿠버 서머축제

여름을 즐기는 캐나다인들의 각종 야외공연

다들 처음에 도착하면 혼자라는 외로움과 출국 전 외국에 대한 부푼 꿈과 현실이 다른 것에 대한 실망감 등으로 '내가 여기 왜 왔을까, 다시 한국 가고 싶다.'고 생각한 적이 있을 것이다. 하지만 '캐나다에 오길 잘했다, 캐나다에서 살고 싶다.'는 생각이 드는 시점이 있으니, 그게 바로 각종 이벤트, 페스티벌 등에 참가해서 그들과 함께 어울릴 때가 아닐까 싶다.

혹독한 겨울이 지나고 여름이 오는 6월 정도부터는 도시마다 다양한 이벤트와 야외공연을 제공한다. 러시아 다음으로 세계에서 가장 넓은 나라인 캐나다답게 크고 작은 공원들이 정말 많은데 주로 이런 공원에서 공연들이 이뤄진다. 주말이면 많은 사람들이 야외로 나와 아름다운 날씨와 공연을 즐긴다.

몬트리올 국제 재즈 페스티벌

주영	Are there any free events on this week? 이번 주에 이 지역에 무료 공연이 있나요?
캐나다인	Yes, the Vancouver International Jazz Festival will be held from this Wednesday. 이번주 수요일부터 밴쿠버 국제 재즈 페스티벌을 한답니다.
주영	Is it really a free on event? 국제 재즈 페스티벌을 무료로 볼 수 있는 거에요?
캐나다인	Most stages are free. However, some of them are charged. It depends on the Artist. 대부분 무료공연이지만, 출연자에 따라 입장료가 있는 공연도 있어요.
주영	Where is the Festival held? 밴쿠버 국제 재즈 페스티벌을 보기 위해서는 어디로 가야 하나요?
캐나다인	It will be held in Granville Island. 그랜빌아일랜드에서 할 예정이에요.
주영	Can I get a festival schedule? 공연 스케줄을 알 수 있을까요
캐나다인	You can get a schedule from the visitor information centre or website of the event. 관광안내소에 가거나 웹사이트를 통해서 알 수 있어요.
주영	I really appreciate the information. 정말 감사합니다.

빅토리아데이 불꽃놀이

이런 공연들은 대부분 공짜이다. 어떤 때는 오케스트라의 공연까지도 무료로 볼 기회가 있으며, 프랑스어를 쓰는 몬트리올에서는 샹송공연도 즐길 수 있다. 한번은 아프리카의 드럼 연주 페스티벌에 간 적이 있었는데, 아프리카계 캐나다인으로 보이는 사람들이 음악을 즐기며 그들의 전통춤을 추고 있었다. 춤이 꽤 어려워 보였지만, 따라서 흉내 내고 있었더니 내 손을 이끌며 춤을 가르쳐 주었다. 그렇게 한 마음이 되어 함께 공연을 즐기면서 또 다른 문화를 접하며 하나가 될 수 있었다.

야외공연을 위해 돗자리를 준비하자.
야외공연을 즐기러 가기 전, 먹을 거리뿐만 아니라, 돗자리도 준비하자. 마트나 가구점에 보면 등받이가 있는 접이식 의자를 많이 파는데, 이런 의자를 가지고 오는 사람들도 많다.

Where can I get information for free events?
무료 공연정보를 어디서 얻을 수 있어요?
Where are outdoor festivals held usually?
이 지역은 주로 어느 곳에서 야외 공연을 많이 해요?
Tonight's performance was great.
오늘 밤 공연은 참 좋았어요.
Who is that? Is he(she) famous?
저 배우는 누구예요? 유명한가요?

한인타운이 가장 크게 형성되어 있는 토론토에서는 5월에 단오제를 개최하는데, 한국의 음식과 한국의 노래를 즐기는 여러 나라 사람들을 보면서 뿌듯함을 느끼기도 했다.

캐나다에서 대표적인 페스티벌을 꼽자면, 6월 중순쯤 열리는 토론토의 국제영화제와 몬트리올, 토론토, 밴쿠버 등 주요 도시에서 개최되는 국제 재즈 페스티벌이 있다. 이 시기에 캐나다에 있다면 마음껏 즐겨보자.

각종 공연정보는 웹사이트나 지역마다 제공되는 다양한 책자를 통해 얻을 수 있다. 공연정보 책자 등은 인포메이션 센터에서 쉽게 얻을 수 있다.

공연정보를 찾을 수 있는 사이트

- **캐나다 전지역의 축제 및 이벤트 가이드**
  http://www.festivalseekers.com
- **토론토**
  http://wx.toronto.ca/festevents.nsf
  http://www.toronto.com/thingstodo
- **밴쿠버**
  http://www.tourismvancouver.com/visitors
  http://www.hellobc.com (BC주 전체 정보)
- **몬트리올**
  http://www.tourisme-montreal.org/What-To-Do/Events
- **에드먼턴**
  http://www.edmonton.ca/attractions_recreation/festivals-events.aspx
- **위니펙**
  http://www.tourismwinnipeg.com/upcoming-events
- **핼리팩스**
  http://www.destinationhalifax.com/visitors/festivals-events

한국보다 비싼 극장, 조금이라도 싸게 즐기자!

캐나다의 대표적인 영화관은 스코티아뱅크 극장(Scotiabank Theatre), 실버시티(SilverCity), AMC 등이 있다. 스코티아뱅크 극장, 실버시티 등의 영화관은 모두 시네플렉스 엔터테인먼트(Cineplex Entertainment)에 속하는 영화관들이다.
캐나다에서 영화비는 극장과 지역, 상영 시간대에 따라 금액차이가 있지만, 보통 일반영화의 경우 13불 정도하고, 3D 영화의 경우에는 17불 정도의 금액을 지불해야 한다(세금 미포함). 환율까지 생각한다면, 꽤 비싼 요금이 아닐 수 없다.

용석	How about seeing a movie tonight? Do you know what's showing at the moment? 오늘 밤에 영화 보러 갈래? 요즘 어떤 영화를 상영하는지 알아?
주영	I'm not sure, but I've heard that 'Cowboys' is quite good. 글쎄, '카우보이' 가 괜찮대.
용석	Oh, yeah? What kind of movie is it? 어, 그래? 어떤 영화야?

돈을 아끼고자 컴퓨터로 최신 영화를 다운받아 볼 수도 있겠지만, 큰 스크린으로 극장에서 보는 재미를 놓칠 수 없다면, 조금이라도 싸게 즐겨보자.
매주 화요일마다 30~50% 정도로 영화비를 할인 받을 수 있다. 그래서 화요일이면 저렴한 비용으로 영화를 보기 위해 주말만큼이나 많은 사람들이 극장을 찾는다. 또는 화요일이 아닌 평일이어도 일명 조조할인이라고 해서 아침 일찍 상영되는 영화의 경우, 역시 비용이 거의 반값이다. 하지만 아침 일찍 영화를 상영하는 극장이 많지는 않아서, 이 경우에는 선택의 폭이 좁다.
영화표는 영화관 매표소에서 구매하거나 자동 매표기에서 영화와 시간대를 선택한 후 구매해도 되고, 한국처럼 영화예매 사이트에서 인터넷 예매도 가능하다.

주영	Can I see 'Cowboys' at 9am?
	'카우보이' 오전 9시 표가 있나요?
매표소 직원	Yes, How many?
	예. 몇 명이시죠?
주영	Two, please. Are the seats reserved?
	2명입니다. 이거 지정석인가요?
매표소 직원	No, ma'am. We don't have a reserved seat.
	그렇지 않습니다. 우리는 지정석이 없습니다.
주영	Okay, Thanks. How much is it per person?
	알겠습니다. 감사합니다. 한 사람당 얼마인가요?
매표소 직원	It is special discount ticket. So $8 per person.
	이건 특별 할인 티켓입니다. 그래서 한 명당 $8 입니다.

캐나다의 영화관은 한국처럼 지정 좌석제가 아니고 원하는 곳에 앉는 방식이기 때문에 영화시간에 딱 맞춰서 간 경우 인기가 있는 영화라면 맨 앞이나 맨 뒤처럼 좋지 않은 자리에서 봐야 한다. 그러니 영화상영 전에 일찍 가서 원하는 자리를 맡아두는 것이 좋다.

덩치 큰 캐나다 사람들의 기준에 맞춰 영화관 시설을 만들었기 때문에 영화관의 좌석간 공간은 한국보다 널찍하다. 그리고 앉은 키가 큰 것을 감안해 좌석간의 경사도 한국보다 급해서, 앞에 누가 앉아도 영화 보는데 크게 지장이 없다.

대표적인 캐나다 영화 예매 사이트
· http://www.cineplex.com
· http://www.movietickets.com

Where can I get the timetable for movies here?
영화 시간표를 어디서 구할 수 있죠?

Where can I purchase tickets?
어디에서 표를 살 수 있습니까?

How much are tickets?
표가 얼마인가요?

What has been the most popular movie recently?
요즘 가장 인기 있는 영화는 뭐죠?

Can you come watch a movie this weekend with me?
이번 주말에 나랑 같이 영화 보러 갈 수 있어?
What time does the movie start this evening?
그 영화는 오늘 저녁 몇 시에 시작하나요?
Can I still buy tickets?
아직 표를 살 수 있어요?
What time is the movie showing?
몇 시에 영화가 상영되죠?
What's the name of the cinema?
영화관 이름이 뭐죠?
They're all sold out.
매진입니다.
Excuse me. Could you be quiet, please?
죄송합니다만 조용히 좀 해주시겠어요?

대표적인 영화 포인트카드 SCENE

· http://www.scene.ca
· Cineplex Entertainment 에 속하는 극장이나, Cineplex 웹사이트에서 표 구매 시 사용할 수 있다.

자주 이용하는 영화관에 포인트카드제가 있다면, 꼭 만들도록 하자. 포인트카드 발급은 무료인데 영화를 보면 100포인트가 적립되고 온라인 예매의 경우 120포인트가 적립된다. 적립 포인트가 1000포인트가 되면 영화 한 편을 무료로 볼 수 있고, 팝콘 등 스낵을 사먹을 때는 10% 정도의 할인을 받는 등 다양한 혜택을 누릴 수 있다

배움의 보고, 박물관 무료로 즐기기

캐나다에는 자연사박물관에서부터 역사박물관, 미술관 등 크고 작은 여러 종류의 박물관들이 정말 많다. 다민족 국가다 보니 박물관에 소장된 것들 또한 세계 여러 민족들의 것들이 많고, 규모가 큰 박물관의 경우에는 하루 종일 돌아다녀도 다 보지 못할 정도로 그 규모와 소장품들이 상당하다. 보고 배울 것이 많은 곳이 바로 이 박물관이니, 평상시 관심이 없었던 사람들도 꼭 방문해보라고 권하고 싶다.

그런데 박물관의 입장료가 사실 만만치 않다. 보통 15~20불 정도 하는 박물관을 몇 개만 돌아본다고 해도, 금새 주머니 사정을 생각하지 않을 수 없을 것이다. 하지만 작은 규모 박물관의 경우에는 무료인 곳들도 많다. 유명하고 규모가 큰 박물관도 특정 시간대에 무료 관람이 가능하거나 입장료가 저렴한 경우가 있으니, 관심 있는 박물관이 있다면 방문 전에 꼭 체크해보자. 풀타임 학생의 경우 학생요금을 적용받을 수도 있으니 학생증을 지참한다.

Is it free to go inside?
입장료는 무료인가요?

Where can I buy a ticket?
표는 어디서 살 수 있나요?

Is the museum open today?
이 박물관은 오늘 열려 있습니까?

Where can I get a free brochure for this museum?
이 박물관 무료 팸플릿을 어디서 구할 수 있나요?

Is there an Arts Center in this museum?
이 박물관에 아트센터는 있나요?

How long does it take to look around?
구경하는데 얼마나 걸리나요?

May I take pictures inside the museum?
박물관 안에서 사진 촬영을 해도 됩니까?

Who painted this picture?
이 그림은 누구의 그림이죠?

캐나다 전지역 박물관 소개

토론토

ROM(Royal Ontario Museum)

- 사이트: http://www.rom.on.ca
- 소 개: 캐나다에서 가장 큰 박물관으로 거대한 3층 건물에 소장품이 총 600만 점이 넘는다.
  사파이어, 루비 등의 각종 광석 등을 관람할 수 있는 전시관에서부터, 각종 동물이나 공룡 등이 전시되어 있는 자연사관(Natural History)과, 고대 이집트, 그리스, 로마 문화에서부터 중국 황실에 이르기까지 세계의 역사별 문화를 접해볼 수 있는 세계관(World Cultures) 등이 있다. 특히 세계관에는 한국 전시관도 마련되어 있다.
- 입장료
  – 평소: $16
  – 할인 입장: $10. 금요일 4:30pm~8:30pm(10월~12월: 금 4:30pm~6:30pm)
  – Toronto City Pass 구입시 저렴하게 이용 가능.

AGO(Art Gallery of Ontario)

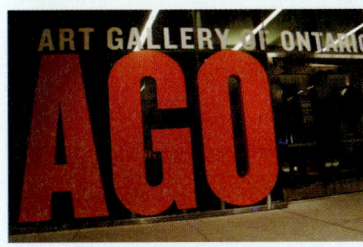

- 사이트: http://www.ago.net
- 소 개: 캐나다를 대표하는 3대 미술관 중 한곳으로 캐나다에서 풍경화로 유명한 그룹오브세븐(Group of Seven)의 작품에서부터 고흐, 모네, 피카소, 헨리무어 등의 작품에 이르기까지 다양한 작품을 보유하고 있다.
- 입장료
  – 평소: $25(일반관람 $19.50)
  – 무료 입장: 수요일 6pm~8:30pm

밴쿠버

Vancouver Art Gallery

- 사이트: http://www.vanartgallery.bc.ca
- 소 개: 그림뿐 아니라, 사진, 조각품, 비디오 아트 등 다양한 예술 작품 등이 전시되어 있다.
캐나다에서 풍경화로 유명한 그룹오브세븐의 작품에서부터 캐나다 여류 작가 에밀리 카의 작품 등을 보유하고 있다.
- 입장료
  - 평소: $17(계절에 따라 입장료가 자주 변경됨)
  - 기부금 입장: 화요일 5pm~9pm(원하는 금액을 내고 입장하면 된다.)

MOA(Museum of Anthropology)

- 사이트: http://www.moa.ubc.ca
- 소 개: UBC(University of British Columbia)에서 운영하는 인류학 박물관으로 전세계에서 사용하던 생활 도구 및 민속 공예품 등이 전시되어 있다.
- 입장료
  - 평소: $16.75
  - 할인 입장: $9. 화요일 5pm~9pm

Museum of Vancouver

- 사이트: http://www.museumofvancouver.ca
- 소 개: 시립박물관으로 캐나다에서 규모 있는 박물관 중 한 곳이다. 주로 밴쿠버의 역사와 관련된 전시품으로 구성되어 있으며, 이 지역으로 이주해 온 유럽인들의 역사에 관련된 것들도 전시되어 있다.
- 입장료: $12

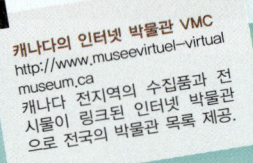

캐나다의 인터넷 박물관 VMC
http://www.museevirtuel-virtualmuseum.ca
캐나다 전지역의 수집품과 전시물이 링크된 인터넷 박물관으로 전국의 박물관 목록 제공.

몬트리올

Musee des beaus-arts de Montreal(Montreal Museum of Fine Arts)

- 사이트: http://www.mbam.qc.ca/en
- 소　개: 모네, 피카소, 르누아르 등의 작품들과 중세부터 20세기 이르기까지 유럽예술 작품들이 전시되어 있다. 특히, 르네상스 시대의 작품들이 많이 전시되어 있다.
- 입장료
  - 평소: $20(31세 이상)/$12(13-30세)
  - 할인 입장: $10. 수요일 5pm~9pm
  - 무료 관람: 일부 전시관들은 무료 관람 가능

Musee McCord

- 사이트: http://www.mccord-museum.qc.ca/en
- 소　개: 멕코드 박물관은 캐나다의 법률가였던 멕코드의 개인소장품으로 개설되어, 캐나다 원주민들의 생활도구에서부터, 캐나다인들의 옷, 신발, 생활용품에 이르기까지 전시되어 있는 캐나다의 역사박물관 중 하나이다.
- 입장료
  - 평소: $14
  - 무료 입장: 수요일 저녁 5pm~9pm

Pointe-A-Calliere (Montreal Museum of Archaeology and History)

- 사이트: http://pacmusee.qc.ca/en
- 소　개: 몬트리올의 고고학 박물관으로, 위에서 내려다보면 삼각형으로 되어 있는 독특한 형태이다. 수도 시스템부터 다양한 유적을 그대로 보전하고 있어, 몬트리올의 과거사를 볼 수 있는 곳으로, 카톨릭 무덤 유적지도 있다.
- 입장료: $20(무료/할인 입장은 없지만 추천해 주고 싶은 곳)

Musee Redpath

- 사이트: http://www.mcgill.ca/redpath
- 소　개: 맥길대학교에서 운영하는 자연사 박물관으로, 맥길대학교 캠퍼스 내에 있다.
- 입장료: 무료($5 기부금 선택) (월~금 9am~5pm, 일 11am~5pm)

Royal Alberta Museum

- 사이트: http://www.royalalbertamuseum.ca
- 소 개: 앨버타주의 문화와 자연에 관한 것들을 전시해 놓은 박물관으로, 여러 동물들의 박제뿐 아니라, 원주민들의 생활상도 볼 수 있다.
- 입장료
  – 평소: $11
  – 반값 입장: 토/일요일 9am~11am

Art Gallery of Alberta

- 사이트: http://www.youraga.ca
- 소 개: 처칠스퀘어 옆에 있는 앨버타 아트 갤러리는 특이한 건물 외형이 인상적이다. 캐나다 출신 예술가들의 작품을 분기별로 돌아가며 전시해 놓고 있다.
- 입장료: $12.50(새로운 전시 준비 기간에는 25% 할인)

The Manitoba Museum

- 사이트: http://www.manitobamuseum.ca
- 소 개: 규모가 꽤 큰 역사 및 자연사 박물관으로, 1920년대의 위니펙의 모습을 재현한 전시관도 있어 눈길을 끈다. 특히, 모피 교역으로 부를 누린 허드슨 베이 회사에 관한 전시물도 흥미롭다. 천문관(요금은 별도)에서는 별에 관한 쇼도 관람할 수 있다. 오디오 투어도 가능하다.
- 입장료: $9(일반 전시관 외에 천문관, 과학관을 함께 관람할 경우 $23)

WAG(Winnipeg Art Gallery)

- 사이트: http://wag.ca
- 소 개: 유럽 및 북미 지역의 다양한 작품을 전시하고 있는 갤러리로, 특히 이뉴잇(inuit) 부족의 작품들을 많이 보유하고 있어 유명하다.
- 입장료: $12

Royal Saskatchewan Museum

- 사이트: http://www.royalsaskmuseum.ca
- 소 개: 와스카나 공원 내에 위치해 있으며, 자연생태관, 지구과학관 등 다양한 전시관이 있으며, 특히 이 지역에 처음으로 살았던 원주민들의 생활상을 볼 수 있는 전시관이 인기 있다.
- 입장료: 입장은 기부금제이므로 자율적으로 내면 되는데, $6 정도를 제안하고 있다.

8. 공공도서관 이용하기

캐나다 생활을 하다 보면 생각보다 도서관을 많이 이용하게 된다. 캐나다 도서관에서는 소설책부터 각종 전공서적에 이르기까지 다양한 종류의 책을 대여할 수 있을 뿐 아니라, 신문, 잡지, 만화책 등 다양한 읽을거리도 준비되어 있고 웹사이트를 통해서 전자책(e-Book) 대여도 가능하다. 또한 어학연수생들의 경우에는 영어공부에 도움이 되는 책과 CD/DVD 등의 자료, 오디오 북 등도 대여가 가능하며, 시청각 자료실이 마련된 센터의 경우에는 도서관 내에서 테이프 등의 어학 자료나 영화, 음악 CD&DVD 등의 자료도 자유롭게 이용할 수 있다.

대여한 책 반납 시에는 체크인(Check-in)이라 하며 대여 시에는 체크아웃(Check-out)이라 한다.

I want to check in this book.
난 이 책을 반납하고 싶습니다.
How can I renew these items?
대여일 연장은 어떻게 하면 되죠?
How long is the usual extension available for these items?
대여일은 보통 얼마나 연장이 되나요?
Can I just use that computer?
저 컴퓨터는 그냥 사용하면 되나요?
Do I need a library card to use the library's computers?
도서관에 있는 컴퓨터를 사용하려면, 도서관 카드가 있어야 하나요?

도서관에서는 독서클럽을 운영하고 있으며, 저자와 만남의 행사도 진행하고 각종 문화공연 등의 이벤트도 정기적으로 진행하고 있다. 뿐만 아니라 피아노 연습을 위한 연습실 대여나 컴퓨터 강습 같은 다양한 활동 프로그램을

와이파이 사용

행사일정

운영하고 있다. 무료로 컴퓨터 사용이나 WI-FI 사용이 가능하며, 복사나 인쇄도 가능하다(수수료가 있음).

이렇게 다양한 활동을 할 수 있고 문화생활을 누릴 수 있는 도서관은 모든 지역에서 쉽게 찾아볼 수 있을 정도이다. 각 지역별로 많은 공공도서관이 있으며, 그 중에서도 토론토는 가장 많은 100여 개의 공공도서관을 운영하고 있다.

도서관은 캐나다 현지인뿐 아니라, 유학생들도 자유롭게 이용할 수 있다. 하지만 자료를 대여하거나, 컴퓨터, 인터넷 등을 이용하기 위해서는 도서관 카드를 발급받아야 한다.

도서관 카드 발급받기

도서관 카드는 몇 분이면 바로 발급이 가능하다. 발급에 필요한 것들을 가지고, 가까운 센터로 찾아가서 발급받으면 그 지역의 모든 도서관을 하나의 카드로 이용할 수 있다.

도서관 카드 발급을 위해서는 신분증(여권)과 캐나다 현지 주소를 증빙할 수 있는 서류로 자신의 이름으로 받은 우편물이나, 공과금 고지서, 캐나다 현지 운전면허증 등이 필요하다.

!
밴쿠버 등 일부 지역의 경우, 도서관 카드 발급을 위해서는 6개월 이상 체류함을 증빙할 수 있는 비자도 필요하다. 밴쿠버의 경우, 무비자로 입국해서, 6개월 이상 체류함을 증빙할 수 없는 사람의 경우, 수수료를 내면 도서관 카드 발급이 가능하다.

!
은행계좌 개설 후 은행에서 우편으로 보내주는 서류에 이름과 주소가 나와 있어 증빙서류로 쓸 수 있다.

주영	I'd like to apply for a library card. 도서관 카드를 가입하고 싶어요
도서관 직원	I need two pieces of identification with your name and address. 신분증과 현거주지를 증명할 만한 것을 제시해주세요.
주영	Here is my passport and a postal mail showing my current address. 여기 제 여권과 현주소지로 받은 우편물이 있습니다.

도서관 카드 발급 신청서를 작성해서, 신분증과 현거주지 증빙을 위한 서류와 함께 제출하면 바로 도서관 카드를 발급 받을 수 있다. 도서관 카드 발급과 함께 자동으로 부여되는 비밀번호는 보통 전화번호 뒤 4자리로 지정된다. 이 비밀

번호는 도서관의 컴퓨터를 사용하거나, 도서관 웹사이트를 이용할 때 쓰인다. 도서관 카드를 분실했다면, 가까운 센터에 방문하여 재발급 받으면 된다. 도서관 카드는 보통 1년 이상 사용하지 않으면 자동으로 사용 정지되므로, 재사용을 위해서는 갱신하여야 한다.

> What do I do if my card goes missing?
> 카드를 분실했을 때는 어떻게 해야 하나요?
> Do I have to renew my library card? Does it expire?
> 도서관 카드를 갱신해야 하나요? 카드 유효기간이 있나요?

책 대여 및 반납

대여하고자 하는 자료와 도서관 카드를 가지고 'Check Out'이라고 되어 있는 안내데스크로 가서 대여를 원한다고 하면 바로 처리해준다.

주영	Excuse me, I want to check-out these books, please. 실례합니다. 이 책을 좀 빌릴 수 있을까요?
도서관 직원	Okay. Show me your library card, please. 도서관 카드 주세요.
주영	Here you are. 네, 여기 있습니다.
도서관 직원	Thanks. You need to return this within a week. 감사합니다. 이 책은 일주일 내로 반납하셔야 합니다.
주영	Okay. Thank you very much. 알겠습니다. 대단히 감사합니다.

큰 도서관의 경우에는 셀프 대여 시스템을 운영하고 있는데 사용하는 방법은 아주 간단하다. (지역별로 사용법은 크게 다르지 않다.)

① 도서관 카드의 바코드를 스캔한다.
② 대여하고자 하는 책을 지정된 곳에 올려놓는다.
③ 자동으로 책의 정보가 셀프 시스템 화면에 기록된다.
④ 대여할 책이 더 있다면, 처음 책을 내려놓고, 다른 책을 다시

도서관 내부

셀프 책 대여기

올려놓으면 된다.
⑤ 더 이상 대여할 책이 없다면 완료(complete)를 선택한다.
⑥ 대여한 책의 목록이 기록된 영수증이 나온다. 책을 반납할 때까지 영수증은 잘 보관하도록 하자.

단, CD/DVD 등의 자료는 셀프 시스템으로 대여할 수 없으므로, 직원에게 직접 대여해야 한다.

대여한 자료는 예정된 반납일 안에 반납하지 않는 경우 연체수수료를 내야 하기 때문에 반납일 안에 꼭 반납하도록 하자. 자료에 따라 반납일은 다르지만 보통 책의 경우에는 3주, 비디오나 DVD 등의 자료는 1주일 정도이다. 대여 영수증에 정확한 반납일이 기재되어 있으니 참고하도록 하자.

반납할 때는 대여할 때처럼 직접 'Check In'이라고 되어 있는 안내데스크에 반납하도록 되어 있는 도서관도 있지만, 대부분은 'Book Return'이라고 되어 있는 박스 안에 넣으면 된다.

> How long can I borrow materials for?
> 대여기간은 얼마나 되나요?
> What are the fines for overdue materials?
> 연체료가 얼마나 되나요?
> What happens when I've lost something I've borrowed?
> 대여한 책을 잃어버리면 어떻게 되죠?

지역별 주요 도서관

도서관은 센터별로 보유하고 있는 자료나, 제공하는 서비스, 운영하는 행사 등에 차이가 있다.

예를 들어, 차이나타운 근처에 있는 도서관이라면 중국어로 된 자료들을 많이 볼 수 있다. 초등학교가 주변에 있어 아이들이 많이 찾는 도서관이라면 아이들을 위한 행사를 많이 제공한다.

캐나다에는 대도시든 소도시든, 어느 곳에서나 공공도서관을 볼 수 있으며, 각 지역마다 특색을 살려 각종 지역 정보를 제공하고 있다.

★토론토 The Reference Library

블로어 영(Bloor-Yonge)역에서 가까운 요크빌(Yorkvill) 지역에 있는 이곳은 다운타운에서 가장 큰 도서관이다. 이름에서 알 수 있듯이 주로 참고문헌을 많이 보유하고 있으며, 도서관 카드 없이도 무료 와이파이 사용이 가능하다.

★토론토 North York Centre Library

노스 요크 센터(North York Centre)역에 가까이 있는 도서관으로 한국(Korea)섹션이 별도로 있어서, 한글로 된 책과 CD, 비디오 등의 자료가 구비되어 있다. 이곳도 도서관 카드 없이 무료 와이파이 사용이 가능하다. 피아노 레슨실도 마련되어 있다.

★밴쿠버 Vancouver Public Library

롭슨 거리(Robson St.)와 웨스트 조지아 거리(West Georgia St.)가 만나는 곳에 위치해 있다. 도서관 건물이 아름다워 더욱 유명해진, 밴쿠버에서 가장 큰 도서관이다. 무료 와이파이 사용이 가능하지만, 도서관 카드 번호와 비밀번호가 있어야 한다. 한글로 된 책도 구비되어 있다.

★몬트리올 Grande Bibliotheque

베리유캄(Berri-UQAM)역과 바로 연결되어 있다. 하지만 처음에 도서관(Library)이라는 간판을 찾지 못해, 도서관이 맞는지 헷갈릴 수 있다. 프랑스어로 도서관을 비브리오텍(Bibliotheque)이라고 한다. 아트 갤러리 같은 분위기로 꾸며져 있으며 개인적으로 영화를 시청할 수 있도록 시설도 마련되어 있다. 무료 와이파이 사용은 가능하지만, 회원 가입을 해야 한다.

도서관 이용시간은 요일별로, 센터별로 차이가 있으므로 정확한 시간은 지역별 도서관 웹사이트에서 확인하도록 하자.

지역별 공공도서관 웹사이트
토론토
http://www.torontopubliclibrary.ca
밴쿠버
http://www.vpl.ca
몬트리올
http://www.banq.qc.ca
캘거리
http://calgarypubliclibrary.com
에드먼턴
http://www.epl.ca
위니팩
http://wpl.winnipeg.ca/library
리자이나
http://www.rpl.regina.sk.ca
할리팩스
http://www.halifaxpubliclibraries.ca

몬트리올 도서관

도서관 내부

9. 우체국 이용하기

캐나다의 우체국은 한국처럼 따로 우체국 건물이 크게 있기도 하지만, 쇼핑센터, 약국 등의 내부에 작은 규모로 자리 잡고 있는 경우가 많으므로, 주위에서 쉽게 우체국 업무를 볼 수 있다. 업무시간은 보통 평일 오전 8시부터 오후 6시까지이나, 지점에 따라 업무시간이 다르며, 주말에 영업하는 곳도 있으므로 방문 전 확인해보자.

서류, 편지 등의 우편물은 집마다 비치되어 있는 우편함에 넣어주지만, 소포와 같이 우편함에 넣을 수 없는 우편물의 경우에는, 우체국에 와서 직접 찾아가라는 메모를 남겨둔다. 소포를 찾으려면, 메모지에 적힌 날짜에 맞춰, 메모지와 신분증을 가지고 해당 우체국을 방문하면 된다. 보통 집에서 가장 가까운 우체국에 방문하도록 배정되어 있다.

> I'd like to pick up a parcel from Korea.
> 한국에서 온 소포를 찾으려고 하는데요.
> Here are the Delivery Notice Card and my identification.
> 여기 우체국에서 받은 통지서랑 제 신분증입니다.

우체국 사이트
http://www.canadapost.ca
우체국 사이트에서 주소를 입력하면 주변에 있는 우체국 위치도 확인이 가능하며 업무시간 등도 확인할 수 있고 우편번호도 확인이 가능하다.

우체국 차

우편물을 보낼 때는, 한국과 동일하게 상단 왼쪽에 보내는 사람의 주소를 적고, 하단 오른쪽에는 받는 사람의 주소를 적으면 된다. 부피가 있는 소포나, 등기우편으로 보내는 경우에는 우편물에 직접 주소를 기재하지 않고, 한국에서 택배를 이용할 때처럼 별도의 용지에 작성하기도 한다. (용지는 우편물을 보낼 때 우체국에서 받아, 그 자리에서 작성하면 된다.)
한국의 경우, 주소를 표기할 때 도, 시, 구, 동, 번지 순으로 작성하지만, 캐나다의 경우에는 거꾸로 번지수, 거리, 도시, 주, 우편번호의 순서대로 기재한다. 아파트라면, 아파트의 호수는 거리명 다음에 적으면 된다.

일반적으로, 가장 먼저 받는 사람(또는 보내는 사람)의 이름을 적어주고, 그 다음 줄에는 번지수와 거리명, 다음 줄에는 도시명과 주의 명칭, 그리고 우편 번호를 한 줄에 적어주면 된다.

우편번호는 6자리의 문자와 숫자(알파벳-숫자-알파벳 숫자-알파벳-숫자)로 되어 있는데 항공 등을 예약하거나, 예약 후 본인 확인 등 여러 곳에 많이 사용되기 때문에 자신이 살고 있는 곳의 주소는 물론 우편번호까지 꼭 기억하도록 하자.

> **우편번호**
> 캐나다 최초의 우편번호는 1960년대 후반까지 인구가 가장 많은 토론토 지역에만 부여되었다. 그 후, 도시들 간의 우편왕래가 늘어나면서 우편번호제도가 확대되었다.

각 주의 약자

ON Ontario, **BC** British Colombia, **QC** Quebec,
AB Alberta, **MB** Manitoba, **SK** Saskatchewan,
NS Nova Scotia, **PE** Prince Edward Island,
NB New Brunswick, **NL** Newfoundlandand Labrador,
NU Nunavut, **NT** Northwest Territories, **YT** Yukon Territory

예제로 알아보는 캐나다 주소

- 10-123 Bloor Street: 블로어 거리 123번지에 있는 건물의 10호를 의미한다. 번지수 앞에 하이픈을 넣어 기재하면 된다. 또는 거리명 뒤에 123 Bloor Street, #10, 또는 unit(suite) 10 이라고 기재하기도 한다. (예: 123 Bloor Street, Unit 10, Toronto)
- W: 거리명 다음에 W는 West를 나타내는 것으로 블로어 서쪽 거리임을 나타낸다. 123 Bloor Street W와 123 Bloor Street E는 전혀 다른 건물임을 잊지 말자.
- Toronto: 도시명
- ON: 온타리오(Ontario)의 약자로 주(state)의 명칭
- M1B 5J2: 우편번호.

Where can I get stamps?
어디서 우표를 삽니까?

What are the contents?
내용물이 무엇입니까?

Are there any breakables in it?
파손될 것이 들어 있습니까?

우체국 내부

우편집배원

Please give me two one-dollar stamps.
1달러 우표 2장 주십시오.

I'd like stamps for a postcard to Korea.
한국으로 보내는 엽서용 우표를 주세요.

Where's the mailbox?
우편함이 어디 있죠?

What time does the post office close?
우체국은 몇 시에 닫죠?

How much is the postage for this?
이 우편 요금은 얼마입니까?

우체통

국제 우편 보내기

요즘은 인터넷이 활성화 되어 우체국을 이용하는 사람이 많지 않지만 한국에서 소포를 받거나 한국에 있는 지인들에게 엽서를 보내는 친구들은 우체국을 가끔 이용하게 될 것이다.

국제우편은 무게에 따라 금액이 부과된다. 5kg 작은 상자 하나를 보낸다면 일반우편의 경우 약 $90 , 빠른 우편의 경우 약 $154 정도이다. 정확한 국제 우편 요금은 우체국 웹사이트에서 확인 가능하다. 우체국 사이트 접속 후, "Find a Rate→International→Korea"를 선택해 무게와 부피를 입력하면 요금을 확인할 수 있다.

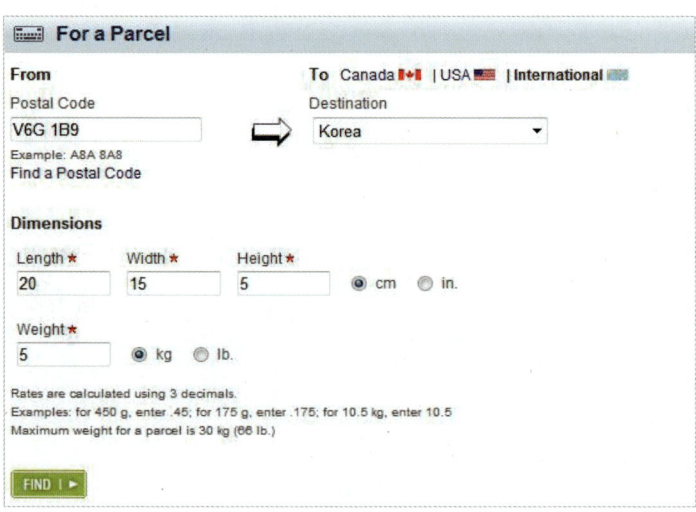

우편 관련 용어
취급주의 handle with care,
항공우편 airmail,
선박우편 sea mail,
소포 small package/parcel,
무게 초과 over weight,
보내는 사람/받는 사람 sender/receiver(recipient)

주영	I'd like to send this parcel to Korea.
	이 소포를 한국으로 보낼려고 하는데요.
직원	Would like to send it by Airmail?
	일반과 빠른우편 중에서 어떤 걸로 보낼 건가요?
주영	How long does it takes for International Airmail?
	빠른우편은 얼마나 걸리나요?
직원	Airmail takes about 6~10 days. Standard mail takes about 4~6 weeks.
	빠른우편은 4주에서 6주 정도 걸립니다. 일반은 4~6주 정도 걸리고요.
주영	How much is Airmail?
	빠른우편은 얼마인가요?
직원	It is 2 kg; therefore, it will be cost $50.
	2kg이니까, 50불 정도 합니다
주영	Send it by standard, please. How much is it?
	일반으로 보내주세요. 얼마인가요?
직원	It costs $20.
	20불입니다.

우편물을 분실했을 경우에 보상받을 수 있도록, 보험에 가입하는 것을 커버리지(Coverage)라고 한다. 물건의 가치에 따라 보험료가 책정되는데, $100까지는 무료이며, 그 이상부터는 $100당 $2.05씩 부과된다. 즉 물건이 $600짜리라면 보험료(coverage rate)는 $10.25가 되는 것이다. 적은 금액을 책정 받기 위해 물건의 가치를 적게 적는 경우도 있는데, 물건을 분실했을 경우 본인이 적은 금액만큼만 보상받을 수 있다.

캐나다도 한국의 등기우편처럼 우편물이 확실히 배달되었는지 추적이 가능하고, 분실했을 경우 보상도 가능한 등기우편(Registered mail)이 있다. 500g 미만의 서류나 편지 등의 우편물에 해당하는 서비스로, 편지 한 통 보내는데도 16불 정도로 비싼 편이다.

캐나다 우체국

How long will it take by airmail to Korea?
항공편으로 몇 일 정도면 한국에 도착할까요?
How much is the postage for Korea by airmail?
항공편으로 한국까지 얼마입니까?
What's the cost to send it by express mail?
속달로 보내는 요금이 얼마죠?
Can you send it express?
속달로 부쳐 주십시요.
Are there any breakables in it?
파손될 것이 안에 들어있나요?
Do I need to fill out a customs declaration form?
세관 신고서를 써야 합니까?

캐나다 생활을 하다보면 받는 사람이 이사를 갔거나 주소가 명확하지 못해 한국에서 보낸 국제소포가 반송처리 되는 경우가 있다. 이때 보내는 사람의 주소가 한글로 되어 있다면 반송 불가로 폐기처분이 되므로, 만일을 대비해 보내는 사람의 주소도 영문으로 적어 보내야 한다. 요즘은 네이버나 우체국 사이트에서 한국 주소를 영문표기로 바꾸는 서비스를 제공하고 있다.

- Express mail service(EMS)
편지, 서류나 소포 등을 빠르고 안전하게 외국 주소지로 배달해주는 서비스, 일반 국제우편보다 요금이 약간 비싸지만 빠르고 편하게 우편물을 받을 수 있다는 장점이 있다.

- 일반 국제우편
우체국에서 제공하는 일반적인 국제우편 서비스, EMS보다 10~15%정도 저렴하지만 4~5일 정도 배달이 늦다. 거주지로 배달되지 않고 거주지에 속한 우체국으로 소포를 찾으러 가야 한다.

- 캐나다에도 CJ택배가 있다??
토론토나 밴쿠버 등의 대도시의 한인타운에는 한국인이 운영하는 CJ, 매일, 로젠 등의 택배회사가 있다.
우체국에서 보낼 수 없는 큰 부피나 무게의 택배라면 한국 택배 회사를 이용하는 것도 좋을 것이다.

10. 인터넷 이용하기

캐나다에서 생활하다 보면, 인터넷을 사용할 때마다 한국이 그리워 질 것이다. 한국에서만큼 빠른 속도의 인터넷 사용을 기대하기 어렵기 때문이다. 한번은 겨우 5GB 파일 하나를 다운 받는데 소요 시간이 계속 늘어나더니, 급기야 537일까지 올라가는 걸 보고, 어이없어 했던 적이 있다.

그렇다면 속도는 좀 느려도 인터넷 사용료는 저렴하냐? 그렇지도 않다. 한국에 비해 요금도 비싼 편이다. 그뿐만 아니라 인터넷 종량제를 시행하고 있어, 인터넷을 마음껏 쓸 수 있는 것도 아니다.

인터넷 신청 및 요금제

인터넷 종량제(internet usage-based billing)란, 기본 요금에 대한 사용량을 초과한 경우, 초과량만큼의 요금을 더 지불하는 방식을 말한다. 한국에서처럼 고화질 영화를 마구 다운받아보거나, 블러깅한다고 사진들을 많이 업로드하면 거대한 요금 핵폭탄을 맞을 수도 있다. P2P 사이트와 연결을 유지해 두는 것도 위험한 일이다. 상대가 내 컴퓨터에서 큰 용량의 파일을 다운로드해 간다면, 내가 업로드 하는 것으로 기록되어 그만큼 나의 인터넷 사용량이 늘어나기 때문이다. 업로드, 다운로드뿐 아니라, 유튜브 등에서 스트리밍해서 비디오를 보거나, 웹서핑 등의 모든 것들이 인터넷 사용량에 기록된다. 따라서 자신의 인터넷 사용 습관과 사용량을 체크해 적합한 요금제를 선택하는 것이 중요하다.

캐나다의 메이저급 인터넷 서비스 업체로는, 로저스(Rogers), 벨(Bell), 텔러스(Telus), 쇼(Shaw)가 있다. 통신회사로도 이미 익숙한 이 업체들은, 인터넷뿐

온라인 스트리밍 서비스 업체 Netflix(넷플리스) https://signup.netflix.com

아니라, TV나 전화와 함께 이용하면 요금이 저렴해지는 패키지 상품들을 내놓고 있다. 이외에도 저렴한 가격에 인터넷을 제공하는 테크새비(Teksavvy), 프라이머스(Primus) 등의 소규모 업체가 있다.

이런 소규모 업체의 경우, 대기업의 서버용량을 사서 인터넷을 제공하기 때문에 가격은 저렴하지만 인터넷 속도는 그렇게 빠르지 않다.

서비스업체	요금제	요금(월)	최대전송속도 (다운로드/업로드)	사용가능 용량(월)
ROGERS	Lite	44.49불	6Mbps/256Kbps	20GB
	Extreme	67.99불	35Mbps/3Mbps	120GB
Bell	Fibe 5/1	42.95불 (처음3개월 34.95불)	5Mbps/1Mbps	20GB
	Fibe 25/10	60.95불 (처음3개월 34.95불)	25Mbps/10Mbps	100GB
TELUS	Internet 6	50불 (처음 6개월 35불)	6Mbps/1Mbps	100GB
	Internet 25	65불 (처음 6개월 35불)	25Mbps/5Mbps	250GB
Shaw	High Speed 10	55불 (첫달 무료, 5개월은 30불)	10Mbps/512Kbps	125GB
	Broadband 50	80불 (첫 달 무료)	50Mbps/3Mbps	400GB
TekSavvy	DSL 10	32.99불	10Mbps/1Mbps	300GB (무제한 2am~8am)
	Cable 25	41.95불	25Mbps/2Mbps	300GB (무제한 2am~8am)
primus	Unlimited Internet	42.95불 (처음 3개월 29.95불)	7Mbps/800Kbps	무제한

*2014년 기준

TV나 집전화 등 해당업체의 상품과 함께 인터넷을 이용하는 것을 번들(Bundle) 또는 패키지(Package)상품이라고 하는데, 이런 상품의 인터넷 요금은 좀 더 저렴하다.

가장 저렴한 요금제는 간단한 웹서핑이나 메일 체크 정도만 가능하다. 음악이나 영화 등을 자주 스트리밍하거나 다운로드 하는 사람이라면 좀 더 비싼 요금제를 사용하는 것이 좋다. 사람마다 사용량에 차이가 있겠지만, 웹서핑, 메일, 인터넷 전화 등 기본적인 인터넷 사용에, 일주일에 영화 1~2편 정도 본다면, 약 20~30GB 정도를 사용한다. 대부분의 인터넷 업체들이 요금제의 약 70% 정도를 초과해 사용하면 경고메세지를 보내주며, 웹사이트에서 자신의 인터넷 사용량을 체크할 수도 있다.

인터넷 서비스 업체를 결정했다면, 전화나 인터넷으로 개통 신청을 해야 한다. 신청한다고 해서 한국처럼 바로 개통이 되지는 않는다. 업체에 따라 전화선 또는 케이블을 이용해서 인터넷을 개통하므로, 기존에 전화나 케이블 TV를 이용하고 있지 않았다면 인터넷과 함께 개통해야 한다. 업체에 따라 비용은 차이가 있지만, 보통 개통비는 약 30불 정도 한다.

신청 시 설치는 본인이 직접 할 것인지, 업체에 의뢰를 할 것인지를 선택해야 한다. 직접 설치를 선택하면 개통 후 모뎀과 케이블 연결까지만 해주고, 설치를 의뢰한 경우에는 인터넷이 되는지까지 모두 확인해준다. 설치를 의뢰한 경우에는 약 50불 정도의 비용이 부과되므로, 보통 직접 설치를 선택한다. 프로모션 기간이나 작은 업체의 경우에는 무료로 설치해주기도 하고, 직접 설치를 선택한다 해도 기사님이 설치까지 해주는 경우도 있다. 그렇지 않다고 해도, 가이드 책자를 보고 따라하면 그렇게 어렵지 않다.

인터넷 사용을 위한 모뎀은 임대하거나 구입해야 하며, 모뎀 종류에 따라 요금은 차이가 있지만, 구입비는 약 50~100불 정도이다. 요금제에 따라 모뎀을 무상으로 제공하기도 한다.

인터넷 서비스 업체 웹사이트
Rogers
http://www.rogers.com
Bell
http://www.bell.ca
Telus
http://www.telus.com
Shaw
http://www.shaw.ca
Tecksavvy
http://www.teksavvy.com
Primus
http://www.primustel.ca

캐나다 방송통신위원회
CRTC
Canada Radio-television and Telecommunication Commission
캐나다의 방송통신 규제 및 감독을 맡은 기관

인터넷 이용 관련 용어
다운로드/업로드 속도
Download/Upload Speed
한달 사용량
Monthly Usage
추가 인터넷 사용비용
Additional Usage Fee
전화나 케이블 TV와 함께 패키지 이용
Bundled
개통비 Activation fee
설치비 Installation fee

주영	I'd like to apply for internet service.
	인터넷 신청하고 싶은데요.
직원	Sure. Can you give me your residential address?
	네. 주소를 말씀해주시겠어요?
주영	It is ***.
	** 입니다.
직원	Do you have our other services?
	기존에 저희 업체 서비스를 사용하고 계신가요?
주영	Yes, I have a home phone.
	네. 전화를 사용하고 있습니다.
직원	Have you chosen a plan?
	어떤 요금제를 할지 결정하셨나요?

주영	Yes, A please.
	네. A로 해주세요.
직원	Our technician will visit you in three days to activate. Would you like to install it yourself or have our technician to install it for you?
	3일 후 개통을 위해 방문하겠습니다. 설치는 직접 하실 건가요, 아니면 설치까지 해 드릴까요?
주영	Do you charge for it?
	비용이 따로 있나요?
직원	No, because you are already using our services.
	이미 저희 업체 서비스를 이용하고 있으니 별도 설치비는 없습니다.
주영	Then I'd like it installed please.
	그럼 설치까지 해주세요.

공짜로 즐기는 인터넷

캐나다에서 장기 거주하거나, 집을 렌트한 경우를 제외하고는 대부분은 자신이 직접 인터넷을 설치하는 경우보다는, 이미 설치된 인터넷을 무선으로 잡아 사용하는 경우가 더 많을 것이다.

스마트폰이 등장하면서 공짜로 Wi-Fi를 제공하는 곳들도 많이 늘어나고 있다. 대부분의 공항, 대학교뿐 아니라, 영어연수 학교 내에서도 무료 Wi-Fi를 제공하고 있다.
그 중에서 무선 인터넷 사용을 위해, 가장 많이 이용하는 곳이 바로 공공도서관과 커피전문점이다.

노트북이나 무선 인터넷 사용이 가능한 디바이스가 없다 해도, 공공도서관에 인터넷 사용이 가능한 컴퓨터가 마련되어 있으니 걱정할 필요는 없다. 도서관에서는 자리가 나는 컴퓨터를 바로 사용할 수도 있지만 많은 학생들이 이용하기 때문에 예약이 필수인 경우도 있다. 도서관 컴퓨터로 웹서핑뿐 아니라, 드라마를 보고 있는 사람들을 많이 볼 수 있는데 다른 사용자들을 위해서 기본 사용 시간은 30분에서 1시간 정도로 제한하고 있으니, 장시간 사용은 자제하도록 하자.

지역마다 차이는 있지만, 대부분의 공공도서관에서는 무료 인터넷 사용을 위해 도서관 회원카드를 발급받아, 로그인을 해야 한다. 토론토의 경우에는 별도의 로그인 없이 사용 가능하며, 밴쿠버의 경우에는 인터넷 사용만 가능한 회원카드(Wireless guest access card)를 발급받을 수도 있다.

공공도서관의 컴퓨터로 문서 작업도 가능하다??
워드나 엑셀 등의 기본적인 프로그램이 설치되어 있어, 간단한 문서 작업과 프린트가 가능하다.

주영	I'd like to use the internet. 인터넷 사용을 하고 싶은데요.
직원	Do you have a library card? 회원카드 발급 받으셨나요?
주영	Yes, I do. 네, 있어요.
직원	You can use any computer that is not in use if no one else has reserved the computer. Type the ID and password of your library card in the login box on the computer screen. 예약된 컴퓨터가 아니라면 아무 빈자리나 앉아 사용하시면 되고요. 로그인 아이디에 회원번호를 입력하시고, 회원카드의 비밀번호를 입력하시면 됩니다.
주영	How much time can I spend on the computers? 얼마나 이용할 수 있나요?
직원	You can use the computer for a maximum of 60 minutes. 최대 60분 사용 가능합니다.
주영	Thanks. 감사합니다.

무료로 무선 인터넷 사용이 가능한 대표적인 커피 전문점으로는 스타벅스와 세컨컵이 있다. 커피 한 잔을 옆에 두고 노트북으로 무언가를 열심히 하는 사람들을 여기서는 쉽게 볼 수 있다. 심지어 아침부터 와서 컴퓨터로 작업을 하다가 점심으로는 다른 가게에서 사온 피자를 먹는 사람들도 본 적이 있는데, 그들을 이상하게 보는 건 나뿐인 것 같았다.

> **Wi-Fi 사용 가능한 곳 알아보기**
> **WeFi**
> http://www.wefi.com
> **Wi-Fi Free Spot**
> http://www.wififreespot.com

커피 전문점뿐 아니라, 식당, 대형쇼핑몰 내에서도 무선 Wi-Fi 사용이 가능한 곳이 많다. 'Free Wi-Fi'라는 표시를 확인해보자. 일반적으로 별도의 로그인 없이, 약관에 동의 후 사용 가능하다. 이외에도 한국 유학생들이 많이 찾는 유학원에는 서비스 차원에서 인터넷 사용이 가능한 컴퓨터가 마련되어 있기도 하다.

인터넷 카페, PC방

인터넷 카페

토론토, 밴쿠버 등 한인이 많이 사는 대도시의 경우에는 한인이 운영하는 PC방도 많이 있는데, 우리가 많이 사용하는 게임이나 소프트웨어가 깔려 있고, 한글 키보드에 한글 지원이 되어 사용하기 편하다. 여기서는 인터넷 카페(Internet Café)라고 하고 보통, 복사, 프린트의 서비스도 제공하고 있으며, 한인 PC방 중에는 컴퓨터 수리 등의 서비스를 하는 곳도 있다. 인터넷 사용요금은 시간당 약3~5불 정도이다.

11. 병원, 약국 이용하기

한국에서는 아픈 증세에 따라 내과, 외과, 피부과 등을 찾아가 진찰 받고, 주사를 맞거나 처방전을 받아서 약을 사먹으면 된다. 하지만 캐나다는 한국과 의료체계가 조금 다르다.

가정의 Family Doctor

캐나다에는 각 가정마다 지정된 담당 주치의인 가정의(Family Doctor)가 있다. 가정의는 자신과 가족을 전담해서 정기적으로 진료와 치료를 해주는 의사로, 아프면 먼저 주치의의 진찰을 받아야 한다. 전문의(Specialist)의 진료가 필요하다는 가정의의 판단이 있어야 추가로 전문 진료를 받을 수 있다. 이 경우 가정의가 전문의나 종합병원에 예약을 해준다.

가정의는 자신이 지정하고 의사가 동의하면 가능하다. 하지만 여행자나 어학연수생과 같이 단기체류자의 경우에는 가정의 지정이 거부되는 경우가 많다. 가정의는 지정된 자신의 환자를 우선으로 돌보기 때문에, 지정 환자가 아닐 경우에는 별도로 예약을 해야 한다. 예약 후 진료를 받을 수 있을 때까지 보통 2~3주 정도의 시간이 걸린다. 당장 몸이 아플 경우에는 난감한 상황이 아닐 수 없다. 주치의가 없는 경우 이용할 수 있는 워크인 클리닉(Walk-In Clinic)을 알아보자.

워크인 클리닉 Walk In Clinic

가정의를 지정할 수 없는 사람들이 이용할 수 있도록 워크인 클리닉을 운영하고 있다. 워크인 클리닉에서는 예약없이 진료를 받을 수 있다. 하지만 심각한 환자부터 먼저 진료하다 보니 가벼운 감기 등의 증상으로 병원을 찾을 경우, 오래 기다려야 할 수도 있다. 전문의의 진료를 받고 싶으면 워크인 클리닉에서 의사소견서를 받아 추가로 전문적인 진료를 받을 수 있다.

아플 때를 대비해 집에서 가까운 워크인 클리닉을 미리 알아두도록 하자. 주변을 다니면서 유심히 보면 크고 작은 워크인 클리닉이 여러 곳 눈에 띌 것이다.

주영   Where is the nearest Walk-in clinic?
이 근처에 워크인 클리닉이 어디에 있습니까?

행인   Walk two blocks in that direction.
이 길 따라 두 블록 더 가면 있어요.

주영   Thanks
감사합니다.

(병원에서)

간호사   Hello, can I help you?
무엇을 도와 드릴까요?

주영   I've got a cold.
감기에 걸렸어요.

간호사   Is it your first time at this clinic?
이 병원은 처음인가요?

주영   Yes, it is.
네 그렇습니다.

간호사   Do you have a medical insurance?
의료보험은 가입되어 있나요?

주영   Yes, I have a BC care card. Here you are.
네. BC주 보험에 가입되어 있어요. 보험카드 여기 있습니다.

간호사   Could you fill out this form, and wait until you're called?
이 양식을 작성하고, 부를 때까지 기다려주세요.

(의사를 만난 후)

의사   What seems to be the problem?
어디가 불편하시죠?

주영   I have a fever and ache all over. I've also been vomiting.
열이 나고 온몸이 쑤시고 아파요. 계속 토하고요.

의사	How long have you had it?
	언제부터 아팠나요?
주영	Since last night.
	어제 저녁부터요.
의사	Do you have any other symptoms?
	다른 증상은 없나요?
주영	More throat hurts when I swallow my spit.
	침을 삼킬 때 목이 아파요.
의사	I'll give you a prescription. You can have this prescription filled at the pharmacy across the street.
	처방전을 써 드릴게요. 길 건너편의 약국에서 이 처방전대로 약을 처방 받으세요.

다음은 워크인 클리닉을 검색 할 수 있는 지역별 사이트이다.

★온타리오주-토론토, 오타와

http://www.health.gov.on.ca/en/public/programs/hco/options/walkin.aspx

자신이 있는 현재 위치를 기준으로 검색해 준다.

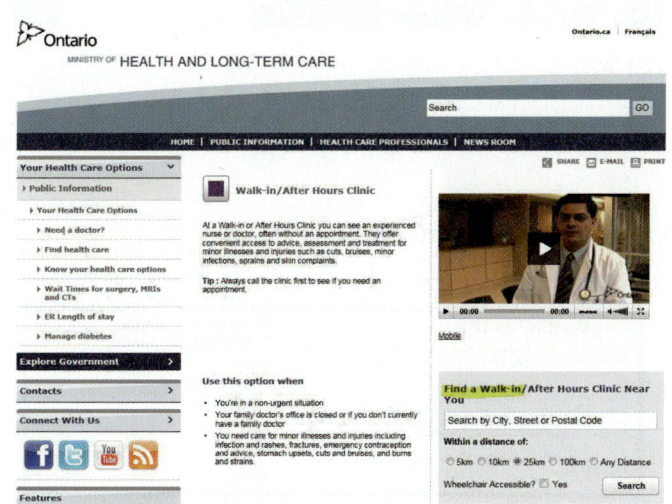

★브리티시 컬럼비아 주 - 밴쿠버, 빅토리아

http://find.healthlinkbc.ca

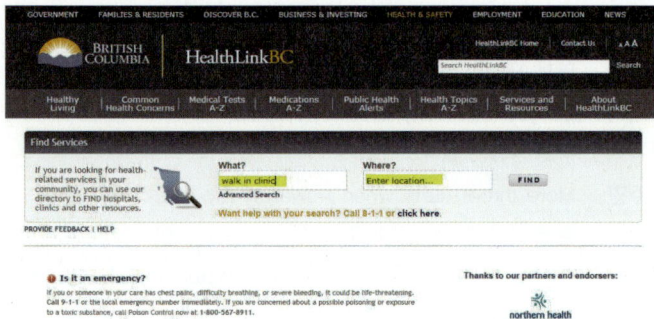

★퀘벡주 - 몬트리올

http://www.santemontreal.qc.ca/en

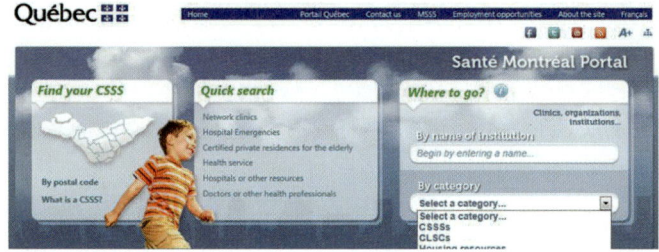

★기타 지역

http://www.health-local.com

우편번호나 도시 이름을 직접 입력하면 된다.

After Hours Clinic
주말이나 저녁에 병원 문을 닫았을 경우, 이용할 수 있다.

응급상황이라면
911을 부르거나 직접 병원 응급실로 가야 한다. 911 요청의 경우, 비싼 요금을 지불해야 한다. 하지만 보험가입이 되어 있다면, 추후 보험사에 청구하여 받을 수 있다.

병원 진료비 - 개인보험 및 주정부 보험

의사로부터 검진을 받는 경우 일반적인 질병의 경우 50~100불 정도의 치료비를 예상해야 한다. 골절로 인한 치료도 몇 백만원이 훌쩍 넘는다. 내 친구도 약간의 화상을 입어 병원에 간 적이 있었다. 그런데 의사가 몇 번 쳐다보고는 약 처방전을 준 것이 다인데, 진료비로 80불을 지불하고 약값은 별도로 더 들어갔다고 한다.

그만큼 의료 비용이 비싸므로, 만일을 대비해 한국에서 떠나기 전 개인적으로 보험을 가입하고 가는 것이 좋다. 한국에 있는 보험회사를 통하거나, 캐나다의 학교에 등록할 경우 학교를 통해서도 보험가입이 가능하다.

보험가입이 되어 있다면, 진료를 받고 진단서와 진료 및 약값 영수증을 챙겨 추후 보험회사에 청구하거나, 치료비용이 큰 경우에는 미리 보험회사에 연락해 문의하도록 하자. 이럴 때를 대비해, 보험사 연락처와 보험증 번호를 지참하도록 한다. 상해에 인한 치과진료를 제외하고 일반 치과진료의 경우, 한국과 마찬가지로 캐나다도 의료 혜택을 받지 못한다.

유학생의 신분으로도 캐나다인이나 이민자들에게 제공하는 캐나다 의료보험을 가입할 수 있는 지역이 있다.
BC주(밴쿠버), 앨버타주(캘거리, 에드먼턴), 서스캐처원(리자이나, 새스커툰), 매니토바주(위니펙)가 여기에 속한다.

★BC주의 의료보험(MSP-Medical Services Plan)

6개월 이상 체류 가능한 학생비자, 취업비자, 워킹홀리데이 비자 소지자들의 경우 가입이 가능하며, 신청을 한 뒤에 약 2개월 후(7월 입국자의 경우, 10월부터)부터 보험적용이 가능하므로, 그 기간 동안을 보장할 수 있는 별도의 보험을 한국에서 가입하고 와야 한다.

BC주정부 의료보험 사이트에서 의료보험 신청서를 다운받아 작성한 후, 구비서류와 함께 우편접수하면 된다.

BC주 보험카드

신청 시 작성한 주소지로 건강보험카드(BC Care Card)와 보험료 청구서가 발송된다.

BC주정부 의료보험

http://www.health.gov.bc.ca/insurance
- 구비서류: 신청서, 여권/비자 복사본, 입국도장 찍힌 페이지 복사본
- 문의: 604-683-7151
- 우편접수: Health Insurance BC, Medical Service Plan, PO Box 9678 Stn Govt, Victoria BC, V8W 9P7

★ **앨버타주의 의료보험**(AHCIP – Alberta Health Care Insurance Plan)

12개월 이상 유효한 학생비자를 가지고 있으며 12개월 이상 앨버타주에 거주할 경우, 주정부 의료보험 혜택을 받을 수 있다. 3개월 이상 12개월 미만의 학생비자의 경우에는 앨버타주에서 최소 12개월 거주 예정이라는 레터를 제출할 경우, 가입이 가능할 수도 있다. 또한 최소 6개월 이상 유효한 취업비자, 워킹홀리데이 비자를 소지한 경우에도 역시 앨버타주의 의료보험 신청이 가능하다.

도착 후 3개월 이내에 의료보험을 신청해야 하며, 입국한 날부터 보험 적용을 받을 수 있다.

앨버타 주정부 사이트에서 신청서를 다운받아 작성 후, 구비서류와 함께 작성한 신청서를 우편접수 또는 팩스로 보내거나, 직접 방문해서 제출하면 된다. 심사기간은 직접 방문할 경우에는 약 5일 정도, 우편이나 팩스 접수 시에는 약 6주 정도가 걸린다.

신청 시 작성한 주소지로 건강보험카드(Alberta Personal Health Card)가 발송된다.

AB주정부 의료보험

http://www.health.alberta.ca
- 구비서류: 신청서, 여권/비자 복사본, 입국도장 찍힌 페이지 복사본
- 팩스: 780-422-0102 (에드먼턴)
- 문의: 780-427-1432
- 우편접수: Alberta Health(Attention: Alberta Health Care Insurance Plan), P.O. Box 1360, Station Main Edmonton, AB T5J 2N3
- 방문신청 가능한 센터 리스트: http://www.health.alberta.ca/documents/AHCIP-Registry-Agent-Poster.pdf

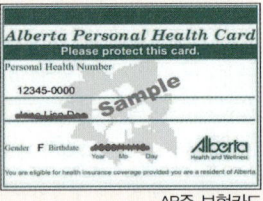

AB주 보험카드

★새스캐처원주의 의료보험(Saskatchewan Health Coverage)

학생비자를 소지한 풀타임 학생이나 취업비자 소지자의 경우, 보험가입 자격이 된다. 워킹홀리데이 비자처럼 오픈 취업비자(open work permit) 소지자의 경우, 고용주의 레터가 있어야 한다.

새스캐처원 건강보험카드(Saskatchewan health services card)는 온라인 또는 우편으로 신청 가능하다.

SK주정부 의료보험

http://www.health.gov.sk.ca
- 온라인 신청: http://www.ehealthsask.ca/HealthRegistries/Pages/apply-for-health-card.aspx(회원가입 후, 신청)
- 우편접수: Health Registration Branch, 100-1942 Hamilton Street, Regina SK S4P 4W2
- 신청서(우편접수 시 작성): http://www.health.gov.sk.ca/form-he262
- 구비서류(온라인 신청 시, 스캔서류를 파일로 첨부): 여권/비자 복사본, 입국도장 찍힌 페이지 복사본, 학생증명서(student certification) * http://www.health.gov.sk.ca/form-he260 에서 다운
- 문의: Toll free: 1-800-667-7551(in-province only)

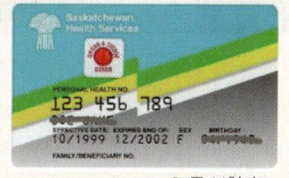
SK주 보험카드

★매니토바주의 의료보험

6개월 이상 유효한 학생비자 또는 취업비자 소지자의 경우 보험가입이 가능하며, 보험은 도착 3개월 후부터 적용된다.

신청서 작성 후, 구비서류와 함께 우편접수 또는 방문접수 하면 된다.

MB주정부 의료보험

http://www.gov.mb.ca/health
- 구비서류: 신청서, 여권/비자 복사본, 입국도장 찍힌 페이지 복사본
- 우편접수: Manitoba Health Insured Benefits Branch, 300 Carlton Street, Winnipeg, Manitoba R3B 3M9
- 문의: 204-786-7101
- 방문접수: 위니펙 510 Main Street, Winnipeg, MB R3B 1B9 기타지역 문의 toll-free 1-800-392-1207

유학생도 주정부 의료보험 가입이 가능한 몇 개의 주가 있기는 하지만, 6개월 이상 체류 가능한 비자 소지자여야 하며, 해당 주에서만 6~12개월 체류해야 한다. 주마다 보험가입조건이 다르며, 가입조건에 맞지 않을 경우 이 지역

종합병원

에 체류한다고 해도 보험가입을 할 수 없다. 따라서 한국에서 보험을 미리 가입하고 오는 것이 더 나을 수 있다. 특히 BC주의 경우에는 입국 3개월 후부터 보험가입이 가능하므로, 그동안 커버할 수 있는 보험을 별도로 가입하고 가야 하며, 주 의료보험은 그 지역에서만 보험적용이 되므로, 다른 지역으로 여행 계획이 있다면, 한국에서 별도의 보험가입을 해두는 게 좋다.

> Am I eligible to apply for a Health Care Card?
> 의료보험 가입 자격이 되나요?
> How can I apply for a Health Care Card?
> 의료보험은 어떻게 가입하죠?
> Can I apply for a Health Care Card online?
> 온라인으로 보험 신청이 가능한가요?
> When can I receive my Health Care Card?
> 언제 보험카드를 받을 수 있나요?
> How can I pay the insurance bill?
> 보험료는 어떻게 납부하죠?

약국

종합 감기약, 소화제 등의 약을 제외하고는 반드시 병원 처방전(prescription)이 있어야만 약을 구입할 수 있다.

한국처럼 약국이 별도로 있기도 하지만, 런던드럭스(London Drugs), 렉솔(Rexall), 세이프웨이(Safeway), 쇼퍼스(Shoppers), 슈퍼스토어(Supperstore) 등의 대형마트 내에 약국 코너가 운영되고 있어 이 곳을 이용하는 편이다.

pharmacy, drug store, drug mart 약국
cold 일반감기 / sinus 코감기 / cough 기침감기 / flu 독감
eye drops 안약 / laxative 변비약 / Tablet 알약 / capsule 캡슐약
ointment 연고 / cough syrup 시럽기침약 / pain reliever, pain-killer pill 진통제
pain relieving patch 붙이는 파스 / bandage 밴드
day time 덜 졸리므로 낮에 복용하기 좋음 / night time 밤에 복용하면 수면에 도움이 되며 효과지속이 김.
Non-drowsy 졸음약 불포함 / extra strength 강한 약

약국

감기와 진통제로 많이 이용하는 비상약
타이레놀(Tylenol), 애드빌(Advil)

What are your symptoms?
증상이 무엇인가요?

I can't sell this medicine without a prescription.
이 약은 처방전이 없으면 판매할 수 없습니다.

How often should I take this medicine?
이 약은 얼마나 복용해야 하나요?

Take it twice a day.
하루에 두 번 복용하세요.

Take it 30 minutes after meals.
식후 30분 뒤에 복용하세요.

Are there any specific directions for this medicine?
이 약을 복용할 때 특별히 주의해야 할 것이 있나요?

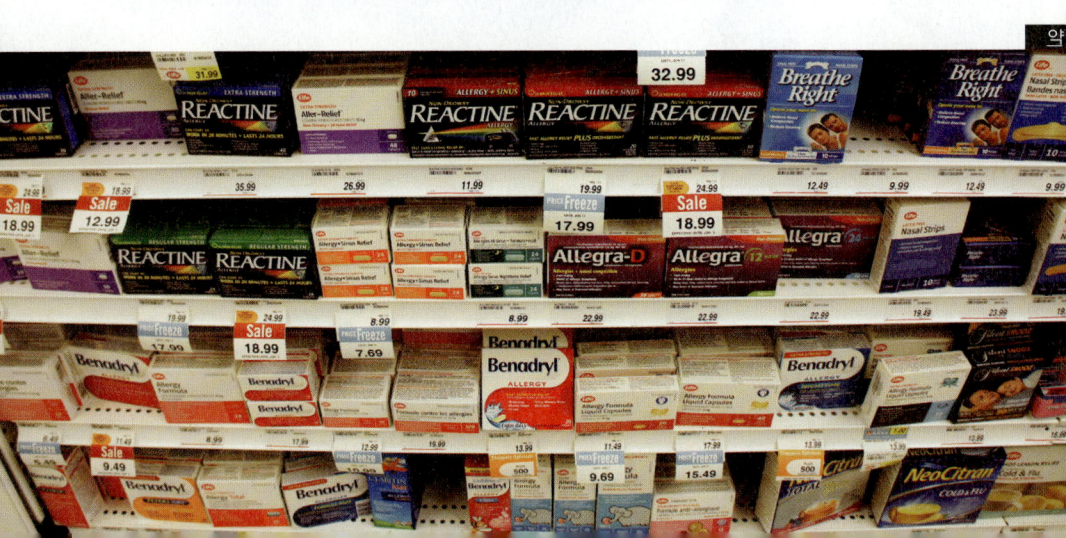

1. 친구 사귀기

영어를 잘하려면 생각하지 말고 말을 해야 한다고 한다. 하지만 어찌 생각하지 않고 바로 영어가 나온단 말인가? 그렇다. 처음에는 무슨 말을 할지 우리말로 먼저 생각하고, 그걸 영어로 다시 바꾼 후에야 영어가 나간다. 하지만 영어를 계속 반복해서 꾸준히 사용하다 보면, 정말 신기하게도 우리말로 생각해서 번역하는 것이 아니라, 하고 싶은 말이 영어가 되어 내 입 밖으로 쏟아져 나가고 있을 것이다. 따라서 영어를 잘할 수 있고, 가장 **빨리** 늘릴 수 있는 방법은 꾸준히 사용하는 방법뿐이다.

그런데 꾸준히 영어를 사용하려면 무엇보다 상대가 있어야 한다. 그래서 친구를 사귀는 것이 또한 중요하다고 할 수 있다. 어학원을 다니고 있는 사람이라면, 여러 나라에서 영어를 배우러 온 사람들과 친구가 될 기회가 많을 것이다. 이들과 먼저 가까워지자.

현지 캐나다 친구 사귀기

캐나다에 왔으니, 캐나다 친구를 사귀고 싶은 생각을 하지 않는 사람은 없을 것이다. 하지만 어떻게 해야 할지 막막할 것이다. 지나가는 사람을 그냥 붙들고 '나랑 친구할래' 하고 물어볼 수는 없는 노릇 아닌가? 하지만 말을 걸 자연스러운 이유는 만들면 된다.

커피숍이나 도서관 등에서 책이나 신문을 보다가 모르는 어휘가 나왔다면, 주위 사람에게 물어보자. 물론 자신의 시간을 방해한다고 생각해 싫어하는 사람도 있겠지만, 대부분 친절하게 알려줄 것이다. 이때 반드시 먼저 'Excuse me. 실례합니다.' 라고 말을 걸어야 한다. 그리고 나서, 'What does that mean? Could you explain it? 이게 무슨 뜻인지, 설명해주시겠어요?'라고 물어보면 좋을 것이다.

정류장에서 버스를 기다리다가도, 같이 서 있는 사람에게 먼저 말을 건네 보는 것도 좋다. 하지만 이때는 상황에 맞지 않는 질문을 하기보다는 기다리고 있는 버스가 여기서 타는 게 맞는지, 자신이 가고자 하는 곳으로 가는 버스가 맞는지 등 지금 상황과 관련된 질문을 하는 것이 좋다. 그러다 보면 버스를 기다리는 동안 서로 자연스럽게 대화를 나누고 있을지 모른다.

나도 버스를 기다리다가 생각보다 버스가 오지 않아 같이 있던 사람에게 물어봤는데, 그 사람도 나와 같은 버스를 기다리고 있었고, 왜 버스가 안 오는지 자기도 궁금해하고 있었다고 했다. 현지 대학생이었던 그 사람과 그렇게 같은 버스를 타고 같은 목적지에서 내리게 된 인연으로, 뜻하지 않게 우린 친구가 되었다. 하지만 요즘은 동양인들이 영어공부를 위해 현지인과 사귀고 싶어한다는 것을 악용해, 나쁜 마음으로 접근하는 사람도 있으니 조심해야 한다.

파티를 통해 친구의 친구 사귀기

친구들과 사귀다 보면, 파티에도 초대받을 때가 있다. 이런 파티는 친구의 친구까지도 사귈 수 있는 좋은 기회다. 파티라고 해서 거창한 것이 아니라, 일반적으로 집에 모여 준비한 음식이나 술 등을 먹으면서 이야기도 하고 분위기에 따라 춤도 춘다. 파티에 초대받았다면, 음식이나 술 등 준비해 가야 할 것이 있는지, 어떤 분위기의 파티인지 등을 미리 물어보는 것이 좋다. 같이 가고 싶은 사람이 있다면, 함께 초대해도 되는지 사전에 양해를 구해야 한다.

Tommy Hi, Juyoung! Do you have any plan tonight?
       안녕, 주영. 오늘 저녁에 무슨 계획 있니?

주영   No, nothing. What's up?
       아니, 없는데. 왜 무슨 일인데?

Tommy I'm having a BBQ party at my place. I want to invite you to the party.
       우리 집에서 바비큐 파티를 하려고 하는데, 널 초대하고 싶어.

주영   That sounds great. By the way, does the party have a dress code?
       좋아, 그런데, 파티에 복장 기준이 있니?

> Tommy No, not at all and you don't need to bring anything. The party will start at 5pm.
> 아니, 전혀 없어. 그리고 아무것도 가져오지 않아도 돼. 파티는 오후 5시부터 시작할 거야.

여러 나라 친구들이 모여 각자 먹을 음식을 준비해 오는 파티라면, 보통 자기네 나라 음식을 준비해 온다. 이 때 각자가 가져온 음식 이야기를 시작으로 많은 대화가 오고 갈 수 있다. 전에 멕시코 친구가 자기네 나라의 스낵이라고 하면서, 마치 삼겹살 같은 것을 투명한 액체가 담긴 병에서 꺼낼 때는 정말로 신기했다. 여러 나라 친구를 만난다는 건 영어로 서로 대화를 한다는 것을 넘어, 바로 이런 새로운 경험을 해볼 수 있는 기회를 얻는 것이 아닐까 싶다. 매운 것을 싫어하는 외국인들도 요즘은 한국 김치를 즐겨 먹는다. 한번은 불고기와 김치볶음밥을 준비해 갔는데, 인기 만점이었다. 한국과 한국 음식에 대해 떠들다 보니, 어느새 내 영어 실력이 쑥쑥 느는 기분이었다.

랭귀지 익스체인지(Language Exchange)로 친구 사귀기

랭귀지 익스체인지(Language Exchange)란, 각자의 자국어를 서로에게 가르쳐주는 것을 말한다. 즉 상대에게 한국어를 가르치는 대신 영어를 배울 수 있다.

도서관에서 랭귀지 익스체인지하는 두 사람을 본 적이 있는데, 일본 여학생이 캐나다 남자에게 일본어를 가르쳐주고 있었다. 그런데 주제가 사랑에 관한 것이다 보니, 처음에는 커플인줄 알았던 기억이 있다.

캐나다인들에게 일본어, 중국어가 더 인기가 있는 것은 사실이지만, 요즘은 K-POP 등이 인기를 끌면서 점점 한국어도 인기를 끌고 있다. 이럴 때 한국 문화에 관심이 많은 사람들을 만나, 랭귀지 익스체인지를 통해 친구도 사귀고 영어도 배우면 좋을 것이다.

대단한 수준의 한국어를 가르쳐야 하는 것은 아니므로, 자격증이나 경험이 없다고 해서 도전하는 것을 두려워하지 말자.

> 랭귀지 익스체인지 파트너 검색 사이트
> http://www.mylanguageexchange.com
> http://www.conversationexchange.com

가까운 대학교가 있다면, 대학교 캠퍼스 내 게시판을 찾아보자. 학생들끼리 랭귀지 익스체인지를 하고 싶다는 광고를 한다. 하지만 이보다 더 편한 방법은 아무래도 인터넷 사이트 검색을 통해 찾는 것이다.

여행을 통해 친구 사귀기

영어연수 중인 학생들이라면 주말이나 1~2주 정도 방학을 내어, 친구들과 여행을 갈 것이다. 하지만 대부분은 학업을 모두 마치고 한국으로 돌아가기 전, 여행으로 캐나다 생활을 마무리한다. 여행을 통해서도 영어를 늘리고 싶다면, 한국사람들과 우루루 몰려 단체관광을 하지는 말자. 혼자 여행을 떠나도 좋고, 친한 친구와 둘이 떠나도 좋을 것이다. 여행하다 보면, 유스호스텔과 같은 단기 여행자 숙소에 묵게 되고, 이때 캐나다를 여행하는 많은 나라의 친구들을 만날 수 있다.

여행자 숙소이긴 하지만 캐나다를 제외한 나라에서 온 사람들만 있는 것은 아니다. 캐나다 사람들도 다른 지역으로 여행을 가게 되면, 이런 저렴한 숙소를 이용한다. 한번은 방학 때 토론토로 여행을 온 몬트리올 대학생을 만났는데, 그 친구가 샤이니를 좋아한다는 것이다. 그렇게 시작된 한국에 대한 이야기는 북한 이야기까지 이어졌다. 그런데 사실 이런 주제에서는 어휘력이 부족하지 않을 수 없었다.

캐나다인들을 만나 내가 한국에서 왔다고 소개하면, 의외로 "which part of Korea?"라고 물어보는 사람들이 많다. 남한이냐 북한이냐 하고 묻는 것이다. 그러다 보면 자연스럽게 국제정세에 대한 이야기도 하게 된다. 여행자 숙소에서 만난 사람이라고 해서 결코 가벼운 이야기만 나누는 것은 아니다. 본인의 의지와 노력 여하에 따라 얼마든지 많은 친구를 사귀고 다양한 주제를 통해 영어실력도 향상시킬 수 있다.

2. 영어 공부하기

"영어를 잘 하는 방법은 무엇인가요?", "영어는 어떻게 하면 빨리 늘까요?" 이런 질문들은 누구나 한 번쯤 해봤을 것이다. 하지만 그 질문에 정답은 없다고 본다. 영어를 잘 하고 싶다면 자신에게 가장 효과적인 방법을 찾아 반복 학습하는 길뿐이다.

캐나다에서 비즈니스 과정을 들을 때, 반에 공부를 잘하던 일본 학생이 있었다. 영어를 잘하니 수업의 이해도도 높고, 성적도 더 좋았다. 영어발음은 네이티브 저리 가라 할 정도였다. 그 친구에게 어떻게 그렇게 영어를 잘 하느냐고 물어본 적이 있었는데, 그 친구 왈, 자기가 좋아하던 네이티브 영어 교수님의 말투를 똑같이 따라하다 보니 발음도 좋아지고 영어도 더 재미있게 공부했다고 한다.

스피킹 실력은 부족했지만 리스닝은 거의 완벽한 수준인 한 친구는, 톰크루즈를 너무 좋아해서 톰크루즈가 나오는 모든 영화를 수십 수백번 반복해서 보다 보니 리스닝을 잘 하게 되었다고 한다.

좋아하는 것과 연관시켜 재미있게 공부한다면 이렇듯 효과가 더 커질 수 있다. 캐나다에는 살아 있는 영어를 배울 수 있는 기회가 주변에 가득하다. 책상 앞에 앉아 책만 들여다볼 것이 아니라, 캐나다에 있는 동안 그 장점을 잘 활용하도록 하자.

영어연수와 개인 튜터

영어연수를 위해 학교나 학원에 다니는 것은 체계적인 공부로 인한 영어실력 향상뿐 아니라, 세계 각국에서 온 친구들도 쉽게 사귈 수 있다는 장점이 있다.

처음 어학원에 가면 각자의 영어실력을 체크하기 위해 레벨테스트를 보게 된다. 캐나다에서 비싼 비용을 지불하고 너무 낮은 레벨부터 시작하는 것보다는, 한국에서 떠나기 전에 기본적인 영어실력을 갖추고 가는 것이 좋다.

영어연수 이렇게 하면 망한다!	영어연수 이렇게 하면 성공한다!
• 자주 지각하거나, 결석하는 경우 • 수업시간에 집중하지 않는 경우 • 과제를 제대로 하지 않는 경우 • 술과 카지노 등 유흥에 빠지는 경우 • 매일 도서관에만 앉아서 공부하는 경우 • 가장 친하게 지내는 친구가 한국친구인 경우	• 수업에 적극적으로 참여하기 • 학교 활동을 적극적으로 활용하여 친구 사귀기 • 먼저 다가가 말 걸기 • 다양한 축제에 참석하여 문화를 직접 경험하기 • 홈스테이, 기숙사 등 함께 지내는 사람들과 영어로 많은 대화하기 • 외국인을 가장 친한 친구로 만들기

영어실력 향상을 위해 어학원을 다니면서 수업에 충실히 참여하는 것도 중요하지만, 친구를 사귀어서 수업시간에 배운 영어를 꾸준히 활용해 보는 것이 무엇보다 중요하다. 공통 관심사가 있다면 친구 사귀기가 좀 더 쉽다는 것은 다들 알고 있을 것이다. 그렇다 보니 한국 학생들은 일본, 중국 학생들과 더 쉽게 친해지는 것 같다. 유럽, 남미 쪽 학생들과도 친해지려면 그들의 문화에 관심을 보이고 대화를 시작하는 것이 좋다. 그러려면 기본적으로 각국의 문화에 대해 미리 알아봐두는 것도 좋을 것이다. 아무리 영어실력을 뽐내보고 싶어도, 할 말이 없다고 동문서답만 할 수는 없는 노릇이 아니겠는가? 영어를 잘하기 위해서는 열린 마음과 적극적인 자세뿐 아니라, 기본적인 상식도 필요하다.

난 독일사람들을 만나면 항상 노래를 한 곡 부르곤 한다. '독일동요라고 해서 배웠는데, 아무도 모른다고 한다'면서 서두를 꺼내면 다들 불러보라고 한다. '독일어는 맞지만 처음 들어보는 노래'라며 웃는 그들과 난 자연스럽게 가까워질 수 있었다.

주영	I'm Juyoung from Korea. Where are you from? 난 한국에서 온 주영이라고 해. 넌 어디서 왔니?
제인	I'm Jane and I'm from Germany. Nice to meet you! 난 제인이야. 독일에서 왔어. 만나서 반가워.
주영	Today is my first day in this class, so I'm nervous. 오늘이 첫 수업이라 떨려.
제인	Actually I'm new here too. I hope we can be good friends. 나도 처음 왔어. 친하게 지내자.

1:1 개인교사(튜터)를 구해 자신이 부족한 부분을 집중해서 공부하기도 한다. 영어연수 어학원에서도 1:1 튜터를 제공하는 곳이 있지만 비용이 비싸다보니, 보통 저렴하게 현지 대학생과 개인 튜터를 한다. 비용은 시간당 $30~60 정도로 어학원의 그룹수업 비용에 비하면 비싼 편이지만 작문, 회화 등 자신에게 필요한 부분만을 집중해서 공부할 수 있다는 장점이 있다. 튜터와 친해지면 수업시간에 그냥 일상적인 대화를 하면서 보내는 경우가 있을 수 있다. 일상적인 대화는 친구와 해도 충분하다. 튜터와의 시간은 그냥 일상적인 대화로 끝나서는 안되고 꼭 틀린 부분을 수정받고 고칠 수 있는 수업시간이 되어야 한다는 것을 잊지 말아야 한다.

튜터는 주변에 경험자를 통해 소개를 받는 것이 좋으며, 대학교 게시판이나 사이트를 통해 구할 수도 있다.

> I can't understand what you're saying.
> Could you speak more slowly, please?
> 이해가 잘 되지 않아요. 좀 천천히 말씀해주실 수 있나요?
> I missed what you just said.
> 방금 하신 말씀을 못 들었어요.
> Can I ask you about today's homework assignment?
> 오늘 숙제에 대해 질문해도 될까요?

무료 영어수업

영어연수를 위해 어학원에 다니면 좋겠지만, 비용이 부담될 수 있다. 이럴 경우 교회나 커뮤니티 센터, 공공도서관에서 운영하는 무료 영어수업을 이용해 보자.

길을 가다 교회 안내판이나 공공도서관 커뮤니티 센터의 게시판에 'Free ESL Class'라는 안내문을 볼 수 있는데, 무료 영어수업을 제공한다는 것이다.

교회에서 제공하는 무료수업의 경우, 공부할 때 먹는 간식비 정도를 기부금 형식으로 받을 때도 있다. 기독교인이 아니어도 교회에서 운영하는 수업에 참여할 수 있다. 다만 교회에 따라 성경공부(Bible study)와 함께 운영하기도 하고, 수업 시작과 끝에 기도를 하기도 하니 참고하자.

공공 도서관이나 커뮤니티 센터에서 운영하는 프로그램은 주로 캐나다 정착을 목적으로 하는 이민자들을 위한 것이지만, 그 지역 거주자들을 대상

튜터 구직 광고

무료 영어 광고

튜터를 알아볼 수 있는 사이트
http://www.findatutor.ca

으로 하기도 한다. 영어수업뿐 아니라 컴퓨터 강좌나 독서클럽도 있으니 참여해보자.

또한 각 지역의 공공 도서관을 통해 영어공부에 도움이 될 만한 교재, CD, 비디오 등의 대여가 가능하니 이용해보자.

주영	I'm looking for places where offers Free ESL Classes. Do you know any place? 무료 영어수업을 제공하는 곳을 찾고 있는데 아는 곳 있어?
친구	Broadway church offers Free ESL Classes every Thursday. 브로드웨이 교회에서 매주 목요일에 무료 영어수업을 해.

각종 미디어 활용하기

TV, 라디오, 온라인 사이트 등 여러 미디어를 활용하여 영어 공부를 해보자. 요즘은 스마트폰이나 태플릿 PC를 이용하여 시간과 장소에 상관없이 영어 공부를 하는 사람들도 많이 늘어나고 있다.

영어 공부하는 법을 알려달라고 하면 가장 많이 듣는 말이 아마도 CNN과 같은 영어 뉴스를 보라는 것이다. 이 방법은 영어가 어느 정도 되는 단계에서는 도움이 될 수 있겠지만, 영어 실력이 기본인 상태에서는 싫증을 쉽게 느끼고 흥미를 잃게 될 수 있다. 따라서 자신의 현재 레벨에 맞는 방법을 선택하는 것이 좋다. 어려운 영어 뉴스보다는 먼저 쉽고 재미있는 애니메이션이나 가벼운 드라마부터 시작해서 흥미를 가져보자. 코미디 프로그램의 경우, 재미있고 쉬울 것 같지만 의외로 이해하기 어렵고 코드가 맞지 않는다고 느낄 수 있다.

캐나다 TV를 통해서도 한국에서 쉽게 접했던 미국 드라마를 시청할 수 있다. 어려운 의학 드라마나 수사 드라마보다는 일상생활을 다룬 드라마를 보는 것이 조금 더 쉬울 것이다. 개인적으로 재밌게 본 캐나다 드라마로는 CTV방송의 'The Listener'가 있다. 다른 사람의 생각을 읽을 수 있는 구급대원의 이야기를 다룬 이 드라마는 2014년 시즌 5가 방송될 예정이다. 자신이 흥미를 가지고 꾸준히 보면서 공부할 수 있는 드라마라면 어느 것이든 좋다.

TV 자막(caption, subtitle) 서비스 기능을 이용하여, 영어자막을 보면서 리스닝 실력과 어휘력을 늘리는 것도 좋을 것이다. 하지만 계속 이 자막 서비스만 이용하는 것은 리스닝 실력 향상에는 오히려 해가 될 수 있다. 들으려 하

방송관련 사이트
TV, 영화를 볼 수 있는 사이트
http://www.sidereel.com
CBC 라디오
http://www.cbc.ca/radio
CNN Student 뉴스
http://edition.cnn.com/studentnews

영어공부에 도움이 되는 사이트
영어, 불어 공부에 도움이 되는 정보제공 포털 사이트
http://www.noslangues-ourlanguages.gc.ca
TV, 영화 자막 구할 수 있는 사이트
http://www.simplyscripts.com
자연, 인간을 주제로 하는 방송으로 mp3파일로 다운 받을 수 있는 사이트
http://www.loe.org
캐나다인이 운영하는 팟캐스트
http://culips.com

지 않고, 읽으려 하기 때문이다. 그러니 리스닝이 어느 정도 된다고 생각하면 자막 없이 시청하도록 하자. 자막을 이용할 때는, 모르는 어휘력을 체크하면서 발음도 신경 써서 듣는 것이 좋다.

특히 우리가 평상시에 쓰던 외래어들은 발음이 전혀 다르게 들리는 경우가 있으니 주의 깊게 들어보자. 샌드위치가 처음에 내 귀에는 '새미이지' 쯤으로 들렸다. 'd'발음이 거의 들리지 않다 보니, 그렇게 쉬운 단어도 들리지 않았다. 또 한 번은 한국 사람들이 즐겨 한다는 무엇인가에 대해 이야기를 하기 시작했는데, 그게 나에게는 '쏘냐'로 들렸다. 대체 무엇을 이야기하는지 처음에는 도무지 알 수 없었다. 한참 후에야 그것이 사우나를 의미하는 것이라는 걸 알았을 땐 어이없게 느껴지기까지 했다.

많이 보고 듣고 말하려고 노력하다 보면, 아기들이 조금씩 말을 하기 시작하는 것처럼 자신의 영어 실력도 어느새 쑥쑥 자라나 있을 것이다.

Which TV programs are popular these days?
요즘 재미있는 TV 프로그램은 무엇이 있죠?

Which TV programs to help me study English?
어떤 TV 프로그램이 영어 공부하는데 도움이 될까요?

Does this movie have English subtitles?
이 영화는 영어자막이 있나요?

캐나다 드라마

3. 스펙 높이기(인턴십/자원봉사)

캐나다에는 인턴십과 자원봉사 활동이 활발히 이뤄지고 있다. 이런 활동을 하게 되면 영어 실력도 한층 더 업그레이드 할 수 있을 뿐 아니라, 캐나다인들의 생활과 문화를 좀 더 가깝게 체험할 수 있다. 또한 인턴십이나 자원봉사 활동을 잘 수행했다면, 해당기관이나 업체를 통해 추천서를 받을 수 있다. 미래에 일하고 싶은 분야와 관련된 곳에서 활동한다면, 자신의 경쟁력을 더 키울 수 있는 길이다.

인턴십

실무 영어실력 향상뿐 아니라 자신의 커리어를 향상시키고 싶다면, 인턴십을 해보자. 단순히 영어실력 향상뿐 아니라, 전공이나 경력 관련 분야의 실무경험을 쌓을 수 있다. 더불어 캐나다의 기술과 문화를 습득할 수 있으며, 국제적인 안목까지 높이는 계기가 될 수 있다.

인턴십은 크게 보수를 받을 수 있는 유급(paid)과 보수가 없는 무급(unpaid)으로 나뉘는데, 커피숍, 호텔, 레스토랑 등 서비스 업종의 인턴십을 제외하고는 대부분 무급으로 진행된다.

무급 인턴십은 비즈니스, 마케팅, 은행, IT, 디자인 등 다양한 분야에서 채용 할 수 있지만 높은 영어실력을 요구하며, 분야에 따라 영어실력 외에 별도로 요구하는 자격(관련 전공, 경력자 등)이 있을 수 있다. 무조건 영어실력이 높아야만 하는 것은 아니지만, 영어실력이 높을수록 회사를 선택할 수 있는 폭이 넓다.

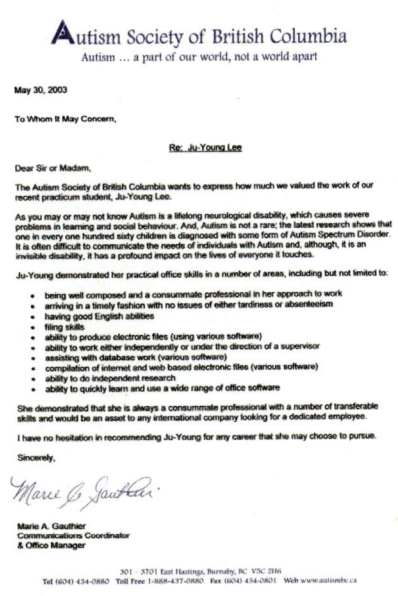

인턴십 추천서

ASBC에서 인턴십

무급 인턴십은 보수도 없이 일을 해야 하므로, 언뜻 관심이 가지 않을 수 있다. 하지만 자신의 커리어에 도움이 될 만한 분야에서 해외 경험을 쌓을 수 있다는 것을 생각한다면 충분히 해볼 만한 가치가 있다. 드문 일이겠지만, 내가 아는 사람은 인턴십을 했던 곳에서 인턴십 성적이 좋아 정식입사를 제안 받기도 했다.

필자의 경우, 자폐아들을 위해 상담과 정보를 제공해주는 비영리 단체(자폐증 협회, Autism Society)에서 인턴십을 했다. 단순한 메일링 작업에서부터 도서관 관리, 회원들의 정보를 데이터베이스화하는 작업 등 다양한 업무를 맡았다. 이 시간들은 캐나다의 문화를 좀 더 가깝게 접할 수 있는 기회였으며, 또한 그 동안 쌓은 영어실력으로 자만해 있던 나를 일깨워주는 시간이기도 하였다. 리셉션에서 업무 보조를 했을 때, 현지인들을 많이 상대하면서 실무 영어와의 벽을 가장 크게 느꼈다.

> 유급 인턴십은 반드시 일을 할 수 있는 비자(워킹홀리데이비자 또는 co-op 비자 등)를 소지하고 있어야만 참여할 수 있다.

> 인턴십 프로그램으로 유명한 어학연수 기관
> ILSC, KGIC, LSC, WTC 등

인턴십을 전문적으로 알선하는 업체를 이용할 수도 있겠지만, 어학연수원이나 전문대학(college)에서 운영하는 인턴십 프로그램을 이용하는 것이 더 효율적이다.

보통 캐나다에 처음 도착해서는 영어 실력도 부족하고, 캐나다의 직장 문화나 이력서 작성법, 인터뷰하는 방법도 잘 모르기 때문에 바로 인턴십 프로그램을 참가하기에는 무리가 있다. 따라서 인턴십 프로그램을 제공하는 교육기관을 통해, 먼저 영어 연수를 하면서 인턴십에 필요한 기본적인 과정들을 배운 후 자신에게 맞는 인턴십을 알선 받는 것이 좋다.

영어 연수 기간은 자신의 현재 레벨과 인턴십 업체에서 요구하는 레벨에 따라 달라지며, 인턴십 제공기간은 무급의 경우에는 보통 최소 4주이다. 유급 인턴십은 3개월, 6개월 등 다양하다.

인턴십 알선비는 별도로 지불해야 하며, 교육기관에 따라 다르므로 미리 확인해야 한다.

| 주영 | I'd like to do an internship. What course should I take for it?
인턴십을 하고 싶은데요. 인턴십을 위해 어떤 과정을 들으면 좋을까요? | |

카운셀러	There is a variety of internship preparation courses such as Interview skills and Business Writing skills. 인터뷰 스킬, 비즈니스 작문 등 다양한 인턴십 준비 과정이 있어요.
주영	What is the required English skill? 영어실력은 어느 정도 되어야 들을 수 있나요?
카운셀러	Intermediate level should be fine. 중간레벨 정도면 가능합니다.
주영	What kind of areas can I work in? 어떤 분야의 인턴십이 있나요?
카운셀러	Internship students can work in a wide variety of industries such as marketing, finance, tourism, or hospitality. 인턴십 학생들은 마케팅, 재무, 관광, 서비스업 등 다양한 분야에서 일할 수 있어요.
주영	Do I get paid for the internship? 인턴십을 하면 급여를 받을 수 있나요?
카운셀러	Yes, you do if you participate in paid internship. By the way, paid internship is usually in hospitality areas. 유급 인턴십에 참가한다면 받을 수 있어요. 그런데 유급 인턴십은 주로 서비스 업종이에요.

자원봉사 Volunteer

캐나다의 축제 기간이나 특별행사가 있을 경우, 행사진행을 위한 자원봉사, 정부기관이나 비영리단체에서의 자원봉사활동 등 다양한 분야에서 자원봉사가 활발하게 이뤄지고 있다.

자원봉사를 통해 현지인도 사귀고, 자연스럽게 영어사용 기회도 높일 수 있다. 또한 자신의 커리어에 도움이 될만한 분야에서 자원봉사를 한다면 해외경력을 쌓을 수 있는 좋은 기회가 될 것이다. 그러나 무엇보다도 캐나다 사회활동에 직접 참여하면서 보람을 느낄 수 있다는 것이 가장 큰 장점이다.

자원봉사에 지원하기 전, 자신이 원하는 자원봉사가 특정 자격이나 경력을 요구하지는 않는지, 정기적인 봉사활동과 특정 기간의 일시적인 봉사활동

중 어떤 것에 참여할지, 학업이나 일에 방해되지 않는 적정한 자원봉사 시간은 어느 정도인지 등을 고려하여 알아보는 것이 좋다.

★다양한 분야의 자원봉사

지역별 축제기간이나 특별한 행사가 있을 때, 행사안내, 설치, 통역 등 여러 가지 행사준비를 도와줄 자원봉사자가 필요하다. 이외에도 도서관이나 동물관리소, 전화안내 등 다양한 분야에서 봉사활동을 할 수 있다.

자원봉사활동은 해당 홍보사이트에서 신청할 수 있지만, 이력서를 준비해서 해당기관에 직접 방문해 보는 것도 좋은 방법이다. 비영리기관이나 자선단체, 정부기관의 자원봉사는 보통 정기적으로 활동하게 되는데, 해당기관 사이트에서 신청하거나, 담당자에게 이력서를 이메일로 보내 신청을 하기도 한다. 수시로 모집하기도 하지만, 정부기관의 경우 보통 모집 기간이 정해져 있다.

I would like to do a volunteer work.
What kind of work is available?
자원봉사를 하고 싶은데요. 어떤 종류의 자원봉사가 있나요?
Where should I go to find a volunteer work?
자원봉사 일을 구하려면 어디로 가야 하나요?
I would like to volunteer at a senior center. How can I apply for it?
요양소에서 자원봉사를 하고 싶어요. 어떻게 신청하면 되죠?
I would like to do volunteer work regularly.
정기적으로 봉사활동을 하고 싶습니다.
What kind of duties will I have?
어떤 일을 하게 되나요?

자원봉사 찾아볼 수 있는 사이트
캐나다 전지역
http://volunteer.ca
BC주, 앨버타주
http://govolunteer.ca
매니토바주
http://www.volunteermanitoba.ca
토론토
http://www.volunteertoronto.ca
오타와
http://www.volunteerottawa.ca

친구랑 함께 가입하면 회비가 저렴해진다?!
커플이나 두 명의 친구가 함께 우프에 가입할 경우, 가입비는 62불이다.

★우프 WWOOF

우프 WWOOF(World Wide Opportunities on Organic Farms)란, 농장에서 일을 도와주고 임금 대신 숙식을 제공받는 것으로 일종의 자원봉사라 할 수 있다. 우프에 가입된 농장이 캐나다 전역에 900개 이상 있다 보니, 여행 목적으로 지역을 옮겨다니면서 우프에 참여하는 사람도 많다. 캐나다의 드넓은 대지를 누비면서 현지인과 함께 생활하며, 새로운 경험을 해보고자 하는 이들에게 값진 기회가 될 수 있을 것이다.

우프에 참여하기 위해서는 우프사이트(http://www.wwoof.ca)에서 50불을 지불하고 회원가입을 해야 한다. 한 번 가입하면 2년간 자격이 유효하다. 예전에는 우프정보가 있는 책자를 판매했으나, 캐나다 우프는 더 이상 이 책자를 제공하지 않는다. 대신 온라인을 통해 우프에 가입된 농장 리스트를 확인할 수 있다.

연중 어느 때나 우퍼를 받는 농장도 있지만 여름시즌(4월~10월)에 가장 활발하게 이뤄지니 리스트에 시기가 명시되어 있지 않다면 연락해보는 것이 좋다.

한 농장에서 4주 이상 체류하지 않는다면, 취업비자가 없어도 우프에 참가할 수 있다. 농장에 따라 다르기는 하지만, 보통 최소 2주 이상, 주5일, 하루에 5~6시간 정도 일을 해주고 무료 숙식을 제공받는다.

농장을 고를 때, 농장이 고립된 위치에 있지는 않은지, 주변에 다른 건물은 있는지, 방은 혼자 쓰는지 등을 확인하는 것이 좋고, 농장으로 출발하기 전, 농장주에게 꼭 가져가야 할 것은 없는지도 미리 확인한다.

혼자 우프에 참여하는 경우라면 만약의 사고에 대비하여 자신의 이동경로를 가족이나 친구에게 자주 알리도록 하자.

내 인생을 바꾸는 캐나다에서 홀로서기

Part 6

일자리 구하기

1. SIN 카드 발급

SIN Card

SIN 카드를 받지 못했다면?
SIN 신청 후 15일 이상 지나도 카드를 받지 못했다면, 신청한 Service Canada Centre를 방문하거나 전화(1-800-206-7218, option #3)로 문의해야 한다.

SIN 카드를 분실했다면?
SIN카드 분실 후 타인이 자신의 카드를 이용해 취업 등의 목적으로 사용하고 있다면 경찰에 신고하고 신규발급을 받아야 한다. 하지만 분실 후 타인이 불법적으로 이용하는 것이 아니라면 재발급이 가능하다. 신규 발급 때와 마찬가지로 여권과 비자를 가지고 Service Canada Centre를 방문해서 신청해야 하며 이때는 수수료 10불이 부과된다.

SIN(Social Insurance Number)은 일명 사회보장번호로, 한국의 주민등록증처럼 개개인마다 고유의 번호를 부여받게 되는 9자리의 숫자이다. SIN은 캐나다 정부가 운영하는 각종 프로그램(국민연금, 실직자 프로그램 등)의 행정처리에 필요하며, 캐나다에서 합법적으로 일을 하기 위해서는 반드시 필요하다. 따라서 캐나다에서 일을 하고자 하는 유학생들은 반드시 SIN을 신청해야 한다. 물론 SIN은 일을 할 수 있는 허가증을 가진 사람에 한해 신청이 가능하다.

일을 할 수 있도록 허가받은 취업비자(work permit)와 여권을 소지한 후, 가까운 서비스 캐나다 센터(Service Canada Centre)에 방문하여 신청하면 된다. 학생비자(study permit) 소지자가 교육기관이나 캠퍼스내 고용된 경우, 고용주로부터 고용계약서를 받아 함께 지참해야 한다.

처음 SIN 카드 발급 시에는 무료지만, 재발급 시에는 10불의 수수료가 있다. 신청 후, 카드는 약 10일 안에 주소지로 우편 발송된다. 카드를 받기 전에 일을 시작하게 되더라도 SIN이 적힌 임시 서류 한 장을 카드 신청 시 받게 되므로, 이 서류로 증명하면 된다.

신청서를 직접 작성한 후 필요한 서류와 함께 우편으로 신청하는 것도 가능하지만, 비자원본을 함께 보내다 보니 우편물 분실우려도 있고, 더 오래 걸리므로 직접 방문해서 신청할 것을 권한다.

사무실을 방문 할 때는 가장 복잡한 시간대를 피하는 것이 좋다. 보통 오전 10시 이전이 한가한 편이다.

주영	How do I apply for a SIN?	
	SIN을 신청하려면 어떻게 해야 하나요?	
직원	Please show me your passport and work permit.	
	여권과 비자를 보여주세요.	
주영	Here you are.	
	여기 있습니다.	
직원	What is your mother's first name?	
	어머님 성함이 어떻게 됩니까?	
주영	My mother's first name is ***.	
	어머님 성함은 ** 입니다.	
직원	What is her maiden name?	
	어머님의 처녀 때 성은 무엇입니까?	
주영	Her maiden name is ***.	
	어머님의 성은 ** 입니다.	
직원	What is your father's first name?	
	아버님의 성함이 어떻게 됩니까?	
주영	His first name is ***.	
	아버님의 성함은 ** 입니다.	
직원	Does he have any other last name other than yours?	
	아버님이 당신과 다른 성을 가지고 있나요?	
주영	It's *** same as me.	
	저와 같이 아버님의 성도 ** 입니다.	
직원	What is your phone number?	
	전화번호 알려주세요.	
주영	My phone number is ***.	
	제 전화번호는 ***입니다.	
직원	Give me your mailing address, please.	
	우편 받을 주소를 알려주세요.	
주영	Yes. The address is ****.	
	네. 주소는 ***입니다.	
직원	It's done. You'll get a SIN card in 2 or 3 weeks by mail.	
	신청 완료됐습니다. 카드는 2~3주 후 우편으로 받게 될 것입니다.	

서비스 캐나다 센터

주영 What should I do if I get a job before I receive SIN card?
      카드를 받기 전에 일을 구하면 어떻게 되나요?
직원 You can use SIN on this document before you get a card.
      이 종이에 적힌 SIN을 이용하시면 됩니다.
주영 Thanks a lot.
      감사합니다.

(센터에 따라 위의 질문을 직접 하는 대신, 질문이 적힌 종이를 따로 주고 대기하는 동안 작성해서 처리하기도 한다.)

지역별 Service Canada Centre

· 토론토
Toronto – City Hall Service Canada Centre
주소: 100 Queen Street West, Toronto, Ontario, M5H 2N2
업무시간: 월~금 8:30am~4pm

Toronto – Centre Service Canada Centre
주소: 25 St Clair Avenue East, Toronto, Ontario, M4T 3A4
업무시간: 월~금 8:30am~4:00pm

· 밴쿠버
Sinclair Centre Service Canada Centre
주소: 757 Hastings Street West, Vancouver, BC, V6C 1A1
업무시간: 월 8am~5pm, 화~금 8:30am~4pm

· 빅토리아
Victoria Service Canada Centre
주소: 1401 Douglas St., Victoria, BC, V8W 1P6
업무시간: 월~금 8:30am~4pm

· 몬트리올
Montréal (Downtown) Service Canada Centre
주소: 200 René-Lévesque Boulevard West, Montréal, Quebec, H2Z 1X4
업무시간: 월~금 8:30am~4pm

· 캘거리
Calgary Centre Service Canada Centre
주소: 220 4th Avenue Southeast, Calgary, Alberta, T2G 4X3
업무시간: 월~금 8:30am~4:30pm

· 에드먼턴
Edmonton Canada Place Service Canada Centre
주소: 9700 Jasper Avenue, Edmonton, Alberta, T5J 4C1
업무시간: 월~금 8:30am~4pm

· 위니펙
Winnipeg Centre Service Canada Centre
주소: 393 Portage Avenue, Unit 122, Winnipeg, Manitoba, R3B 0G9
업무시간: 월~금 8:30am~4pm

이 외에도 많은 곳에 Service Canada Centre가 있다. 기타 지역의 Service Canada Centre 위치 검색은, http://www.servicecanada.gc.ca 사이트에 접속하여 메인 화면 하단에 Find a Service Canada Office 메뉴를 이용한다.

2. 영문 이력서 작성하기

SIN 카드를 신청했다면, 그 다음 준비해야 할 것이 바로 이력서(Resume)이다. 캐나다에서는 이력서와 함께 일종의 자기소개서에 속하는 커버레터(Cover Letter)를 함께 제출한다.

나를 왜 채용해야 하는지 나의 강점을 살려 기술하고, 자신의 학력, 경력, 보유 기술이나 자격증 등의 내용을 작성한다는 점에서는 한국과 크게 다르지 않다. 다만 이력서 작성 형식 등에 조금 차이가 있고, 우리한테 생소한 커버레터를 작성해야 한다는 것이 다르다. 그럼 이력서와 커버레터 작성법을 익혀보자.

커버레터 Cover Letter

커버레터는 이력서와 함께 제출하는 자기소개서로, 이력서의 내용을 중심으로 작성한다. 인사담당자는 먼저 커버레터를 통해 이력서를 더 볼지 말지 여부를 판단하니, 인사담당자의 관심을 끌고 좋은 첫인상을 줄 수 있도록 커버레터를 작성하는 것이 중요하다.

커버레터는 한국의 자기소개서처럼 성장 배경부터 시시콜콜한 내용까지 모두 적는 것이 아니다. 채용공고를 어디에서 접하게 되었는지, 해당직무에 대해 얼마나 관심이 있는지에 대해 밝히고 본인이 현재 보유한 기술과 경력을 채용 조건과 결부시켜, 자신이 해당직무에 왜 적합한 인재인지를 작성해야 한다. 커버레터는 1장 분량을 넘기지 않는 것이 좋으며, 간단명료하게 오타 없이 작성해야 한다. 마지막에 자신의 서명을 하는 것도 잊지 말자.

커버레터의 기본구성은,

① **지원자의 정보**
이름, 주소, 이메일 주소, 전화번호 등 연락처를 기재한다.

② **지원 날짜**
월, 일, 년도의 순으로 작성한다. (예: January 1, 2013)

③ **담당자(회사)정보**
채용정보에 있는 채용담당자의 성명, 직함, 회사명, 회사주소를 기재한다.

④ **Dear Mr./Ms. Last name**
담당자의 이름을 알고 있다면, Mr./Ms. 뒤에 성을 적어준다.
이름을 모를 경우, 'To whom it may concern' 또는 'Dear Hiring Manager'로 적는다.

⑤ **내용**
채용정보를 어떻게 알게 되었는지, 어떤 포지션에 지원하는지를 적는다. 왜 자신이 적임자인지를 자신이 보유한 기술과 경력을 기준으로 설명한다. 또한 왜 이 회사에서 일하고 싶은지 포부를 밝히는 것도 잊지 말자.

⑥ **Sincerely, Truly 등으로 마무리한다.**

⑦ **서명**
자신의 서명을 한다.

⑧ **지원자 성명**
성을 뒤에 작성한다. (예: JUYOUNG LEE)
지원자의 연락처를 맨 앞에 쓰지 않고, 마지막에 적기도 한다.

그 외에 커버레터와 함께 제출하는 것이 있다면 적어준다.
예를 들어 이력서와 추천서를 제출한다면, 'Enclosure: Resume and Reference Letter'

표준문서규격
한국은 A4, 캐나다는 레터 용지규격인 8.5" x 11"를 표준문서규격으로 사용한다.

〈샘플 커버레터〉

① Your Name
Your Address
City, State, Area Code

Your Email

Your Phone #

② Date

③ Employer Name
Company
Address
City, State, Area Code

④ Dear Mr. /Ms. Last Name,

⑤ My name is Ju Young Lee. I get the information, that you are looking for the position a Foreign Promotion and Marketing on the Incruit.com Internet site dated July 22nd.

I had studied to write Official Document, Letter, and Memorandum in English as well as Telephone Skill and Business English at IOPDP Course. Besides, I practiced it at the company that was called ASBC for 4 weeks in Canada. I have advance knowledge of use for lots of software as Ms Office software, Computer Graphic, and Web software as I had considerable experience using it at work and teaching it to office worker in the company. Through the experience of teaching, I am proud to efficient Interpersonal and Communication Skills. I have an excellent sense of humor, and I make friend easily with my co-workers and other people. Although the enclosed resume states some of my skills, it does not take into consideration my willingness to take on new tasks, ability to learn quickly, and desire to succeed.

I appreciate for your attention and I hope I will be able to get an interview with you.
Please, do send email or call me. I look forward to hearing from you.

⑥ Sincerely,

⑦

Signature,

⑧ Typed name

이력서에 넣지 말아야 할 사항
· 연령, 생년월일, 성별, SIN, 본인사진, 대학성적

이력서작성 도우미
이력서/커버레터 빌더
http://www.resume-now.com

이력서 Resume

이력서에는 지원자의 정보(성명, 주소, 전화번호, 이메일 주소 등), 자격/기술, 학력, 경력사항, 자원봉사/인턴십 경험 등의 내용을 넣되, 채용 담당자의 눈길을 끌 수 있도록 포맷을 구성하여 작성하면 된다. 단, 캐나다의 이력서에는 생년월일이나 연령, 성별, 가족구성 등의 개인신상은 기재하지 않는다는 점을 유의해야 한다. 편견을 가질 수 있는 정보는 빼고, 경력과 능력만을 보고 인재를 채용하기 위한 규칙이라 할 수 있다.

이력서 기본구성은,

① 지원자의 기본정보
성명, 주소, 전화번호, 이메일 주소를 적어준다. 이력서 상단 가운데에 크고 눈에 띄기 쉽게 작성한다.

② Objective(희망직종)
지원하는 포지션이 무엇인지 적고, 왜 자신이 적합한지를 간단하게 작성한다.

③ Summary of Skills / Qualification(자격/기술 사항)
컴퓨터 능력, 영어능력 등 자신이 가지고 있는 자격이나, 지원하는 포지션에 맞는 기술 등을 종목별로 나누어 기재한다.

④ Work Experience 또는 Employment History(경력)
직종, 기간, 근무처를 기재한다. 수행한 업무나 실적 등의 내용도 간결하게 작성한다.

⑤ Education(학력)
최종학력을 적는다. 대학교 이상 학력의 경우 학교명과 전공명을 기재한다. 영어연수, 컴퓨터 과정 등 수료한 과정이 있다면 기재한다.

⑥ Volunteer / Internship Experience(자원봉사/인턴십 경험)
자원봉사나 인턴십 경험이 있다면 내용을 작성한다. 캐나다에서는 이 부분을 중시한다.

⑦ Reference(추천인)
자신을 추천하는 사람의 기본정보(이름, 연락처)를 적는다. 대부분의 경우, 'References Available upon request.(필요에 따라 제출 가능합니다)'라고 써두고, 추후 요청을 받을 경우 제출하면 된다.

자신이 강조하고 싶은 항목의 순서는 더 위쪽에 배치하여 작성한다.

〈샘플 이력서〉

① **Lee, Ju Young**
1035 Jervis St. Vancouver, BC, V6E 2E4, CANADA
Phone (604) 666 – 7777   E-mail : koreanwoman@gmail.com

② **A. OBJECTIVE**
— I am looking for the position a User Interface Designer with my certification in Computer Graphic, and E-Commerce & Web Master

③ **B. SKILL**
— English and Korean
— Expert Computer Operation Application Skills
  • Web Design Tool (Namo, MS FrontPage, Fresh)
  • Photoshop, Illustrator, PageMaker Software (Computer Graphics License)
  • HTML (E-Test Professional License)
  • MS Office Software (E-Test Professional License)
  • Visual Basic Software (Programming License)
— Proficient Experiment of Science Skills (Experience at Molecular Biology Laboratory)
— Very good interpersonal and solving problems skills
— Good Telephone and Writing letter skills

④ **C. WORK EXPERIENCE**
— Computer, Korea   2000-2001
  • Teach Computer Skill (OA, Web Design Software, Computer Graphic)
— Middle School, Korea   1998-2000
  • Assist how to handle experiment equipment and to write report

⑤ **D. EDUCATION**
— Advanced Secretarial and Business
  International Office Professional Diploma Program   February 2003-present
  King George International College, Vancouver, BC
— E-Commerce Program   2000
  Education, Korea
— Computer Graphic Program   1999
  Lead Design School, Korea

⑥ **E. INTERNSHIP EXPERIENCE**
— ASBC(Autism Society British Colombia)   4 weeks

⑦ **References Available on request**

* 1~2페이지 정도로 간결하게 정리하는 것이 좋으며, 항목별로 정리하고, 현재를 기준으로 가장 가까운 시간부터 순서대로 작성한다. 컴퓨터로 깔끔하게 작성하며 너무 화려한 폰트보다는 영문 기본 폰트인 Arial이나 Times New Roman을 사용하고, 반드시 마지막으로 작성한 이력서를 검토하여 오타는 없는지, 문법이 틀린 곳은 없는지 확인해야 한다. YWCA 등의 커뮤니티 센터에서 운영하는 'Career Center'에서는 무료로 이력서 체크도 받을 수 있다.

3. 일자리 구하기

캐나다에서 합법적으로 일을 하려면, 일을 할 수 있는 비자(워킹홀리데이 비자, co-op비자, work permit)를 소지해야 하며, SIN 카드를 발급받아야 한다. 관광비자로 입국했거나, 학생비자(study permit)만을 소지한 사람이 캐나다에서 일하는 것은 불법임을 명심해야 한다.

일을 한다는 것은 금전적인 문제를 해결하기 위한 이유도 크겠지만, 캐나다인들과 함께 일하면서 그들의 문화와 사회를 배우고, 동료들이나 고객과의 사이에서 생긴 어려움을 해결하는 과정에서 값진 경험을 얻을 수 있다는 데 더 큰 의의가 있다. 캐나다는 다민족 국가이다 보니, 다양한 인종의 동료들과 일하고, 다양한 고객들을 대하게 된다. 바로 이런 것이 글로벌 시대에 걸맞는 배움의 장이라 할 수 있지 않겠는가?

무엇 때문에 캐나다에 왔는지, 캐나다에서 얻고자 했던 것은 무엇인지, 금전적인 문제를 해결하는 것 외에 일을 통해 내가 얻을 수 있는 것은 무엇인지를 생각해보고 일자리를 구하도록 하자.

다양한 종류의 일자리

한국인이 캐나다에서 쉽게 일할 수 있는 곳은 두말할 것 없이 한인슈퍼나 한인식당이다. 요즘은 한인슈퍼나 식당에도 외국인 손님들이 많이 오기 때문에 간간히 영어를 쓰며 일할 수는 있다. 하지만 한국에서 일하는 것과 별반 다를 것 없는 환경에서 일하다 보면, 내가 잘하고 있는 건가 하는 생각이 든다. 그래서 굳은 각오를 하고 다른 일자리를 알아보지만, 영어실력이 부족하거나, 특별한 기술을 가지고 있지 않다면, 처음에는 일자리 구하는 것이 어렵게만 느껴질 것이다. 그러니 자금이 넉넉하지 않다면 한국에서 간단한 기술이나 경력을 쌓고 가는 것도 도움이 된다.

지인 중 한 명은 취미로 네일아트를 배웠고, 아르바이트 경험도 있었다. 그리고 이런 기술과 경력이 캐나다에서 일자리를 구하는 데 도움이 되어, 캐나다인 네일아트 샵에서 일할 수 있게 됐다. 물론 연수경험도 있어 영어도 제법 잘하는 편이었기 때문에, 일하는 데 어려움은 없었다고 한다.

이처럼 미용이나 네일아트 자격증과 경력이 있다면, 캐나다에서 관련 일자리를 구하기 쉽다. 또 당장은 영어실력이 부족하더라도 처음에는 한인 미용실에서 일을 시작할 수 있다.

또 다른 한 친구는 한국에 있는 스타벅스에서 일했는데, 스타벅스의 시스템이 세계적으로 동일해서, 한국에서의 경력이 캐나다의 스타벅스에 취업하는 데도 많은 도움이 되었다고 한다. 물론 영어실력이 다소 부족해 주문을 받을 때 여러 번 실수를 하여 일자리를 잃을 뻔한 적도 있었다. 그러나 포기하지 않고 더 열심히 영어실력 향상을 위해 노력하며 성실하게 일한 결과, 일을 마치고 한국으로 돌아올 때는 긍정적 평가의 추천서도 받아올 수 있었.

이처럼 요리사, 바리스타 등 자격증이 있다면 관련된 분야의 일자리 구하는 데 도움이 된다.

만약 스키를 좋아한다면, 겨울 시즌에는 스키장에서 일해보는 것도 좋다. 스키강사 자격증이나 스키장에서 일해본 경험이 있다면, 관련 일자리를 구하는 것은 수월하다. 또 경험이 없다고 해도, 주변 스키용품점이나 음식점, 상점이 많아 이곳에서 일자리를 구할 수 있다.

위에서 언급한 분야 외에도 레스토랑의 주방보조나 웨이터, 패스트푸드점, 푸드코트, 대형마트에서의 청소, 호텔 하우스키핑 등 다양한 분야의 일자리가 있다.

농장이나 공장에서 일할 수도 있다. 캐나다의 농업은 대부분 기계화되어 있지만, 사람이 직접 해야 하는 일들이 있다. 비교적 단순업무로 특별한 기술이나 경력을 요하지 않아 일자리 구하기는 쉬운 편이지만, 계절을 타는 일이고, 시골 생활을 해야 하다 보니 어려움이 있을 수 있다.

은행의 안내원이나 일반 사무보조, 웹디자인 등의 일자리도 얼마든지 가능하다. 자신의 전공과 연관된 일, 앞으로 자신이 생각하는 직종에 플러스 요인이 될

여행자 숙소에서 일하고 숙식 제공을 받는다고?!
여행자 숙소에서 파트 타임으로 일하고 숙식을 제공받기도 한다. 지역을 자주 이동하는 여행자들이 여행경비를 절약하기 위해 많이 이용하는 방법이다. 관심이 있다면 자신이 묵는 숙소에 문의를 해보자.

자격평가기관
자격증이 꼭 있어야 하는 직종에서 일하고자 할 경우, 외국에서 취득한 자격을 평가하는 기관을 통해 한국에서 취득한 교육, 경력, 자격을 인정받을 수 있다. 기관마다 절차나 비용은 다르다.
CICIC
http://www.cicic.ca
ICAS
http://www.icascanada.ca
FCRO
http://www.credentials.gc.ca

수 있는 일을 하고 싶다면 역시 그에 맞게 준비를 하고 꼭 도전해 보도록 하자. 먼저 기본이 되어야 하는 것은 영어실력이라는 것을 잊지 말자. 아무리 기술과 경험이 있다 해도, 최소한의 영어실력도 갖추고 있지 않다면, 내가 이런 자격이 있으니 뽑아달라고 홍보하기조차 어렵다.

그럼 경험도 자격도 없을 때는 어떻게 해야 할까? 일반적으로 커피전문점, 레스토랑 등의 서비스 업종은 트레이닝 기간이 있다. 이 기간에는 교육을 통해 일에 필요한 기술뿐 아니라, 손님을 대하는 태도 등을 배우게 된다. 트레이닝 기간에는 무급이거나, 기본급보다 적은 임금을 받게 된다. 하지만 이 기간에 제대로 교육을 수행하지 못할 경우, 채용이 확정되지 않을 수도 있으니 열심히 일해야 한다.

일자리 구하기

캐나다에서 일자리를 구할 수 있는 방법은 많지만 그 중 가장 보편화된 방법은 인터넷 검색, 구인신문 활용, 게시판 광고를 보고 직접 내방, 인맥 활용, 헤드헌터를 이용하는 것이다.

★인터넷 검색

캐나다 정부에서 직접 운영하는 웹사이트를 비롯해 수많은 구직정보 사이트들이 있다. 채용정보 사이트를 활용해 구직정보를 찾은 후, 이력서는 일반적으로 이메일을 통해 제출한다. 문의사항이 있다면 전화를 이용한다.

채용정보 사이트

Job Bank http://www.jobbank.gc.ca
Working in Canada http://www.workingincanada.gc.ca
Careers in the federal public service http://jobs-emplois.gc.ca
Work BC http://www.workbc.ca
Ontario Jobs http://www.gojobs.gov.on.ca
Job search http://www.jobsearch.ca
Monster http://www.monster.ca
Craigslist http://toronto.en.craigslist.ca
　　　　　(toronto대신 다른 지역명을 쓰면 그 지역의 정보를 보여줌)
Workopolis http://www.workopolis.com
Canada jobs http://www.canadajobs.com
Indeed http://www.indeed.ca
Wow jobs http://www.wowjobs.ca
Brainhunter https://www.brainhunter.ca
CareerBuilder http://www.careerbuilder.com

Charity Village http://charityvillage.com
CoolJobsCanada http://www.cooljobscanada.com
Employment News http://www.employmentnews.com
Jobroom http://www.jobboom.com
채용박람회 정보 http://www.canadajobfairs.com

★ 구인·구직 신문 활용

지역별로 발행되는 구인·구직 신문은 길거리 가판대나 대형마트, 한인슈퍼 등에서 구할 수 있다. 유료로 판매되는 것도 있지만, 대부분 무료로 배포된다. 토론토 지역의 대표적인 지역신문인 <Toronto Sun>, <JOB Classified>, 밴쿠버의 <The Vancouver Sun> 등이 있다.
이외에도 <교차로신문>, 토론토의 <한국일보>, 밴쿠버의 <조선일보> 등의 교민신문을 통해서도 구직정보를 구할 수 있다.

구인 · 구직 신문 사이트

Toronto Sun http://www.torontosun.com
JOB Classified http://jobclassified.ca
The Vancouver Sun http://www.vancouversun.com
한국일보 http://www.koreatimes.net
토론토 교차로 http://www.kcrnews.com
조선일보 http://www.vanchosun.com
밴쿠버 교차로/교육신문 http://van1004.com

★ 게시판 광고 활용

길거리를 다니다 보면 커피숍이나 식당 등에 'Now Hiring. / Help Wanted.'라는 구인광고를 붙여놓은 것을 볼 수 있다. 유동인구가 많은 번화가나 쇼핑몰 등의 게시판에서도 구인광고를 찾을 수 있으니 이력서를 들고 직접 방문해보자. 되도록이면 채용담당자에게 직접 이력서를 전달하고 인터뷰 예약을 하는 것이 좋다.

I'm calling about the help wanted ad in the newspaper.
신문에서 구인광고를 보고 연락드렸습니다.
When would be a good time to visit you?
어느 시간대에 방문하면 좋겠습니까?

구인신문

구인광고

도서관의 JOB Seminar
지역의 공공도서관에서 제공하는 잡세미나에 참가해보자. 캐나다에서 일자리를 구하는 방법, 이력서/커버레터 작성을 위해 참고해야 할 서적이나 웹사이트와 같은 정보를 제공한다.

지역 커뮤니티 센터
YMCA, YWCA 등의 커뮤니티 센터에서는 일자리 정보 및 일자리 구하는 데 필요한 도움을 주고 있으며, 무료 세미나도 주최하고 있다.
토론토 YMCA
http://www.ymcagta.org/en/get-a-job
밴쿠버 YWCA
http://ywcajobseeker.org/careerzone

I'm looking for a part time job. Are you still hiring?
저는 파트타임 일을 구하고 있는데요. 아직 직원을 구하시나요?
Could you give the manager my resume?
매니저에게 제 이력서를 전해주시겠습니까?

★인맥 활용

캐나다는 주위 사람들의 평가나 전 직장에서의 평가를 중요하게 여기므로, 주변 사람들의 추천을 받아 일자리를 소개받는 것도 좋은 방법이다. 귀국하면서 자신의 일자리를 친구에게 소개해 줄 수도 있고, 자기가 아는 곳에 소개해줄 수도 있다.
이외에도 인턴십을 하던 곳이나 자원봉사를 하던 곳에 채용되기도 한다.
비현실적인 조건의 일자리를 약속하는 경우 믿어서는 안되며, 상식을 벗어난 요구에 응해서는 안된다는 것을 명심해야 한다.

고용주와의 면접

면접(Job Interview)에 대비하여 예상 질문을 뽑아, 어떻게 답변할지를 미리 연습해보자. 어떤 회사인지, 직장에서 원하는 인재상은 어떤 것인지 등을 미리 파악해 두어야 한다.
면접시간에는 절대로 늦지 않도록 해야 하며, 단정하고 깔끔한 복장으로 가도록 한다. 면접이 시작되면 우선 면접기회를 준 것에 대한 감사의 뜻을 표시하는 것도 좋다. 당당하고 자신감 있는 모습을 보여주되, 지나치게 부끄러워하거나 너무 과장된 제스처는 삼가야 한다.
면접 이후에 전화 또는 이메일로 연락하여, 좋은 결과가 있기를 바란다는 의사를 전달하는 것이 좋다.

인터뷰 기본 예상 질문

Tell me about yourself.
자기소개 해주세요.
What are your strengths and weakness?
당신의 장점과 단점은 무엇입니까?
Why do you want this job?
왜 이 일이 하고 싶나요?

Do you have work experience or any qualification in related to this job?
이 일과 관련해서 경력이나 자격증 같은 것이 있나요?
Do you have any questions for me?
궁금한 것이 있나요?

캐나다 근로자제도
외국인도 내국인과 동등하게 캐나다 근로자보호 제도를 적용받을 수 있다.

★최저임금(minimum wage)
최저임금은 주정부와 직종에 따라 차이가 있다. liquor server(웨이터/웨이트리스)나 무경험자의 경우, 최저임금이 더 낮게 책정된다. 예를 들어 온타리오주의 경우, 일반직종의 최저임금이 시간당 10.25불인데 비해 Liquor Server의 최저임금은 시간당 8.90불이다. (2014년 6월 인상 예정)

주정부별 시간당 기본 최저임금

ON주 $10.25, BC주 $10.25, AB주 $9.95, MB주 $10.45,
NS주 $10.30, QC주 $10.15, SK주 $10.00

(일반 직종 기준)

★시간외 초과근무 수당
기본 근무시간은 주마다 차이가 있지만 보통 하루 8시간, 주 40시간이며, 최대 주 48시간을 초과하지 않도록 규정되어 있다. 브리티시 컬럼비아주와 퀘벡주는 주당 40시간, 온타리오주와 앨버타주는 주당 44시간으로 기본 근무시간이 정해져 있다. 대부분의 주정부에서는 기본 근무시간을 초과한 경우, 기본급여의 1.5배에 해당하는 초과근무수당을 지급하도록 규정하고 있다.

주별 근로기준법(Labour Standard)

BC주 http://www.labour.gov.bc.ca/esb/esaguide
ON주 http://www.labour.gov.on.ca/english/es
AB주 http://www.employment.alberta.ca/SFW/1224.html
QC주 http://www.cnt.gouv.qc.ca/en/home/index.html
MB주 http://www.gov.mb.ca/labour/standards
NS주 http://www.gov.ns.ca/lae/employmentworkplaces
SK주 http://www.lrws.gov.sk.ca/labour-standards

캐나다 노동부(ESDC)
http://www.esdc.gc.ca

| 내 | 인생을 | 바꾸는 | 캐나다에서 | 홀로서기 |

Part 7

여행준비
&주요 여행지

1. 여행정보 수집 및 계획 세우기

캐나다를 좀 더 효과적으로 여행하고 싶다면, 여행에 앞서 여행지에 대한 정보를 수집하고 자신의 예산과 시간에 맞게 이동 시에는 어떤 수단을 이용할지, 숙소는 어디로 할지 등의 여행계획을 세워야 한다. 여행하고 싶은 곳의 볼거리, 먹을거리, 즐길거리에 대한 정보를 가지고 무엇을 할지도 정해야 한다. 가고 싶은 곳이나 보고 싶은 축제에 따라 여행시기를 정하는 것도 중요하다.

정보 수집

인포메이션 센터, 여행사, 웹사이트, 여행자 숙소 등을 통해 다양한 여행정보를 수집할 수 있다.

여행일정도 짧고 이것저것 알아볼 시간도 부족하여 귀차니즘이 발동하는 사람이라면 여행사의 패키지여행을 이용하는 것이 편하다. 하지만 한국 여행사를 이용할 경우, 투어에 참가하는 사람들은 대부분 한국인이므로 여행하면서 영어를 늘리겠다는 목적을 가진 사람이라면 한국 여행사의 패키지 여행은 단점이 될 수도 있다. 캐나다 현지 여행사를 통할 경우 캐나다인, 다른 나라에서 온 여러 여행객들과 함께 할 수 있다.

인포메이션 센터

다양한 여행책자와 현지 여행정보를 쉽게 구할 수 있는 방법은 인포메이션 센터(Information/Info Center)를 방문하는 것이다. 지도와 각종 브로슈어, 가볼 만한 곳의 정보를 얻을 수 있다. 인포메이션 센터의 경우 주로 그 지역의 정보를 제공하다 보니, 현재 거주지에서 다른 지역의 정보를 알아보고자 할 경우에는 많은 정보를 얻지 못할 수도 있다.

여행지의 세부적인 정보는 그 지역의 인포메이션 센터를 이용하는 것이 좋고,

전반적인 여행계획을 세우기 위한 정보는 사이트를 이용하는 것이 좀 더 효과적일 수 있다.

> I'd like to take a tour of Niagara falls.
> 나이아가라 폭포 투어에 참가하고 싶은데요.
> Can you make a reservation for this tour for me?
> 이 투어를 예약해주실 수 있으세요?
> Can I get a travel guide and a map for downtown?
> 가이드책자와 다운타운 지도를 얻을 수 있을까요?
> Could you recommend any places I must see?
> 꼭 가봐야 할 곳을 추천해주시겠어요?
> Is there a city guide tour?
> 시티 가이드 투어가 있나요?
> What is the best way to get to Banff National Park from here?
> 여기서 밴프국립공원 가는 가장 좋은 방법이 무엇인가요?
> When is the best season to visit to Victoria?
> 빅토리아를 방문하기 가장 좋은 시즌은 언제인가요?
> Can I get a student discount on the admission fee?
> 입장료를 학생할인 받을 수 있나요?

여행책자

이외에도 구글캐나다(http://www.google.ca)에서 자신이 가고자 하는 지역을 검색해보면 많은 사이트를 찾을 수 있다.

백팩(Backpack)이나 유스호스텔(Youth Hostel)과 같은 여행자숙소에서도 여행정보를 얻을 수 있으며, 공연 정보나 패키지 여행 상품을 소개해주고 예약도 도와준다. 여행자숙소에서 만난 다른 여행자를 통해 여행정보를 얻는 경우도 많다.

> 캐나다 공휴일 관련 정보
> http://www.statutory holidays.com
>
> Statutory Holiday
> 법정공휴일
> National Holiday 국경일

미국여행 시 준비 사항

미국은 캐나다와 근접해 있다 보니, 캐나다에 온 사람이라면 미국도 함께 여행하는 경우가 많다. 예전에는 미국 비자를 받기가 어려웠지만, 지금은 한국이 비자 면제국이 됐기 때문에 전자여권 소지자라면 사전에 온라인으로 전

> **결제 가능한 신용카드 종류**
> VISA, MASTER, AMEX, DISCOVER

자여행허가(ESTA)를 받아두면 된다. 그러니 미국여행도 함께 계획하고 있다면, 미리 전자여행허가를 신청해 두자.

★전자여행허가제 ESTA

여행허가신청은 온라인에서 가능하며 최소 출국 72시간 전에 신청할 것을 권고하고 있다. 여행허가승인을 받으면 허가일로부터 2년 동안 유효하며, 입국일로부터 최대 90일까지 체류 가능하다.

전자여행허가 신청은 ESTA 웹사이트(https://esta.cbp.dhs.gov/esta)에서 가능하다. 한국어 지원이 되므로 혼자 신청해도 어렵지 않다. 신청비 미화 14불은 카드로 결제한다.

ESTA 웹사이트를 검색하다 보면 여러 사이트가 나오는데 모두 대행업체다. 수수료가 별도로 붙어 신청비가 4~5만원 정도로 비싸다. 공식 ESTA 사이트에서도 한국어를 지원하므로, 일부러 대행업체를 이용할 필요는 없다.

전자여행허가 신청은 총 5단계로 이뤄진다. 신청자 개인정보를 입력하고 기타 질문에 사실대로 답하면 된다. 문제가 없다면 결제 후 바로 승인이 난다. 승인된 여행허가서를 입국 시 제시해야 하는 것은 아니지만, 인쇄해서 소지할 것을 권하고 있다.

★웹사이트를 통해 여행정보 수집

Discover America(한글) http://www.discoveramerica.co.kr
뉴욕 관광청(한글) http://www.nycgo.com/kr
샌프란시스코 관광청(한글) http://www.onlyinsanfrancisco.kr
L.A. 관광청(한글) http://kr.discoverlosangeles.com
워싱턴 DC 관광청(영/한) http://washington.org
플로리다주 관광청 http://www.visitflorida.com

2. 장거리 여행하기

캐나다가 워낙 광활한 대륙이다 보니, 도시와 도시를 이동하는 것 또한 많은 비용과 시간이 소요된다. 무조건 비용을 절약하기 위해 버스만 이용하다 보면 차 안에서 보내는 시간으로 소중한 여행 일정을 낭비할 수도 있다. 따라서 비용, 이동 시간, 도착/출발 시간, 역이나 공항과 다운타운의 접근성 등 여러 가지를 고려하여 어떤 교통수단을 이용할지를 결정하는 것이 좋다.

국내선 항공

항공편은 광활한 캐나다 전체를 여행할 수 있는 가장 빠르고 효율적인 이동수단이다. 항공요금은 시즌별, 출발/도착 시간대별로 큰 차이를 보인다. Nonstop(직항)인지, 1stop(1번 경유), 2stop(2번 경유) 이냐에 따라서도 요금 차이가 있다. 요금이 좀 싸다 싶으면 새벽 일찍 출발하거나 저녁 늦게 도착하는 시간대의 항공편이다. 미리 예약하거나 시간대를 잘 선택하면 좀 더 저렴한 비용으로 항공권을 구매할 수도 있다. 어떨 땐 기차보다 더 저렴하다.

항공요금을 비교할 때는 세금(tax), 수화물 보내는 비용 등이 별도인지 이미 추가된 요금인지를 체크해야 한다. 짐이 별로 없다면 셀프 체크인을 이용해 보자. 국내선 항공의 경우, 대부분 수화물을 보내는 비용은 별도로 지불해야 한다. 좌석을 미리 지정하거나 항공취소, 변경 시 수수료 없이 가능한 옵션 등을 선택할 경우에도 추가 비용이 있다. 국내선 항공은 대부분 온라인을 통해서 예약을 하는데, 예약과 동시에 발권해야 한다.

캐나다의 대표적인 국내선 항공사는 에어캐나다(Air Canada)와 웨스트제트(West Jet)이다. 에어 캐나다는 국내선과 국제선을 제공한다. 한국에도 국제선

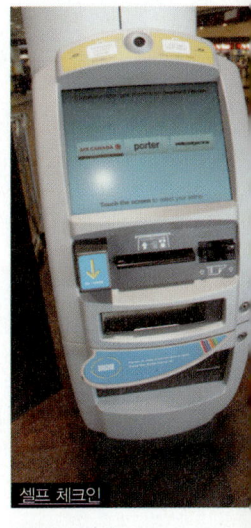

셀프 체크인

항공사 웹사이트
에어 캐나다
http://www.aircanada.com
웨스트 제트
http://www.westjet.ca

항공/숙소/렌터카 예약 웹사이트
Expedia.ca
http://www.expedia.ca
Travelocity.ca
http://travel.travelocity.ca
Tripadvisor.ca
http://www.tripadvisor.ca

직항 노선을 운항하고 있다. 웨스트제트는 캐나다 국내선뿐 아니라 캐나다와 미국의 주요 도시를 연결한다. 항공요금이 비교적 저렴한 편이다.

항공 예약뿐 아니라 숙소, 렌터카 예약도 한꺼번에 할 수 있는 포털 사이트를 이용해 보자. 이런 웹사이트에서는 여러 항공사의 스케줄을 한꺼번에 검색할 수 있어 편리하다. 항공과 숙소, 렌터카를 같이 예약할 경우 요금이 저렴한 상품들을 제공한다.

장거리 버스
저렴한 비용으로 캐나다 이곳저곳을 여행하고 싶다면, 버스가 제격이다. 운행 횟수도 많아서 이용하기 편리하다. 단점이라면 이동하는 데 시간이 많이 걸리다 보니 버스 안에 있는 시간이 길다는 것이다. 장거리 노선은 중간에 다른 버스로 갈아타야 할 수도 있고, 중간에 운전기사님이 바뀌기도 하니 자다 깨서 놀라지 말자.
버스 안에는 화장실이 설치되어 있고, 충전 및 무선 인터넷이 사용 가능한 버스도 있다.
화물칸에 싣는 짐가방과 버스에 가지고 탈 수 있는 가방의 크기, 수량이 정해져 있으니 버스표 구매 시 미리 확인하도록 하자. 버스는 별도의 지정좌석제가 아니므로 원하는 곳에 앉으면 된다.

캐나다에서 가장 많이 이용되는 버스로는,
- 캐나다 대부분의 지역을 연결하는 그레이하운드(Greyhound)
- 온타리오 주를 대상으로 서비스를 제공하고 있는 코치 캐나다(Coach Canada)
- 퀘벡 주를 운행하는 오를레앙 익스프레스(Orleans Express)
- SMT 아카디안(SMT Acadian) 버스 운행 종료 후, 애틀랜틱 캐나다 지역을 운행하는 마리타임(Maritime)
- 온타리오와 퀘벡 주 일부 지역을 운행하며 저렴한 편이라 많이 이용되는 메가버스(Mega)가 있다.

특정 지역 위주로 운행되는 버스로는,
- 캘거리와 에드먼턴을 운행하는 레드 애로(Red Arrow)

장거리 버스 터미널

- 리자이나와 새스커툰 두 도시를 연결하는 STC(Saskatchewan Transportation Company)
- 밴쿠버에서 빅토리아와 휘슬러를 운행하는 퍼시픽 코치(Pacific Coach)
- 핼리팩스와 샬럿타운을 오고 가는 PEI Express Shuttle이 있다.

그레이하운드 버스 저렴하게 이용하기

표를 미리 구입(advanced purchase)하거나, 온라인에서 구입(web only fare)할 경우, 기본요금(standard fare)에서 많게는 50% 이상 할인을 받을 수 있다. 또한 국제학생증 ISIC 카드나 HI 유스호스텔증이 있는 경우 25%의 할인을 받을 수 있다.
일정기간 무한정 이용할 수 있었던 Discovery Pass는 더 이상 판매되지 않는다.
온라인에서 구매한 표는 터미널에서 받을 수 있다.

장거리 버스 웹사이트

Greyhound http://www.greyhound.ca
Coach Canada http://www.coachcanada.com
Orleans Express https://www.orleansexpress.com
Maritime http://www.maritimebus.com
Mega Bus http://ca.megabus.com
Red Arrow http://www.redarrow.ca
STC http://www.stcbus.com
Pacific Coach http://www.pacificcoach.com
PEI Express Shuttle http://www.peishuttle.com

I booked a ticket on online. Where can I pick it up?
온라인에서 표를 예약했는데요. 어디서 찾을 수 있나요?
Where can I check my luggage?
짐은 어디에서 체크인 하죠?
How long does it take to get to Toronto?
토론토까지 얼마나 걸리나요?
Do I have to transfer?
경유하는 건가요?
May I sit next to you?
옆 자리에 앉아도 될까요?

VIA Rail 기차

캐나다 국영철도인 비아 레일 캐나다(VIA Rail Canada)에서는 캐나다 전역을 대상으로 철도서비스를 제공하고 있다. 일반적으로 버스보다 비싼 편이기는 하지만, 레일 패스(Rail Pass)를 이용하거나 다양한 가격할인 프로모션을 이용하면 좀 더 저렴하고 실속 있는 기차여행을 즐길 수 있다.
무선 인터넷 사용과 충전도 가능하다(노선에 따라 다름). 야간에 침대가 제

VIA 기차역

공되는 침대차도 있다. 좌석지정제가 아닌 경우, 원하는 곳에 앉으면 된다. 수화물로 붙이는 짐은 최대 23kg짜리 2개까지 무료로 가능하다. 기차에 가지고 탈 수 있는 짐은 최대 11.5kg짜리 2개 또는 최대 18kg짜리 1개만 허용된다.

VIA Rail Canada가 운행되는 주요 노선

1. 캐네디언(Canadian) 노선
태평양 연안의 밴쿠버에서 대서양 연안의 토론토까지 캐나다 대륙을 횡단하는 열차이다. 재스퍼, 에드먼턴, 새스커툰, 위니펙 등의 지역을 지난다. 주 3회 출발하며 전체 노선의 일정은 3일이 소요된다.

2. 재스퍼-프린스 루퍼트(Jasper-Prince Rupert) 노선
록키 산맥의 여러 산봉우리들을 거쳐 브리티시 컬럼비아주의 고지대를 운행하는 열차로 강과 호수, 야생 동물을 만날 수 있는 노선이다. 주 3~4회 운행되며, 2일이 걸리는 일정이다.

3. 퀘벡시티-윈저 코리더(Quebec City-Windsor Corridor) 노선
온타리오 주와 퀘벡주에 걸쳐 캐나다 남북을 운행하는 노선으로, 자주 운행된다. 토론토, 런던, 나이아가라 폭포, 킹스톤, 오타와, 몬트리올, 퀘벡시티 등 주요 여행지가 이 노선에 속한다.

4. 몬트리올-가스페(Montreal-Gaspe) 노선
강과 바다를 만날 수 있는 노선으로 오션 노선과 일부 여정이 겹치는 야간운행 열차이다. 주 3회 운행된다.

5. 오션(Ocean) 노선
매일 밤(화요일 제외) 몬트리올과 핼리팩스 사이를 운행하는 야간열차로, 전 일정은 21시간이 걸린다.

지역에 따라 기차역이 다운타운에서 좀 떨어진 곳에 있는 경우가 있다. 밤 늦게 도착한 경우, 기차역에서 다운타운까지 이용할 수 있는 대중교통이 없는 경우가 있을 수 있으니 기차역의 위치를 미리 파악하는 것도 잊지 말자.

VIA Rail Canada
노선과 열차, Rail pass 등의 정보(한글)
http://www.viarailcanada.co.kr
기차 예약
http://www.viarail.ca

신분증 지참
국내 여행이라고 신분증을 잊어버리는 경우가 있다. 국내선 항공뿐 아니라, 그레이하운드, VIA 등을 이용할 때도 신분증이 필요하다. 여행자 숙소에 체크인할 때도 신분증이 필요하므로, 신분증(여권, 현지 운전면허증 등)을 잊지 말고 챙기자.

I'd like to book a ticket from Montreal to Quebec City on JAN. 20th.
1월 20일에 몬트리올에서 퀘벡시티 가는 표를 예약하고 싶은데요.

How many bags are allowed on board?
가방은 몇 개 가지고 탈 수 있나요?

I lost my ticket. What should I do?
표를 잃어버렸는데, 어떻게 해야 하나요?

I missed the train.
기차를 놓쳤어요.

자가 운전

친구들과 함께 렌트를 하거나 중고차를 구입하여 대륙횡단을 하는 사람들도 많다. 한국보다 비교적 운전하기 좋은 편이지만, 사고는 언제 어디서든 일어날 수 있다. 항상 조심, 또 조심해야 한다.

중고차는 중고차 가게에서 구매할 수도 있고, 지역별 생활정보지나, Craigslist와 같이 사람들이 많이 이용하는 웹사이트를 통해 직거래를 하기도 한다. 중고차 가게를 이용할 경우에는 직거래보다 수수료를 더 지불해야 하지만, 중고차의 성능을 검증 받을 수 있으며 차량 구매 후 자동차 등록절차까지 대행해준다는 장점이 있다. 직거래한 경우에는 본인이 직접 보험가입서류를 가지고 자동차 등록사무소를 방문해야 한다. 중고차를 구입해 수리비에 많은 돈을 쏟아 부어야 하는 상황이 생기기도 하니 주의해야 한다. 중고차 구입 시에는 차에 대해 잘 아는 사람과 함께 가는 것이 좋다.

캐나다에서 운영되는 대표적인 렌터카(Rental Car) 회사에는 버짓(Budget), 내셔널(National), 허츠(Hertz), 엔터프라이즈(Enterprise), 앨라모(Alamo), 에이비스(Avis) 등이 있다. 렌트할 때는 본인 명의의 운전면허증, 신용카드가 필요하다. 렌트 비용은 차종, 시즌별, 대여기간별로 차이가 난다. 회사별로 가격을 비교해 보고 렌트할 때 가격흥정을 해보자.
만일의 사고에 대비해 차량보험은 꼭 가입하자. 만 25세 이상의 경우 보험료가 저렴하다.
차량을 렌트한 곳에 반납할 필요는 없다. 같은 회사의 다른 지점에 반납할 수 있으니, 렌트할 때 선택하면 된다.
렌터카를 받으면 먼저 외부 파손상태, 타이어 마모상태 등을 체크하도록 하자.

렌터카 회사들

렌터카 회사 웹사이트
Budget
http://www.budget.ca
National
http://www.nationalcar.ca
Hertz
http://www.hertz.ca
Enterprise
http://www.enterpriserentacar.ca
Alamo
https://www.alamo.ca
Avis
http://www.avis.ca

주영	Excuse me, I'd like to rent a car. 실례합니다. 차를 렌트하고 싶은데요.
렌터카 직원	Can I see your driver's license and credit card, please? 운전면허증과 신용카드 볼 수 있을까요?
주영	Sure. 물론이죠.

주차요금기

주유소 요금표

렌터카 직원	What type of car do you want?
	어떤 차종을 원하시나요?
주영	Do you have a list of cars? I need a small automatic car.
	자동차 리스트가 있나요? 오토매틱 소형차가 필요한데요.
렌터카 직원	Sure. Here you are.
	물론이죠. 여기 있습니다.
주영	I want to rent a car for 2 days. How much is the charge for this car?
	차를 이틀 빌리고 싶은데요. 이 차는 렌트비가 얼마인가요?
렌터카 직원	It's $100 and it's included full coverage insurance.
	100불입니다. 그리고 전체보험가입도 포함된 것입니다.

도로변에 있는 주차공간에서는 동전 넣는 기계를 볼 수 있다. 바로 주차 요금을 지불하는 무인 주차 미터기(Parking Meter)이다. 요즘은 동전뿐 아니라, 카드로 결제할 수 있는 주차 미터기가 설치된 곳도 있다. 주차요금 지불하는 것을 잊어버려 불법주차 단속에 걸리지 않도록 주의해야 한다.

광활한 캐나다 대륙을 여행하다 보면 기름이 팍팍 줄 것이다. 외곽지역의 경우 주유소가 많지 않을 수 있으니 미리 확인하여 불상사가 없도록 해야 한다. 주유할 때는 보통 기름값이 좀 더 저렴한 셀프 서비스 주유소를 많이 이용한다. 주유기에 사용방법이 적혀 있으니 따라 하면 어렵지 않다.

주간전조등 의무화
캐나다에서는 맑은 대낮이라도 운전 시에는 반드시 전조등을 켜야만 한다.

3. 주요 여행지

캐나다 국토가 워낙 광활하다 보니, 보고 즐길 거리도 곳곳에 많다. 진정한 캐나다를 느끼고 싶다면 여행을 떠나볼 것을 권한다. 여행 중 뜻하지 않게 좋은 친구를 만날 기회를 얻을 수도 있으며, 그 동안 쌓아왔던 영어실력을 뽐내볼 수 있는 시간도 될 것이다.

캐나다 하면 가장 먼저 떠오르는 관광지는 바로 서부의 록키산맥과 동부의 나이아가라 폭포일 것이다. 하지만 이 외에도 캐나다에는 매력적인 곳이 많다.

캐나다 동부

캐나다 동부에 속하는 주는 온타리오와 퀘벡이다. 캐나다 동부는 영어와 불어를 공용어로 쓰는 지역이 많다. 그래서 동부를 여행하다 보면 불어로 되어 있는 간판이나 불어 안내방송을 쉽게 접할 수 있다. 불어를 몰라도 여행하는 데 큰 어려움은 없다.

★나이아가라 폭포

캐나다와 미국 경계선에 있는 나이아가라 폭포(Niagara Falls)는, 토론토에서 그레이하운드 버스, VIA 기차, GoTansit을 이용하여 1시간 반 정도 걸린다. 기차보다는 버스가 저렴하다. 메가버스(Mega Bus)는 그레이하운드 버스보다 비교적 저렴하며 운이 좋으면 1불에도 표를 구매할 수 있다. 카지노회원들을 위해 왕복운행하는 카지노버스를 이용하기도 한다.

안개아가씨호(Maid of the Mist)라 불리는 배를 타고 폭포 바로 앞까지 가 볼 수 있는데, 폭포에 근접할수록 거대한 물살의 위력 속에 여러 사람들의 함성은 묻힌다. 클립턴 힐 등 나이아가라 폭포 주변에도 볼거리가 많다. 시간이 허

나이아가라 폭포

클럽턴 힐

CN타워

로저스 센터

하키 명예의 홀 앞 조형물

토론토 시청

락한다면 폭포에서 펼쳐지는 야경과 나이아가라온더레이크(Niagara on the lake)까지 구경하는 것도 좋을 것이다

★토론토

토론토는 도시가 크다 보니 대략적으로 본다 해도 3일 정도의 시간이 걸린다. 다운타운 여행은 이동경로를 잘 짜서, 걷기와 대중교통을 잘 병행해야 한다.

① CN 타워

토론토의 상징인 CN타워는 세계에서 가장 높은 건축물이다. 342m에 위치한 글라스플로어(Glass Floor)에는 CN타워의 명물인 유리로 된 바닥이 있다. 유리바닥 위에 누워 멋진 사진을 찍어보자.

② 로저스 센터(Rogers Centre)

토론토의 야구팀 블루 제이스와 풋볼팀 아거노츠의 홈 그라운드이다. 세계 최초로 개폐식 지붕을 설치한 곳으로 유명하다. 날씨가 좋을 때는 열려 있다가 눈이나 비가 오면 지붕을 덮는다.

③ 세인트 로렌스 마켓(St. Lawrence Market)

고풍스런 건물로 다양한 농산물과 해산물을 저렴하게 구입할 수 있는 곳이다. 마켓 갤러리도 있어 예술작품도 감상할 수 있다.

④ 하키 명예의 홀(Hockey Hall of Fame)

캐나다의 국민 스포츠인 하키의 역사와 유명 선수들의 유니폼이 전시되어 있는 곳이다.

⑤ 토론토 시청

20층, 27층 높이의 반원형 두 건물이 원형 건물을 둘러싸고 있는 특이한 형태의 건물이다.

⑥ 이튼 센터(Eaton Centre)

토론토 중심인 영-던다스 광장(Yonge-Dundas Square) 맞은편에 자리한 이튼 센터는, 그 끝을 알 수 없을 정도로 커서 길을 잃을 수도 있다. 지하로 길게 이어져 있어 추운 겨울 밖으로 나오지 않고도 쇼핑을 즐길 수 있다.

⑦ 박물관

캐나다에서 가장 큰 박물관인 로열 온타리오 박물관(Royal Ontario Museum), 캐나다 3대 미술관 중 하나인 온타리오 미술관(Art Gallery of Ontario), 구두 박물관인 바타슈 박물관(Bata Shoe Museum) 등이 있다.

⑧ 차이나타운(China Town), 켄싱턴 마켓(Kensington Market)

차이나타운은 던다스거리(Dundas Street)를 따라 형성되어 있다. 맛있는 음식점도 많고 저렴하게 장보기 좋은 곳이다. 켄싱턴 마켓은 차이나타운 바로 옆에 있는 시장으로 치즈, 빵집이 많은 유럽 분위기의 시장이다.

⑨ 퀸스 공원(Queens's Park), 토론토 대학(University of Toronto)
온타리오 주의사당이 위치해 있는 퀸스 공원에는 빅토리아 여왕, 초대 수상의 동상이 있으며, 우거진 나무 사이로 잽싸게 움직이는 귀여운 다람쥐도 만날 수 있다. 퀸스 공원 서쪽으로는 토론토 대학교가 있다.

⑩ 요크빌(Yorkville Ave.)
전세계의 명품 브랜드 가게, 고급 카페 등이 즐비한 거리이다.

⑪ 카사로마(Casa Loma)
스페인어로 '언덕 위의 집'이라는 뜻의 카사로마는, 나이아가라 폭포 수력발전으로 엄청난 갑부가 된 헨리 펠라트가 지은 성이다. 성 내부의 방만 약 100여 개이며 100명 이상이 한 번에 식사할 수 있는 식당 등 어마어마한 크기의 성이다. 5~10월경에는 아름다운 꽃의 정원도 구경할 수 있다.

⑫ 토론토 섬(Toronto Island)
하버프런트에서 페리를 타면 10분 정도 걸리는 토론토 섬은 3개의 섬으로 이루어져 있다. 이 중 센터 섬이 가장 많이 찾는 곳이며, 하이킹 코스가 잘 되어 있다.

★킹스톤의 사우전드 아일랜드

토론토와 몬트리올 간 기차여행을 한다면 한번쯤 들러보기 좋은 곳이다. 킹스톤의 가장 큰 볼거리인 사우전드 아일랜드(Thousand Islands)를 감상하기에는 여름이 가장 좋다. 사우전드 아일랜드는 킹스톤에서 세인트로렌스 강을 따라 천 개가 넘는 크고 작은 섬들로 이뤄졌다. 크루즈를 타면 이 섬들을 감상할 수 있다. 사랑하는 아내를 위해 지은 볼트 성이 있는 하트 섬이 가장 인기 있다.

★오타와

캐나다의 수도 오타와는 토론토와 몬트리올에서 비행기로 약 1시간 정도 거리이다. 버스, 기차를 이용해도 된다.

① 다운타운
국회의사당(Parliamet Building), 스팍스 거리(Sparks Street), 화폐박물관(Currency Museum), 바이워드 시장(Byward Market), 컨페더레이션 광장(Confederation Square), 노트르담 대성당(Basilica of Nortre Dame), 캐나다 왕립 조폐국(Royal Canadian Mint), 리도 운하(Rideau Canal) 등 다운타운의

아트 갤러리

퀸즈 공원

카사로마

사우전드 아일랜드

국회의사당

국립미술관

리도 운하

노트르담대성당

고고학박물관

주요 볼거리는 걸어서도 충분히 볼 수 있다. 6~8월에 오타와를 방문했다면 국회의사당 앞마당에서 위병 교대식을 볼 수 있다.

② 국립미술관(National Gallery of Canada)

국립미술관에서는 유명한 작가들의 작품을 감상할 수 있다. 거대한 청동 거미 조각상이 특히 눈길을 끈다.

③ 리도 운하(Rideau Canal)

군사 물자 수송을 위해 건설된 리도 운하는 오타와강에서 다운타운의 남동쪽으로 흐른다. 여름이면 리도 운하를 따라 크루즈를 즐길 수 있고, 겨울에는 꽁꽁 얼어붙은 리도 운하를 따라 스케이트를 즐길 수 있다.

④ 리도 폭포(Rideau Falls)

리도강과 오타와강이 만나는 지점에서 수위 차로 생겨난 리도 폭포 역시 도보로 만날 수 있다.

★몬트리올

① 구 몬트리올

구 몬트리올은 이용할 만한 대중교통 수단이 없으므로 가까운 지하철역에 내려 걸어다녀야 한다. 샹드마르(Champ de Mars) 지하철역에서 내리면 화려하고 웅장한 시청(Hotel de Ville)이 나온다. 여기서부터 구 몬트리올 여행을 시작하면 된다.

은색 돔이 눈에 띄는 봉스쿠르 마켓(Marche Bonsecours)은 그림과 특이한 기념품 등을 파는 시장이다. 다름 광장(Place d'Armes) 남쪽에 위치한 노트르담 대성당(Basilique Notre Dame)은 아름다운 외관만큼 화려한 내부가 눈을 사로잡는다.

몬트리올 고고학 박물관(Musee Pointe a Calliere)은 17세기 수도 시스템 등 다양한 유적을 보존하고 있다. 독특한 외관만큼 흥미로운 볼거리가 많으니 들러보자. 시계탑 꼭대기 전망대에서 역사적 가치를 지닌 구 항구와 구 몬트리올을 내려다볼 수 있다. 수륙양용 버스나 관광마차 칼레슈를 이용해서 이곳을 돌아보는 것도 색다른 경험일 것이다.

② 다운타운과 차이나타운

바티칸의 산 피에트로 대성당을 본 떠 만든, 마리 렌 뒤 몽드 대성당(Cathedrale Marie Reine du Monde)을 볼 수 있다. 몬트리올에서 가장 번화한 거리인 생카트린 거리(Rue St. Catherine)에 있는 언더그라운드 시(Underground City)는 추운 몬트리올의 겨울을 위해 만들어진 지하도시로 주요 쇼핑센터, 대성당과 연결되어 있다. 몬트리올의 차이나타운은 규모는 작지만 차이나타운의 상징인 중화문이 있다.

③ 라탱 지구

생드니 거리(Rue St. Denis)는 몬트리올의 대학로로, 독특한 상점이 많다.

④ 성 요셉 대성당(Oratoire St. Joseph)

신앙의 힘으로 병을 고친 앙드레 신부로 유명해져 퀘벡지역의 카톨릭 순례지 중 하나가 되었다. 순례자들은 성당 앞 300개 계단을 무릎을 꿇은 채 올라간다. 코트 데 네이지(Cotes des Neiges) 지하철역에서 도보로 약 20분 정도 걸린다.

⑤ 올림픽 공원(Le Parc Olympique)

몬트리올 올림픽 이후 공원으로 조성되었다. 비스듬하게 세워진 몬트리올 타워의 엘리베이터로 주변 경관을 감상할 수 있다.

⑥ 몬트리올 식물원(Jardin Botanique)

세계 3대 식물원 중 하나로 야외정원, 온실, 곤충관 등 규모가 크다. 11월~5월에 오픈한다.

★퀘벡시티

몬트리올에서 기차나 버스로 약 3시간 정도 걸린다. 북미의 작은 프랑스로 불리는 퀘벡시티는 작지만 볼거리가 많은 매력적인 곳이다. 퀘벡시티는 어퍼타운과 로우타운으로 나뉜다. 퀘벡시티의 상징인 샤토프롱트낙 호텔(Chateau Frontenac Hotel)이 웅장한 모습으로 서 있다. 작고 아기자기한 골목길을 걸어다니다 보면 5층 건물에 퀘벡 사람들의 모습을 그린 벽화를 만날 것이다. 실물크기라 벽화 앞에서 사진을 찍으면 실제 같다.

★앨곤퀸 주립공원(Algonquin Provincial Park)

온타리오 주에서 가장 오래된 공원이다. 헌츠빌에서 주립공원까지는 셔틀버스를 이용한다. 헌츠빌까지는 토론토에서 버스나 기차를 이용하며 3시간 이상 시간이 걸린다. 셔틀버스는 7~9월초에 오픈한다.

캐나다 서부

브리티시 컬럼비아주와 앨버타주는 캐나다 서부에 위치해 있다. 이 곳은 캐나다에서 가장 아름답고 다채로운 신비를 가진 곳으로 손꼽히고 있다. 정적이면서도 동적인 매력이 숨어 있는 곳이 바로 캐나다 서부가 아닌가 싶다.

마리 렌 뒤 몽드 대성당

성 요셉 대성당

올림픽공원

샤토프롱트낙 호텔

실물크기 벽화

그랜빌 거리

캐나다 플레이스

하버 센터 타워

개스타운 증기시계

★밴쿠버

① 롭슨 거리(Robson Street) / 그랜빌 거리(Granville Street)

밴쿠버에서 가장 번화한 거리이다. 밴쿠버의 명동이라 할 수 있는 롭슨 거리는 쇼핑의 거리이다. 그랜빌 거리는 백화점, 상점, 음식점들이 즐비하여 많은 사람들로 항상 북적대는 거리이다.

② 캐나다 플레이스(Canada Place)

배의 돛대 모양이 나란히 서 있는 듯한 모습의 캐나다 플레이스는 엑스포를 위해 지어진 건물로, 현재는 세계무역센터, 컨벤션 센터 등으로 쓰이고 있다.

③ 하버 센터 타워(Harbour Centre Tower)

밴쿠버에서 가장 높은 건물로, 건물 꼭대기의 둥근 모양의 전망대가 눈에 띈다.

④ 개스타운(Gastown)

개스타운에서 정착했던 잭의 동상인 개시 잭 동상(Gassy Jack Statue), 15분마다 증기를 뿜으면서 소리를 내는 증기시계(Stream Clock), 이뉴잇의 예술품을 전시, 판매하는 이뉴잇 갤러리(Inuit Galley), 삼각형 건물 등 이색적인 것들을 많이 만날 수 있다.

⑤ 스탠리 공원(Stanly Park), 잉글리쉬 베이(English Bay)

자전거로 하이킹하기에 좋다. 6~9월쯤에는 공원 내 무료 셔틀을 운영한다. 스탠리 공원을 둘러싸고 있는 바다 중 하나인 잉글리쉬 베이에는 날씨가 좋은 날이면 많은 사람들이 산책, 조깅, 일광욕을 즐긴다.

⑥ 그랜빌 섬(Granville Island)

다운타운과 다리로 연결되어 있어 버스나 페리를 이용해서 들어갈 수 있다. 독창적인 공예품과 다양한 음식을 파는 마켓, 각종 공연 등을 즐길 수 있다.

⑦ 키칠라노 지역(Kitsilano)

이색적이고 독특한 물건들을 파는 상점과 음식점이 많다. 롭슨 거리와는 또 다른 느낌의 쇼핑 거리이다.

⑧ 캐나다에서 가장 긴 다리인 라이온스 게이트 다리(Lion's Gate Bridge), 캐필라노 계곡(Capilano Canyon) 절벽 사이로 아슬아슬하게 걸쳐 있는 서브펜션 다리(Suspension Bridge)를 건너보자.

★ 나나이모 / 빅토리아

밴쿠버 섬의 나나이모(Nanaimo)와 빅토리아(Victoria)는 밴쿠버에서 페리를 타고 들어갈 수 있다. 나나이모에 볼거리는 다운타운에 모여 있어 반나절이면 여유롭게 구경할 수 있다.

빅토리아는 아래와 같이 볼거리가 많다.

① 주의사당(Parliament Buildings)
건물외관의 전구에 불이 들어와 밤에 그 모습이 더욱 장관이다.

② 페어먼트 엠프레스 호텔(Fairmont Empress Hotel)
건물 전체를 덮고 있는 담쟁이 넝쿨은 이 호텔의 외관을 더욱 멋스럽게 하고 있다.

③ 부차드 가든(Butchart Garden)
로즈가든 등 테마별 정원으로 꾸며져 있다. 정원의 넓이가 커서 다 돌아보려면 꽤 많은 시간이 소요된다.

④ 미니어처 월드(Miniature World)
캐나다의 과거 모습들을 미니어처로 꾸며 놓은 곳으로 모든 것이 굉장히 아기자기하고 앙증맞다.

★ 휘슬러

북미의 대표적인 스키장으로 밴쿠버에서 버스로 약 2시간 반 걸린다. 휘슬러(Whistler)까지 가는 고속도로의 경치가 너무 아름다워 'Sea to Sky Highway(바다에서 하늘에 이르는 고속도로)'라는 애칭을 가지고 있다.

★ 오카나간 밸리

남북으로 길게 이어진 오카나간 밸리(Okanagan Valley)는 와인투어로 유명하다. 와인농장을 따라 와인을 맛볼 수 있는 투어 프로그램이 많으니 참여해보자. 1, 5, 8, 9월에는 와인 페스티벌도 열린다.

★ 밴프&재스퍼 국립공원 / 레이크루이즈

밴프와 재스퍼는 록키산맥(Rocky Mts.)을 따라 뻗어 있는 대표적인 국립공원이다.

① 밴프 국립공원(Banff National Park)
캐나다에서 가장 오래된 국립공원으로 알려진 밴프는 록키산맥 동쪽 가장자리를 따라 뻗어 있다. 밴프타운에는 버스 터미널, 기차역이 있으며 숙

서브펜션 다리

주의사당

페어먼트 엠프레스 호텔

스키장

와인농장

레이크 루이즈

박시설 및 각종 기념품 가게가 많다. 밴프 타운 내 볼거리는 걸어서도 구경할 수 있다.

곤돌라를 타고 설퍼산(Sulphur Mt.) 정상에서 내려다보는 밴프타운과 주변 전경은 가히 장관이다.

설퍼산 중턱에 있는 유황온천 어퍼 핫 스프링스(Upper Hot Springs)에 들러 피로를 풀어보자. 설경을 바라보면서 즐기는 야외 온천욕은 또 다른 경험일 것이다. 온천을 할 때는 수영복을 지참해야 한다.

② 레이크 루이즈(Lake Louis)

밴프에는 크고 작은 아름다운 호수들이 많이 있다. 그 중 세계 10대 절경으로 손꼽히는 대표적인 호수는 바로 레이크 루이즈이다. 밴프에서 버스로 약 1시간 정도 걸린다.

③ 재스퍼 국립공원(Jasper National Park)

밴프만큼 크진 않지만 때묻지 않은 자연의 아름다움을 느끼기에는 재스퍼도 뒤지지 않는다.

휘슬러 산(Mt. Whistler)의 케이블카 재스퍼 트램웨이(Jasper Tramway)를 타고 해발 2286m 정상에서 절경을 즐겨보자. 10~4월 중순에는 운행하지 않는다.

★ 캘거리

캘거리 타워

TD 스퀘어

88 동계 올림픽 개최지로 잘 알려진 캘거리는 동서로는 보 강(Bow River)이, 남쪽으로는 엘보 강(Elbow River)이 흐른다. 이 두 강이 합류하는 곳에 다운타운이 형성되어 있다. 다운타운만 본다면 하루 일정으로도 가능하다.

① 캘거리 타워(Calgary Tower)

전망대 꼭대기에는 CN타워처럼 아래를 훤히 내려다 볼 수 있는 유리 바닥이 있다. '파노라마 룸'이라는 360도 회전식 레스토랑도 있다.

② 스티븐 애비뉴 워크(Stephen Ave. Walk)

다운타운 중심에 형성된 보행자 전용 도로로 음식점, 기념품 가게 등 쇼핑하기 좋은 거리이다.

③ TD 스퀘어, 데보니언 가든(Devonian Garden)

다운타운 중심에 위치한 캘거리의 대표적인 쇼핑몰이다. 건물 4층에 꾸며진 실내 정원인 데보니언 가든은 캘거리 사람들의 휴식을 책임지는 곳이다.

④ 프린스 아일랜드 공원(Prince Island Park), 오 클레르 시장(Eau Claire Market)

공원 내 피크닉을 위한 시설 및 산책로가 잘 꾸며져 있다. 공원의 보행자 전용 다리를 건너면 오 클레르 시장이 자리하고 있다. 이 곳에서는 재미있는 물건들을 많이 볼 수 있다.
⑤ 스탬피드 공원, 캘거리 동물원, 캐나다 올림픽 공원
　7월에 캘거리를 방문했다면 캘거리 최대 축제가 펼쳐지는 스탬피드 공원을 구경해보자.
　시간에 여유가 있다면 캐나다에서 두 번째로 규모가 크고 다양한 동물이 많은 캘거리 동물원과 올림픽 공원도 방문해보자.

★에드먼턴
축제의 도시라 불리는 에드먼턴은 여름에 방문하면 많은 축제를 즐길 수 있다. 쇼핑을 즐기기에도 적합한 도시이다.
① 앨버타 주의사당(Alberta Legislature)
　앞마당에 넓게 마련된 분수는 여름이면 많은 시민들의 더위를 식혀주고 있다. 내부 가이드 투어도 가능하다.
② 무타트 식물원(Muttart Conservatory)
　서스캐처원 강 북쪽 건너편에 자리한 4개의 유리 피라미드 모양의 식물원은 내부 통로로 모두 연결되어 있다.
③ 에드먼턴 요새 공원(Fort Edmonton Park)
　일종의 민속촌으로 에드먼턴의 역사를 보고 느낄 수 있다. 시기별로 당시의 모습을 재현해 놓았다. 그 시대의 복장을 한 사람들도 있으니 색다른 사진으로 추억을 남겨보자. 공원 내 운행되는 기차를 이용해 구역별 이동이 가능하다.
④ 웨스트 에드먼턴 몰(West Edmonton Mall)
　세계 최대 쇼핑몰로 기네스북에 등재되어 있다고 한다. 내부에는 다양한 브랜드 상점뿐 아니라, 아이스 링크, 인공 파도 수영장 등 각종 시설이 갖춰져 있다.

캐나다 중부
캐나다 중부의 매니토바주와 서스캐처원주는 대표적인 곡창지대로, 광활한 평야, 호수와 강이 많은 지역이다. 이 지역은 특히 캐나다의 역사적인 숨결을 느낄 수 있는 곳이기도 하다. 다른 지역에 비해 지루하고 심심하게 느껴지는 사람도 있겠지만, 복잡한 일상을 떠나 한 박자 쉬어가는 여유를 가지고 싶다면 찾아가볼 만한 곳이다.

주의사당

시청 앞 분수대

무타트 식물원

에드먼턴 요새 공원

★위니펙

곰돌이 푸우의 고향인 위니펙의 주요 볼거리는 걸어서도 충분하다. 조금 먼 거리는 무료버스인 다운타운 스피릿을 이용하면 된다.

① 매니토바 주의사당(Manitoba Legislative Building)
　캐나다의 주의사당 중 가장 아름답기로 유명하다. 중앙의 거대한 돔 꼭대기에는 매니토바의 번영을 상징하는 골든보이가 장식되어 있다.

② 어퍼 포트 개리 게이트(Upper Fort Garry Gate)
　유니언 역에서 메인 거리 맞은편에 있다. 허드슨베이 사가 사용했던 모피교역소 겸 요새로 현재는 성곽의 일부만 남아 있다.

③ 매니토바 자연사 박물관(Manitoba Museum of Man & Nature)
　자연사 박물관뿐 아니라 과학관, 천문관, 콘서트 홀 등의 복합문화단지이다.

④ 포크스 지구(The Forks)
　유니언 역 뒤편에 형성된 포크스 지구는, 원주민과 유럽인의 물자 교역소였던 곳이다. 화물창고를 개조해 만든 포크스 시장에는 식료품점과 다양한 소품 가게들이 있다.

주의사당

기마경찰단

매켄지 미술관

우크라이나 박물관

★리자이나

'여왕의 도시'라는 별명을 가진 리자이나의 주요 볼거리는, 왕립 캐나다 기마경찰단 RCMP 창립 100주년 기념으로 세워진 RCMP 박물관이다. 거대한 호수를 두고 조성된 공원 단지 와스카나 센터(Wascana Centre), 캐나다 출신 화가들의 작품을 주로 전시하는 매켄지 미술관(Mackenzie Art Gallery) 등이 있다.

★새스커툰

우크라이나 박물관(Ukrainian Museum of Canada)에서는 우크라이나인의 문화를 느낄 수 있으며 화려한 장식을 한 부활절 달걀 모양의 기념품들을 구입할 수 있다. 햇살 좋은 날이라면 서스캐처원 강을 따라 크루즈를 즐겨보는 것도 좋을 것이다.

캐나다 북부

유콘, 노스웨스트, 누나부트 이렇게 3개의 준주(Territory)로 이뤄진 캐나다 북부는 혹독한 기후로 인해 개발이 어렵고 사람이 거의 살지 않는 지역이다. 그렇다 보니 회색곰이나 순록 등의 야생동물이 많이 살고 있으며, 대자연의 신비를 그대로 간직하고 있다. 여름인 7~8월은 캠핑이나 카누를 즐기기에 좋은 시기이다.

★옐로우나이프 오로라 투어

오로라를 감상할 수 있는 몇 안 되는 도시 중 하나가 바로 캐나다의 옐로우나이프(Yellowknife)이다. 오로라를 볼 수 있는 시기(12~3월)에는 항공권을 포함한 투어 프로그램이 많이 있다.

오로라

해양박물관

시타델

시계탑

애틀란틱 캐나다

캐나다의 가장 동쪽에 위치해 있고 대서양 연안에 맞닿아 있는 4개 주는 뉴펀들랜드&래브라도, 뉴브런스윅, 노바스코샤, 프린스에드워드 아일랜드이다. 이 4개 주를 애틀란틱 캐나다 대서양 4주라고 부른다.

★핼리팩스

타이타닉호가 침몰된 곳으로 알려져 있다. 대서양 해양박물관(Maritime Museum of Atlantc)에는 타이타닉호 참변에 관한 자료들이 전시되어 있다. 핼리팩스 동쪽으로는 바다가 있고 서쪽으로는 언덕이 펼쳐져 있다. 언덕 위에 자리한 별 모양의 요새 시타델(Citadel)에서는 배우들이 예전 군대 모습을 재현해 보인다. 언덕을 내려오다 보면 가장 눈에 띄는 것이 바로 핼리팩스의 상징인 시계탑이다.

★멍턴

멍턴(Moncton)은 애틀란틱 캐나다의 3개 주를 연결하는 중앙에 위치한 도시인 만큼, 자주 들르게 되는 지역이다. 이곳에서는 바닷물이 역류하는 광경과 시동을 끄고도 오르막길을 오를 수 있는 마그네틱 힐을 만날 수 있다.

★프린스 에드워드 아일랜드(Prince Edward Island)

비행기나 페리로 들어갈 수 있지만, 섬과 연결된 다리를 통해 차로도 이동이 가능하다. 프린스 에드워드 아일랜드를 연결하는 컨페더레이션 대교(Confederation Bridge)는 세계에서 제일 긴 다리라고 한다.
이 섬의 대표적인 도시에는 샬럿타운과 캐번디시가 있다.
샬럿타운에는 빨강머리 앤과 관련된 각종 기념품과 먹을 것을 파는 상점이

살럿타운

초록색 지붕집

많다. '빨강머리 앤' 뮤지컬 공연도 즐길 수 있다. 캐나다 연방 설립의 기초가 되었던 역사의 현장을 체험할 수도 있다.

빨강머리 앤의 팬이라면 캐번디시까지 방문해보자. 소설 속의 앤이 살았던 초록색 지붕집도 볼 수 있다. 그린 게이블스 우체국에서 편지를 보내면 그린 게이블스라는 소인이 찍힌다. 기념품으로 엽서도 한 장 보내보자.

캐나다 지역별 축제와 이벤트

연중 지역별로 다양한 축제들이 있다. 특히 해가 길어지는 여름이면 재즈 패스티벌 등 크고 작은 야외활동들이 많다. 이 시기에 맞춰 여행 계획을 짜보는 것도 좋을 것이다.

★온타리오 주

① 토론토 국제영화제

　북미에서 가장 큰 국제 영화제로 매년 9월 중순경에 10일 정도 개최된다.

② 토론토 카리바나(Caribana)

　이른 여름(6~8월경) 천여 명의 사람들이 가장무도회를 펼친다. 여러 나라의 음악과 춤, 음식을 한자리에서 즐길 수 있는 축제이다.

③ 캐나다인 뮤직 위크

　3월경 토론토에서 개최되는 캐나다 최고의 음악 페스티벌이다.

★브리티시 컬럼비아 주

① 밴쿠버 빛의 축제

　12월에 밴듀스 공원(VanDusen Botanical Garden)은 수백수천의 전등으로 꾸며져 있다.

② 밴쿠버 아시아 축제

　아시아인들이 모여 전통 춤과 노래를 선보이는 축제로 5월경에 펼쳐진다.

벤쿠버 아시아 축제

★앨버타 주

① 앨버타 주 캘거리 스탬퍼드(Stampede)

　지상최대의 로데오 쇼로 전시회, 컨트리 음악 등을 즐길 수 있다. 7월에 10일 동안 개최되는 축제이다.

② 에드먼턴 포크 뮤직 페스티벌(Edmonton Folk Music Festival)

매년 8월에 개최되는 포크 페스티벌로 빼어난 거리 연주가들과 연기자, 음악가들의 공연을 감상할 수 있다.

★퀘벡 주

① 몬트리올 국제 재즈 페스티벌

매년 6, 7월에 개최되는 몬트리올 국제 재즈 페스티벌에는 20개국이 넘는 곳에서 수많은 뮤지션들이 몰려와 다양한 콘서트를 선보인다.

② 퀘벡 윈터 카니발

매년 1월 말에서 2월 중순에 퀘벡시티에서 열리는 겨울 눈축제이다.

몬트리올 국제 재즈 페스티벌

★기타

① 파우 와우 축제(Pow Wow Festival)

원주민들의 연례축제로 원주민들의 문화유산을 보존하고 그 문화를 이해하고자 하는 데 축제의 의미가 있다. 토론토, 밴쿠버 등 주요 도시에서 개최된다.

② 오타와 튤립 축제

5월경 커미셔너 공원을 중심으로 만발한 튤립 꽃을 즐길 수 있다.

③ 위니펙 포크 페스티벌

세계 유명 뮤지션들의 음악과 세계 전통요리를 맛볼 수 있는 축제가 7~8월에 펼쳐진다.

④ 서스캐처원 셰익스피어 축제

7~8월이면 새스커툰에서는 서스캐처원 강을 따라 셰익스피어 원작의 유명한 연극들을 즐길 수 있다.

⑤ 프린스 에드워드 아일랜드 주, 샬럿타운 페스티벌

5월 말부터 10월 중순까지 이어지는 축제로, 빨간머리 앤의 뮤지컬과 다양한 음악을 선보인다.

⑥ 뉴펀들랜드 래브라도 민속축제

음악과 춤이 어우러지는 축제로, 8월 초 세인트존에서 열린다.

⑦ 오카나간 와인 축제

매년 4차례(1, 5, 8, 10월)에 걸쳐, 양조장 방문, 와인 시음 등 다양한 행사가 열린다.

서스캐처원 셰익스피어 축제
샬럿타운 페스티벌

주요 여행지 관련 사이트

여행 정보 및 지역별 각종 축제나 이벤트 정보를 얻는 데 도움이 되는 사이트이다. 참고하자.

- 주한 캐나다 관광청(한글) http://kr-keepexploring.canada.travel
- 캐나다 스키, 겨울여행지 등의 정보(한글) http://krski.canada.travel

- 온타리오주 관광청(한글) http://kr.ontariotravel.net
- 온타리오주 관광청 http://www.mtc.gov.on.ca
- 토론토(한글) http://www.seetorontonow.kr
- 오타와 http://www.ottawatourism.ca
- 킹스톤 http://tourism.kingstoncanada.com
- 나이아가라 폭포 http://www.niagarafallstourism.com

- 브리티시 컬럼비아주 관광청(한글) http://www.hellobc.co.kr
- 브리티시 컬럼비아주 공식블로그(한글) http://blog.naver.com/tbckorea
- 브리티시 컬럼비아주 공식싸이월드(한글) http://www.cyworld.com/loveinbc
- 밴쿠버 http://www.tourismvancouver.com
- 빅토리아(한글) http://www.tourismvictoria.com/korean
- 오카나간밸리 http://www.okanagan.com

- 퀘벡주 관광청 http://www.bonjourquebec.com
- 몬트리올 http://www.tourisme-montreal.org
- 퀘벡시티 http://www.quebecregion.com
- 앨버타주 관광청(한글) http://www.travelalberta.kr
- 밴프 국립공원(한글) http://www.banfflakelouise.com/Korea
- 재스퍼 국립공원 http://www.jasper.travel
- 캘거리 http://www.visitcalgary.com
- 에드먼턴 http://www.edmonton.com
- 매니토바주 관광청 http://www.travelmanitoba.com
- 위니펙 http://www.tourismwinnipeg.com
- 서스캐처원 관광청 http://www.sasktourism.com
- 리자이나 http://tourismregina.com
- 새스커툰 http://www.tourismsaskatoon.com
- 노바스코샤 관광청 http://www.novascotia.com
- 핼리팩스 http://www.destinationhalifax.com
- 프린스 에드워드 아일랜드 관광청 http://www.tourismpei.com
- 샬럿타운 http://www.discovercharlottetown.com
- 옐로나이프 http://www.yellowknife.ca/Visitors.html
- 오로라 투어 http://www.auroravillage.com

이외에도 구글캐나다(http://www.google.ca)에서 자신이 가고자 하는 지역을 검색해보면 많은 사이트를 찾을 수 있다.

|내|인생을|바꾸는|캐나다에서|홀로서기|

Part 8

문제상황 해결하기

1. 물건을 분실했을 때

낯선 이국 땅에서 예기치 않은 상황이 생길 수 있다. 위기 상황이 오더라도 당황하지 말고 잘 대처한다면 해결할 수 있다.

여권 분실

여권을 분실했다면, 여권사본이나 사진이 부착된 신분증(국제학생증이나 운전면허증)을 가지고 가까운 경찰서를 찾아가 여권 분실신고를 먼저 해야 한다. 경찰서에 분실신고를 하고, 접수번호(Police Report 접수증)를 요청한다. 여권 재발급에 필요한 서류들을 지참하여 대사관이나 영사관에 방문 후, 여권 재발급사유서, 여권 분실신고서를 작성한다. 여권 수령은 우편으로도 가능하지만, 여권발급은 반드시 직접 방문하여 신청해야 한다. 여권 재발급 소요 기간은 약 2~3주이다. 하지만 5년 이내 2회 이상 여권 분실 이력을 가지고 있는 경우, 경찰청 조회 후 여권 재발급이 가능하므로 처리하는 데에 많은 시간이 소요된다.

★여권 재발급에 필요한 서류
- 여권 재발급 신청서
- 여권 분실재발급 사유서, 여권 분실신고서
- 관할 경찰서 분실신고서(police report 접수증)
- 사진이 부착된 신분증 원본 및 사본
- 최근 6개월 이내 촬영한 여권용 사진 1매(정식 사진관에서 촬영해야 하며, 사진 뒷면에 사진관 도장과 날짜가 기재되어야 함)
- 비자 원본 및 사본(비자도 같이 분실한 경우, 캐나다 이민국에 연락하여

별도로 재발급 신청)
- 만18세 미만: 법정대리인의 인감증명서 1부, 인감날인 된 여권발급위임장 및 동의서 1부, 3개월 이내 발급된 가족관계증명서와 기본증명서를 요구 할 수도 있음.
- 병역해당자: 국외여행기간 연장허가 서류 1부
- 여권 발급 수수료 $53(5년이상 10년 이하 기준)

★대사관(Embassy) & 영사관(Consulate)

· 주 캐나다 한국대사관(오타와)

150 Boteler Street, Ottawa(Boteler-Dallhousie 버스정류장에서 도보 2분)

TEL. 613-244-5010

월~금 9am~5pm(점심 12~1:30pm)

http://can-ottawa.mofat.go.kr

· 주 토론토 총영사관

555 Avenue Road, Toronto(St Clair 역에서 도보 10분)

TEL. 416-920-3809

월~금 9am~4:30pm(점심 12~1pm 민원업무 가능)

http://can-toronto.mofa.go.kr

· 주 밴쿠버 총영사관

Suite 1600, 1090 West Georgia Street Vancouver(Burrard 역에서 도보 5분)

TEL. 604-681-9581

월~금 9am~4:30pm(점심 12~1pm 민원업무 가능)

http://can-vancouver.mofat.go.kr

· 주 몬트리올 총영사관

1250 René-Lévesque Boulevard West, Suite 3600, Montreal(René-Lévesque길 Sheraton Hotel 맞은편)

TEL. 514-845-2555

월~금 9am~5pm(점심 12~1:30pm)

http://can-montreal.mofat.go.kr

온라인에서 신고하고 Police Report 받기
토론토 경찰 서비스
https://webapp1.torontopolice.on.ca/dors/start-report.html
밴쿠버 경찰 서비스
http://vancouver.ca/police/contact/report-a-crime.html

출국일이 얼마 남지 않았을 때 여권을 분실했다면, 더욱 난감할 것이다. 그래도 너무 걱정하지 말자. 이런 경우에는 당일 또는 귀국 항공 일정에 맞춰 단수여권을 발급해 준다.

여권분실 신고 후 여권을 다시 찾았다 해도, 이미 분실 신고된 여권은 효력이 상실되어 더 이상 사용할 수 없다. 따라서 습득한 여권을 가지고 대사관이나 영사관을 방문하여 분실여권 습득신고를 하고, 'VOID' 도장을 찍은 후 보관한다.

(In police…)

주영 My bag was stolen in the library.
My passport was in the bag. What should I do?
도서관에서 가방을 잃어버렸어요. 가방 안에 여권이 있었고요.
어떻게 해야 되나요?

경찰 Do you have any other identification?
다른 신분증이 있나요?

주영 Yes, I have an international student card.
네, 국제학생증을 가지고 있어요.

경찰 Fill out this form first.
우선 이 서류를 작성해주세요.

주영 I've finished it.
다 했습니다.

경찰 It's a police report. Go to the Korean Consulate and take it with you. You have to get your passport reissued.
여기 접수번호예요. 이거 가지고 한국 영사관으로 가세요. 여권을 재발급 받아야 합니다.

주영 OK. Could you tell me where the Korean Consulate is located?
알겠습니다. 한국 영사관이 어디 있는지 알려주세요.

경찰 Here's the address and phone number.
여기 한국 영사관 주소와 전화번호예요.

경찰차

귀중품 분실/도난

공공도서관에서 잠시 자리를 비운 사이, 여행자 임시숙소나 혼잡한 공공장소에서 귀중품 분실, 도난사고가 생길 수 있다. 귀중품을 분실, 도난 당한 경우 경찰서에 신고하고 분실 도난 증명서를 받아 두어야 한다. 솔직히 경찰서에 신고했다 하더라도 찾는다는 것은 어려울 수 있다. 하지만 물품도난 시 보상 받을 수 있는 보험에 가입되어 있다면 보험혜택을 받을 수 있다. 만약 목격자가 있다면 증인확인서를 받아 두는 것도 보험 청구할 때 유리하다고 한다. 하지만 무엇보다 물건을 잃어버리고 뒤늦게 후회하지 말고, 평소에 조금만 신경 쓰도록 하자. '견물생심'이라 했다. 귀중품은 특히 잘 간수하도록 하자. 필자의 경우에도 숙소에 도둑이 든 적이 있었다. 이날 돈과 귀중품을 그냥 침대에 두고 나갔던 친구는 모두 도둑 맞았지만, 나는 가방에 넣어 잠금 장치를 해두어서 아무것도 잃어버리지 않았다.

> I lost my passport/ wallet/ traveler's cheques/ credit card.
> 여권/ 지갑/ 여행자수표/ 신용카드를 분실했습니다.
> Could you tell me where the lost and found center is?
> 분실물 센터가 어디에 있나요?
> Where is the police station?
> 경찰서가 어디 있나요?
> Can I have a Korean translation service?
> 한국어 지원 서비스를 받을 수 있나요?

여행자수표 분실

현금을 잃어버렸다면 찾는 것은 쉽지 않다. 하지만 여행자수표의 경우에는 분실 신고 후, 재발급이 가능하다.

여권을 지참하고 현지 여행자수표 취급점에 방문하여 분실 신고를 해야 한다. 이때 반드시 여행자수표 발행 시 받은 일련번호를 가지고 있어야 한다.

캐나다에서 가장 많이 쓰이는 아메리칸 익스프레스 여행자수표를 분실했을 경우, 전화로 먼저 분실 신고 후, 아메리칸 익스프레스 취급점이나 파트너 은행에서 재발급 받을 수 있다.

여행자수표 분실을 대비해 일련번호는 별도로 보관해야 하며, 여행자수표는 현지 계좌 개설 후 입금하는 것이 좋다.

> **아메리칸 익스프레스 여행자 수표 분실 신고**
> 캐나다
> TEL. 1-866-296-5198
> 전화를 걸기 전 여행자수표 일련번호를 준비한다.
> http://www.americanexpress.com/canada

현지에서 신용카드 분실 신고
비자
1-303-967-1090
http://www.visakorea.com
마스터
1-800-307-7309
http://www.mastercard.com/kr

신용카드/현금카드 분실

카드를 분실했다면 불법 사용으로 큰 피해를 당하기 전에, 최대한 빨리 카드회사나 카드를 발급했던 은행에 분실신고를 해야 한다. 만일에 대비해 해외에서 분실신고 가능한 은행/카드회사 전화번호를 꼭 메모해두어야 한다. 1588로 시작하는 번호는 해외에서 사용할 수 없다.

현지신용카드 서비스센터로 직접 연락해서 분실신고를 할 경우, 분실한 신용카드 대신 현지에서 사용할 수 있도록 대체카드도 발급 받을 수 있다. 보통 2~3일 이내에 카드가 발송된다.

캐나다 현지에서 발급 받은 현금카드를 분실했을 경우, 해당은행에 직접 방문하거나 전화로 분실 신고를 한다.

주영 I lost traveler's cheques.
여행자수표를 분실했어요.

안내원 Do you have the serial numbers for your lost cheques on hand?
분실한 여행자수표의 일련번호를 지금 가지고 있나요?

주영 Yes, I do.
네, 가지고 있습니다.

안내원 Could you give me your Name, Phone Number, Mailing address, and lost cheque numbers?
이름, 전화번호, 우편 받을 주소, 수표 일련번호를 알려주시겠어요?

안내원 If the claim is approved for a refund, checks will be sent by regular mail to the address provided.
Ohterwise, refunds are available at American Express Travel Services Offices.
If the refund can't be immediately approved, you'll be notified by phone.
환불요구가 승인되면, 수표는 일반우편으로 집으로 배달될 것입니다. 또는 아메리칸 익스프레스 서비스 사무실에서 환불 받을 수 있습니다.
만약 환불요청 승인이 바로 나지 않을 경우, 전화로 연락 드리겠습니다.

2. 교통사고가 났을 때

캐나다에서 교통사고가 났을 때 당황하지 않고 대처하기란 쉽지 않은 일이다. 특히 영어가 익숙하지 않은 사람이라면 더욱 그럴 것이다. 일차적으로는 사고가 나지 않도록 주의하는 것이 가장 좋겠지만, 교통사고는 언제 어디서든 뜻하지 않게 발생할 수 있는 것이므로, 교통사고 시 대처요령을 미리 숙지하도록 하자.

캐나다에서 교통사고가 발생했다면, 한국에서와 마찬가지로 911로 신고하거나 경찰에 신고하고, 사고현장을 촬영해두거나, 목격자를 확보하거나, 상대 운전자의 연락처, 보험번호 등의 중요사항을 메모해두는 것이 좋다. 자신의 영어실력이 부족하거나 사고 대처요령을 잘 모른다면 주변의 아는 사람에게 도움을 요청하는 것이 좋다. 한국공관이나 한인회를 통해 자문을 구하는 것도 좋은 방법이다.

보행 중 교통사고

무단횡단이나 횡단보도 보행 시 특히 비보호 좌회전 차량과의 접촉사고가 많이 발생하는 편이다. 신호가 켜졌다 해도 횡단보도를 건너기 전 좌회전 진입차량이 없는지 주의해야 한다. 또한 요즘 보행 중 스마트폰 사용으로 인한 부주의로 교통사고가 증가하고 있는 추세라 하니, 보행 중 스마트폰 사용은 자제하도록 하자. 먼 캐나다 땅까지 와서 불의의 사고를 당하지 않도록 조심, 또 조심해야 한다.

사고현장에 출동한 경찰이 사고접수 후 접수번호(Claim Number)를 주면 잘 보관해야 한다. 추후 사고차량의 보험회사에서 연락이 오면 과실여부에 따라 치료비 보상을 받을 수 있다. 경찰이 출동하지 않았을 경우에는 빠른 시일 내에 경찰서에 방문하여 사고접수를 해야 한다. 부상으로 직접 갈 수 없다면, 대리접수도 가능하다.

사고가 발생했을 경우, 사고차량 운전자의 이름, 연락처, 차량번호, 보험번호, 면허증번호 등의 정보를 알아두어야 한다. 또한 주변에 목격자가 있다면 목격자의 연락처도 알아두는 것이 좋다.

보행 중 사고의 경우, 고의적인 사고유발 등 특별한 경우를 제외하고는 대부분 1차적인 책임은 운전자에게 있다. 하지만 사고 후 당황하여 'I'm sorry.'를 남발하거나 할 경우, 상대 운전자에게 자신의 잘못을 인정하는 것처럼 될 수 있으므로 조심해야 한다. 또한 상대방의 잘못인데도 불구하고 미흡한 사고 대처로 인해 억울한 경우를 당할 수 있으므로 영어를 잘 하고 교통사고 경험이 있는 지인들에게 도움을 요청하도록 하자.

운전 중 교통사고

캐나다는 주별로 교통법규가 조금씩 다르다. 그래서 캐나다에 오래 살던 사람도 지역을 옮겨 운전할 경우, 교통신호를 잘못 알아 사고가 발생할 수 있다. 하물며 캐나다에 온 지 얼마 안 된 사람의 경우, 교통법규를 제대로 알지 못한다면 사고의 위험은 더 클 수 있다. 사고 대처요령을 알기 전에 먼저 사고가 일어나지 않도록 미연에 방지하는 것이 더 중요하다는 것을 잊지 말아야 한다.

교통사고가 발생했을 경우 심한 부상자가 없다면, 먼저 사고 현장을 목격한 사람은 없는지 확인하고, 사고 현장을 스케치하거나 사진 촬영을 해둔다. 그리고 상대 운전자의 이름, 연락처, 차량번호, 면허번호, 보험번호 등의 정보를 메모해 둔다. 가해자와 피해자가 사고현장에서 잘잘못을 따지지 않기 때문이다. 상대방 과실을 입증할 수 있는 증거, 예를 들어 차 안에 먹던 맥주캔이나, 기간이 경과된 차량검사 스티커 등을 수집해두면 유리하다.

보험회사에 연락을 취해 사고접수를 할 때 중요한 것은 사고상황을 정확하게 진술하는 것이다. 이를 대비해 사고접수 전에 사건 상황을 메모해두고 어떻게 보고할지를 미리 정리해 둔다.

경찰에 신고 후, 경찰이 출동하면 사고경위를 진술하고 사고경위서를 받아둔다. 경미한 사고이거나 부상자가 없는 경우, 또 뺑소니 사고가 아닌 경우에는 경찰이 출동하지 않을 수도 있다.
상대방 차량 운전자도 자신의 보험회사에 사고접수를 하면, 양측 보험회사의 담당자가 만나 사고처리를 한 후, 과실여부를 판단하여 피해 보상금을 알려준다. 영어가 부족하다면, 사고접수와 과실여부를 판단하여 보상금을 책정할 때 영어를 잘하는 사람과 동행하는 것이 좋다. 원래 법적으로 받을 수 있는 금액보다 적게 보상금을 주려고 할 때 아무런 말도 하지 못하고 그냥 동의하고 돌아올 수도 있기 때문이다.
자신의 자동차를 수리하러 갈 때는 보험회사로부터 받은 접수번호를 지참해야 한다.

캐나다의 경우 주마다 가입할 수 있는 자동차보험 주관 기관이 다르다. 브리티시 컬럼비아주(BC)의 경우에는 주정부 산하 자동차보험 업체인 ICBC에서 자동차 보험을 관리하며, 매니토바주, 서스캐처원주도 주정부산하 보험회사를 운영하고 있다. 퀘벡주의 경우에는 인명 관련 사항은 주정부에서 관리하고, 차량사고 관련 보험은 민간에서 관리한다. 온타리오주, 앨버타주를 비롯해 기타 다른 주들은 모두 민간 보험회사에서 관리한다.
캐나다의 자동차 보험료는 한국에 비해 많이 비싼 편이다. 하지만 자가 운전자라면 만일에 대비해 자동차 보험을 꼭 가입해두어야 한다. 사고 경력이 있다면 보험료는 더 높이 책정된다.

ICBC
http://www.icbc.com

Can I see your driver's license and insurance paper?
당신 면허증과 자동차 보험증을 보여주세요.
Could you testify what happened as a witness?
사고에 대해 목격자로 증언해줄 수 있으세요?
I'd like to report a car accident.
교통사고를 신고하려고 합니다.
There is an injured person. Please call 911.
부상자가 있어요. 911에 전화 좀 해주세요.
The car going straight went through the red light.
빨간 불일 때 지나갔습니다.
That car ran into my car.
저 차가 내 차를 들이받았습니다.

내 | 인 생 을 | 바 꾸 는 | 캐 나 다 에 서 | 홀 로 서 기

Part 9

귀국
준비

1. 세금 환급

캐나다 국세청Canada Revenue Agency(CRA)
문의전화
1-800-959-8281
자동응답서비스
1-800-267-6999
http://www.cra.gc.ca

거주자(Resident) VS 비거주자(Non-resident)
과세연도를 기준으로, 즉 12월 31일까지 캐나다에 거주한 경우에는 Resident, 12월 31일 이전에 캐나다를 떠난 경우에는 Non-Resident로 세금 환급 신청을 하면 된다.

영주권자가 아니더라도 캐나다에 재산(ex. 차)이 있고, 경제적 활동을 하며, 은행계좌나 신용카드, 주정부보험 등에 가입이 된 경우, 세금 환급 신청이 가능하다. 따라서 학생비자나 워킹홀리데이 비자로 거주하는 경우(관광비자로 체류하는 경우 제외)도 세금 환급을 받을 수 있다.

캐나다의 과세연도는 1~12월이며, 세금 환급(Tax Return) 신청은 그 다음해 2~4월 말까지 가능하다. 매년 1~3월 사이에 캐나다 고용주는 과세연도를 기준으로 근로자의 모든 수입과 공제항목을 정리한 T4 Slip(수입이 있는 경우)을 발급하므로 세금 환급신고 기한 전까지 고용주로부터 T4 Slip을 수령해야 한다. GST/HST 세금혜택, 저임금 근로자 세금혜택(WITB, Working Income Tax Benefit) 등 해당항목에 대해 세금 환급을 받을 수 있다.

캐나다 비영주권자와 관련된 세금 환급 신청서는 Income Tax and Benefit Return(T1 General), Federal Tax(Schedule 1), 주별 세금신청서(예: Ontario Tax-ON428) 이렇게 3 종류이다. 지역, 거주조건(거주자/비거주자) 등에 따라 신청서 종류가 다르며, 소득공제 내용에 따라서도 작성해야 할 추가 서류가 있다. 따라서 자신이 어떤 세금공제 혜택을 받을 수 있는지를 먼저 확인하고 그에 맞게 각종 신청서를 작성하고 추가 서류를 준비한다.

ITN 신청(학생비자 소지자)

세금 환급 신청 시 SIN(Social Insurance Number)이나 ITN(Individual Tax Number)이 필요하다. 워킹홀리데이 비자나 취업비자 소지자의 경우 SIN을 받았을 것이고, 그 외 학생비자와 같이 SIN을 신청할 수 없는 사람은 세금 환급을 받기 위해 먼저 ITN을 신청해야 한다.

ITN 신청을 원할 경우, CRA 사이트에서 신청서를 다운받아 작성 후, CRA로 신청서와 필요한 서류를 보내거나 직접 방문 신청 가능하다. 6주 이내에 ITN을 발급받을 수 있다.

★ITN 신청 방법
① 국세청 사이트에서 신청서 Form T1261을 다운받아 작성한다.
② 필요한 서류
   유효한 여권 또는 운전면허증 원본 또는 공증 받은 사본
③ 작성한 신청서와 필요한 서류를 우편 또는 직접 방문하여 접수한다.
   <우편 접수 주소>
   Returns Processing Division
   International Tax Services Office
   Post Office Box 9769, Station T
   Ottawa ON K1G 3Y4
④ 6주가 지났는데도 ITN을 발급받지 못했다면, International Tax Service 사무실로 전화문의(1-855-284-5942) 해보자.

세금 환급 신청 방법
캐나다의 세금 환급은 세금 환급 기간 내에 우편 또는 온라인을 통해 신청이 가능하다. 단 온라인 신청은 거주자(Resident) 자격일 경우에만 가능하다. 세금 환급에 필요한 신청서는 우체국에 비치되어 있으며 국세청 사이트에서 다운 받을 수도 있다.

① 우편 접수
   3개의 신청서를 작성하여 T4 Slip(학생비자는 제외), 기타 증빙서류와 함께 CRA에 우편 접수 한다.
   <우편 접수 주소>
   International Tax Services Office
   102A - 2204 Walkley Road
   Ottawa ON, K1A 1A8 Canada

국세청 사이트에서 신청서 다운받기
http://www.cra-arc.gc.ca/formspubs/tfgnrl
지역별로 세금신청에 필요한 서류들(General income tax and benefit package)을 다운받을 수 있다.

세금 환급 신청 가이드
거주자용
http://www.cra-arc.gc.ca/E/pub/tg/5000-g
비거주자용
http://www.cra-arc.gc.ca/E/pub/tg/5013-g

② NETFILE 이용한 온라인 신청

먼저 세금 환급에 필요한 증빙 서류들을 준비한 후, 국세청(CRA) 사이트에서 계정 (My Account)을 만든다. NETFILE 사이트(http://netfile.gc.ca)에 접속하여 Certified Software 메뉴에서 온라인 세금 환급에 필요한 프로그램(유/무료)을 확인한다. 해당 웹사이트에서 소프트웨어를 다운받아 설치한 후, 소프트웨어에 필요한 정보를 입력하면 자동으로 금액을 계산하여 세금 환급에 필요한 파일을 생성해 준다.

이렇게 생성된 파일은 소프트웨어에서 자동으로 국세청에 보내진다. 만약 자신이 사용한 소프트웨어에 이런 기능이 없다면 생성된 파일을 저장(*.tax)하여 NETFILE 사이트에서 직접 국세청으로 보내야 한다.

세금 환급 신청이 완료되면 접수번호(CRA Confirmation Number)를 받게 되는데, 이것은 따로 메모해 두는 것이 좋다.

온라인 신청은 우편 접수에 비해 편리하며 심사도 빠르게 진행된다(최소 8일, 평균 2주). 온라인 신청에 대한 안내 동영상(http://www.cra-arc.gc.ca/getready)을 참고하자.

세금 환급 관련법이 자주 바뀌니 국세청 사이트에서 변경된 사항이 없는지 확인하도록 한다. 신청서 작성하는 것이 복잡하고 어렵게 느껴진다면 세무사를 통해 대행을 한다.

세금 환급 신청 시 필요한 것

· 학생비자 소지자: ITN
· 워킹홀리데이 비자 소지자: SIN, T4 Slip(고용주로부터 발급)
· 학생/워킹홀리데이 비자 공통: Income Tax and Benefit Return(T1 General), Federal Tax(Schedule1), 각 주별 세금 환급 신청서(예: Ontario Tax ON428), 증빙서류

2. 최종 마무리

각종 해지 처리

캐나다에서의 오랜 생활을 정리할 때가 되었다. 짐 정리에 앞서, 그 동안 사용하던 은행계좌, 휴대폰, 인터넷 등을 해지해야 한다. 간혹 제대로 해지 처리를 하지 않고 귀국했다가, 다시 캐나다에 왔을 때 신용 등에 문제가 생길 수 있기 때문이다.

계좌에 잔고가 없다 해도 귀국 전 은행을 방문하여 계좌해지(Account Closing)를 하는 것이 좋다. 계좌유지비가 있는 경우, 매달 계좌유지비를 차감하다 보니 은행잔고가 없다면 본인의 통장이 계속 마이너스가 될 수 있기 때문이다. 계좌 개설한 지 얼마 되지 않아(90일 이내) 해지요청을 하면, 은행에 따라 차이는 있지만, 보통 15불 정도의 수수료를 부과한다.

약정 기간이 만료된 휴대폰이라면 해당 통신사 대리점에 방문하거나 전화로 해지신청을 하면 된다. 만약 약정기간이 남아있다면 약정 위약금을 지불해야 하므로, 남은 약정기간을 양도 받을 사람을 구하는 것이 좋다. 선불요금제 휴대폰을 사용하고 있는 경우라면 별도의 해지신청은 필요하지 않다.

기타 인터넷, 전기, 수도 등 본인 명의로 신청한 것이 있다면 해당 회사에 전화로 해지신청을 한다.

짐 정리하기

캐나다 생활을 마감하면서 짐 정리를 하다 보면 늘어난 짐을 보고 놀랄 것이다. 수화물 무게 제한이 있으니 꼭 다시 가져가야 하는 것을 제외하고는 친구들한테 주고 가거나 아니면 Take Over나 Garage Sale로 팔고 가도 된다.

Take Over란 이사 올 사람에게 집과 가구, 전자제품 등을 모두 한꺼번에 넘기

초과 수화물 요금 규정(일반석 기준)
· **에어 캐나다**
무게(23kg 이하)/크기(158cm 이하) 초과시 100불
개수(2개) 초과시 225불
· **대한 항공**
무게(23kg 이하) 초과시 100불
개수(2개)/크기(158cm 이하) 초과시 200불

는 것을 말한다.

Garage Sale은 쓰던 물건을 개별적으로 처분하고자 할 경우, 집 앞에 물건들을 진열해 놓고 판매하는 것이다. 하지만 요즘은 Garage Sale보다는 인터넷이나 정보지 등을 통해 귀국세일 광고를 하거나 현지 유학원이나 한인슈퍼 등의 게시판에 광고를 하기도 한다.

그래도 짐이 많다면 공항에서 초과 요금을 지불하거나 우체국이나 한국 택배 서비스, 선박우편을 통해 한국으로 미리 보낼 수도 있다.

I'd like to send it to Korea.
이것을 한국으로 보내고 싶은데요.
How much will a box cost if it's 20kgs?
20kg 한 상자 보내는 데 얼마인가요?

I'm selling my things because I'm going back to Korea.
한국으로 귀국하게 되어서 쓰던 물건들을 팔고 있어요.
Can I put a sign for the garage sale here?
귀국세일 광고를 여기에 붙여도 될까요?
Those are for sale. The price tags are attached.
여기 물건들이 파는 것이고요. 물건에 가격표가 붙어 있어요.
It has been 6 months since I purchased it.
이것은 구입한 지 6개월 정도 되었어요.

garage sale

3. 항공예약 상황 체크하기

귀국일이 정해지지 않은 오픈 항공권이거나, 기존에 정해진 귀국일을 변경하고자 할 경우, 항공사나 구매한 여행사에 연락해야 한다. 성수기 때는 출국일보다 2~3개월 전에 미리 알아보지 않으면 원하는 날짜에 좌석이 없는 경우가 있다.

I'd like to book a seat for my return ticket to Korea.
한국으로 돌아가는 좌석을 예약하고 싶은데요.
I'd like to change my return date to Korea.
한국으로 돌아가는 리턴일을 변경하고 싶은데요.
I'd like to change it to January 20th.
1월 20일로 변경하고 싶은데요.
I'd like to change my reservation.
예약사항을 변경하려고 하는데요.
Is there an additional charge for changing the return dates?
귀국일정을 변경하는 데 추가 수수료가 있습니까?

좌석을 컨펌 받지는 못했지만 사정이 있어 꼭 그날 귀국해야 하는 경우라면 공항에서 대기(Standby)하는 방법도 있다. 대기자 명단(Waiting List)에 이름을 올려 놓으면 좌석이 생기는 대로 대기자 명단의 순서에 따라 좌석을 배정받을 수 있다. 하지만 좌석이 없다면 다시 돌아와야 하므로 추천하고 싶은 방법은 아니다.

필자의 경우 국내선 비행기를 놓쳐 대기를 한 적이 있었다. 그때 대기자 명단에서 두 번째 순서였는데, 체크인한 승객들이 모두 탑승한 후, 두 좌석이 생겼

다면서 승무원이 안내해주었다. 그런데 승무원이 공석을 잘못 체크하는 바람에 어이 없게도 바로 비행기 앞에서 다시 나오는 수모(?)를 겪어야만 했다. 처음 항공권 구매 시 지정된 귀국일에 출국을 하는 경우라도 출국하기 며칠 전에 항공사에 연락하여 항공스케줄에 변함이 없는지 확인한다.

> Is there any chance that I can depart today?
> 제가 오늘 출발할 수 있는 가능성이 있나요?
>
> Please put my name on the waiting list, please.
> 제 이름을 대기자 명단에 올려주세요.
>
> How many people are ahead of me on the waiting list?
> 대기자 명단에 제 앞으로 몇 명이 있나요?

스톱오버(경유지에서 체류)가 가능한 항공권일 경우, 스톱오버 일정도 체크한다.

항공일정을 변경하거나 컨펌할 경우, 항공사나 여행사로 직접 전화해야 한다. 웹사이트로 구매한 경우 해당 웹사이트에서 온라인변경 서비스를 제공하기도 한다.

스케줄을 확인하거나 변경할 때는 항공권 예약번호(Booking Reference Number)가 필요하다.

요즘은 스마트폰의 앱을 통해 항공 스케줄 관리 및 체크인(check-in)을 할 수 있으며, 비행기가 연착되거나 탑승구가 변경될 경우 안내를 해주기도 한다.

항공사별 캐나다 내 toll free 전화번호
에어 캐나다
1-888-247-2262
대한항공
1-800-438-5000
캐세이퍼시픽항공
1-800-268-6868
잘항공
1-800-525-3663
필리핀항공
1-800-435-9725
기타 항공사
http://www.tollfreeairline.com

> I'd like to confirm my booking.
> 예약사항을 확인하고 싶은데요.
>
> I'd like to confirm the departure time.
> 출발시간을 확인하고 싶은데요.
>
> I'd like to confirm my return schedule to Korea.
> 한국행 귀국일정을 확인하고 싶은데요.

4. 공항에서

드디어 캐나다를 떠나는 날이 되었다. 마음은 가볍게, 당신의 영어실력과 경험은 풍성하게 돌아가는 길이기를 바란다. 아마 캐나다에 올 때보다 짐도 많이 늘었을 것이다. 이미 당부했지만 한국에서 출발할 때와 마찬가지로 수화물 허용 무게를 넘지 않도록 해야 한다. 특히 캐나다 출발의 경우 '봐준다'는 개념이 더욱 더 허용되지 않기 때문에, 비싼 초과 요금을 지불하지 않으려면 규정을 지키는 것이 좋다.

출국심사 및 탑승수속

캐나다 출국심사는 입국심사처럼 까다롭지 않다. 인천공항에서 출국심사 할 때와 같다.

공항에는 출발 2~3시간 전에 도착해야 하며, 도착하면 먼저 해당 항공사의 카운터에서 체크인(Check-in)을 하고, 탑승권(Boarding Pass)을 받는다. 사전에 항공사의 온라인 체크인 서비스를 이용하거나, 공항에서 Check-in kiosk를 이용하여 직접 체크인을 할 수도 있다. 이 때 수화물(checked baggage)로 보낼 짐도 함께 체크인 한다. 기내로 가지고 가는 가방(carry-on baggage)에는 스프레이, 칼, 허용기준을 초과하는 액체류 등이 포함되지 않도록 주의한다. 수화물 분실을 대비해 탑승권과 함께 주는 수화물 택(Baggage Claim Tag)을 잘 보관한다.

> **항공사 직원** May I have your passport and ticket, please?
> 여권과 항공권을 주시겠어요?

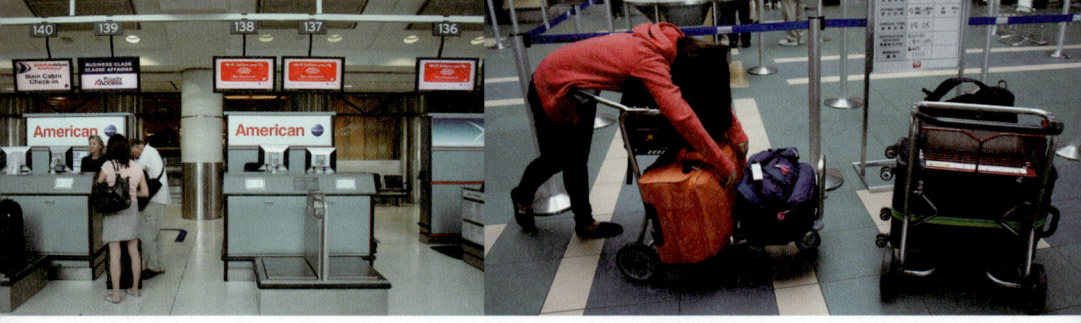

주영	Here you are.
	여기 있습니다.
항공사 직원	Which seat do you prefer?
	어느 쪽 좌석을 원하세요?
주영	A window seat, please.
	창가 쪽 좌석으로 주세요.
항공사 직원	Sure. Do you have any baggage to check in?
	네 그러죠. 수화물로 보낼 짐이 있습니까?
주영	Yes, I have one baggage.
	네, 가방 하나 있어요.
항공사 직원	Put your bag on the scale, please.
	가방을 저울 위에 올려주세요.
항공사 직원	Your baggage is 3kgs over allowed weight. You need to pay an extra charge.
	허용 무게를 3kg 초과했네요. 수수료를 지불해야 합니다.
주영	Can you please let it go?
	봐주실 수 없나요?
항공사 직원	I'm sorry I can't. It's a strict restriction for checked baggage. Please reduce the weight of your check-in baggage and put it in your carry-on, please.
	죄송하지만 안됩니다. 수화물에 대한 엄격한 규정이라서요. 보낼 짐의 무게를 줄이고 기내로 가지고 가세요.

체크인을 마쳤다면 여권과 탑승권을 보여주고 보안검사대(Security Checkpoint)를 통과하여 국제선 출국장(International Departures)으로 들어간다. 캐나다 출국 시에 별도의 출국신고서는 작성하지 않는다.

(보안검색대에서)

Empty your pockets and put your belongings in this basket.
주머니에 소지품을 이 바구니에 넣어주세요.
Ensure all cameras, laptops and other devices are out of your luggage.
카메라, 노트북, 기타 전자제품을 모두 가방에서 꺼내 놓으세요.
Put your carry-on bag on the screening line.
가방을 검색대 위에 올려주세요.
Remove Jackets and footwear.
겉옷과 신발을 벗어주세요.
Boarding pass and passport must be carried through the metal detector.
금속탐지기를 지날 때 탑승권과 여권은 소지해주세요.

탑승시간(Boarding Time)에 늦지 않게 탑승구(Boarding Gate)에서 대기한다. 탑승 시작을 알리는 안내방송을 하면 탑승 준비를 한다. 일등석 손님과 어린이를 동반한 승객들을 먼저 태운다는 안내방송을 할 것이다. 그리고 나서 이코노믹 좌석 승객들의 탑승이 이뤄진다. 보통 좌석 뒷번호 승객부터 탑승이 이뤄진다. 안내방송을 잘 듣고 따르면 된다.

May I have your attention, please? Korean Air Flight 720 to Incheon is now ready for boarding. Passengers are kindly requested to board through gate 22. Thank you.
알려드립니다. 인천행 대한항공 722편의 탑승준비가 완료되었습니다. 승객 여러분께서는 22번 게이트에서 탑승해주십시오. 감사합니다.
May I have your attention, please? Korean Airline announces the boarding of Flight 720 to Incheon. Those with first-class

tickets, small children, or needing assistance, please board at this time. We'll call for other passengers in a few minutes.
인천행 720편의 탑승을 알려드립니다. 일등석 손님들, 어린이나 도움이 필요한 승객은 지금 탑승해 주십시오. 다른 승객들은 잠시 기다려 주십시오.
Passengers seated in rows 50-100, please board now.
50번부터 100번까지의 좌석번호를 가진 승객께서는 지금 탑승해 주십시오.

면세점 구경하기

탑승 전까지 시간의 여유가 있다면 면세점을 둘러보자. 귀국 선물을 준비하지 못했다면 면세점에서 구입하면 된다. 캐나다에서 남은 동전은 한국에서 환전이 안되므로 기념품으로 남겨놓은 동전이 아니라면 공항에서 사용하자.
캐나다 특산품으로 메이플 시럽, 메이플 쿠키, 훈제연어, 인디언의 예술작품, 드림캐처, 단풍잎 모양의 기념품, 아이스 와인, 건강보조식품 등을 많이 구입한다.

주영	I'd like to buy some gifts. Can you recommend anything? 선물을 사고 싶은데요. 추천해주시겠어요?
면세점 직원	Who do you want to give the gift to? 누구한테 선물하실 건가요?
주영	For my parents and friends. 부모님과 친구들이요.
면세점 직원	How about Maple syrup and smoked salmon? 메이플 시럽과 훈제연어는 어떠세요?
주영	Could you show me something different? 다른 것을 보여주시겠어요?
면세점 직원	Well then, how about some Ice wine? 그러면 아이스 와인은 어떠세요?
주영	I like it. I'll take it. 그거 좋네요. 그걸로 할게요.
면세점 직원	Can I see your passport and boarding pass, please? 여권하고 탑승권 보여주시겠어요?

내 | 인생을 | 바꾸는 | 캐나다에서 | 홀로서기

ID A

부록

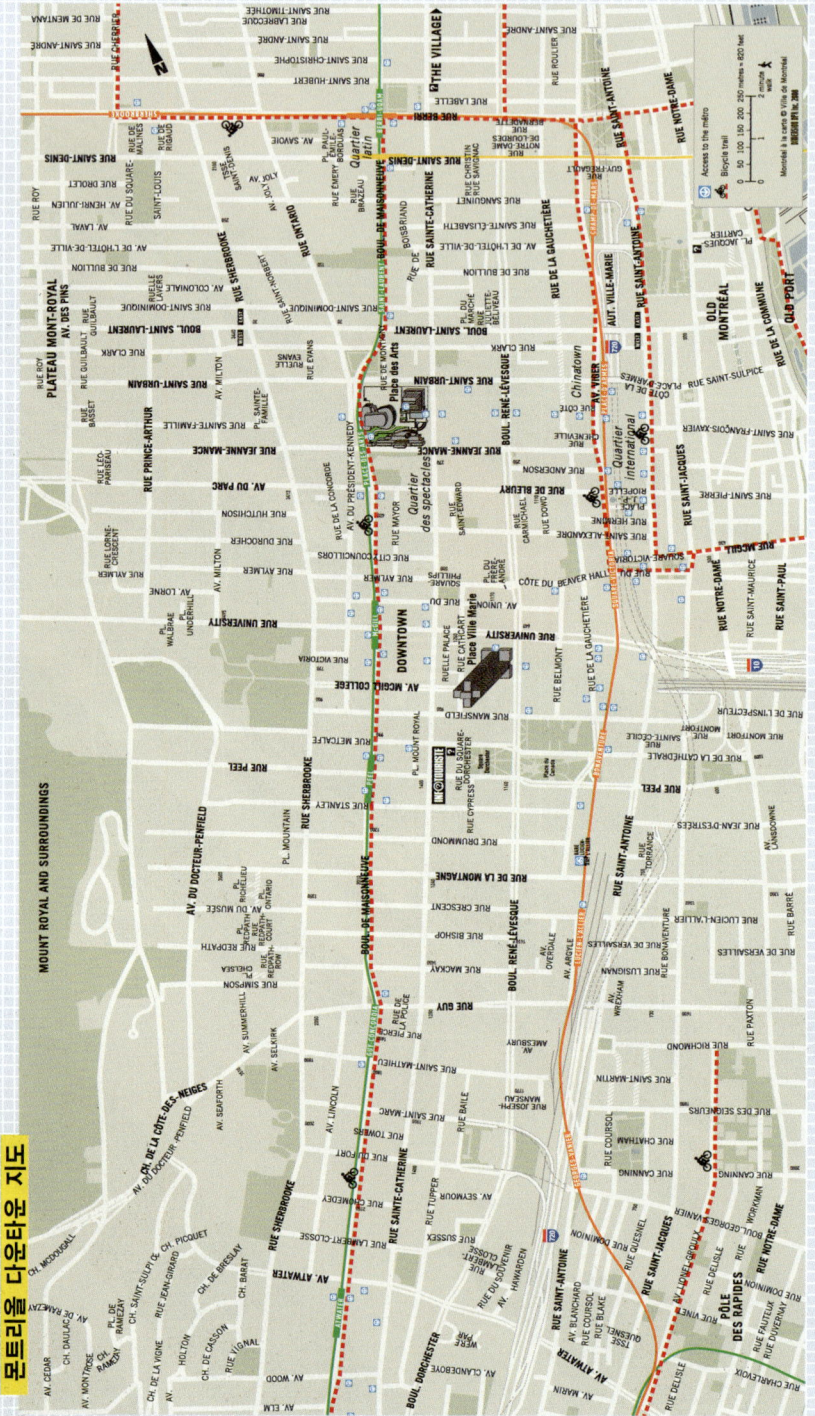

토론토 다운타운 지도

밴쿠버 다운타운 지도

DOWNTOWN VANCOUVER
LEGEND
Seawall Walk/Cycle
Ferries
SkyTrain
Tourism Vancouver Visitor Centre
Satellite Visitor Centre
Sights & Attractions
Hotels
Theatre & Performing Arts
EasyPark Parking
Shopping
Hospital
Services
One Way Streets
Police
Westcoast Express
TOURISM VANCOUVER VISITOR CENTRE
Plaza Level 200 Burrard Street
TICKETS tonight
Same Day Half-Price Tickets Inside the Visitor Centre
STANLEY PARK
Burrard Inlet
Coal Harbour
English Bay
WEST END
ROBSON
GASTOWN
CHINATOWN
YALETOWN
False Creek
GRANVILLE ISLAND
SOUTH GRANVILLE
KITSILANO
MOUNT PLEASANT

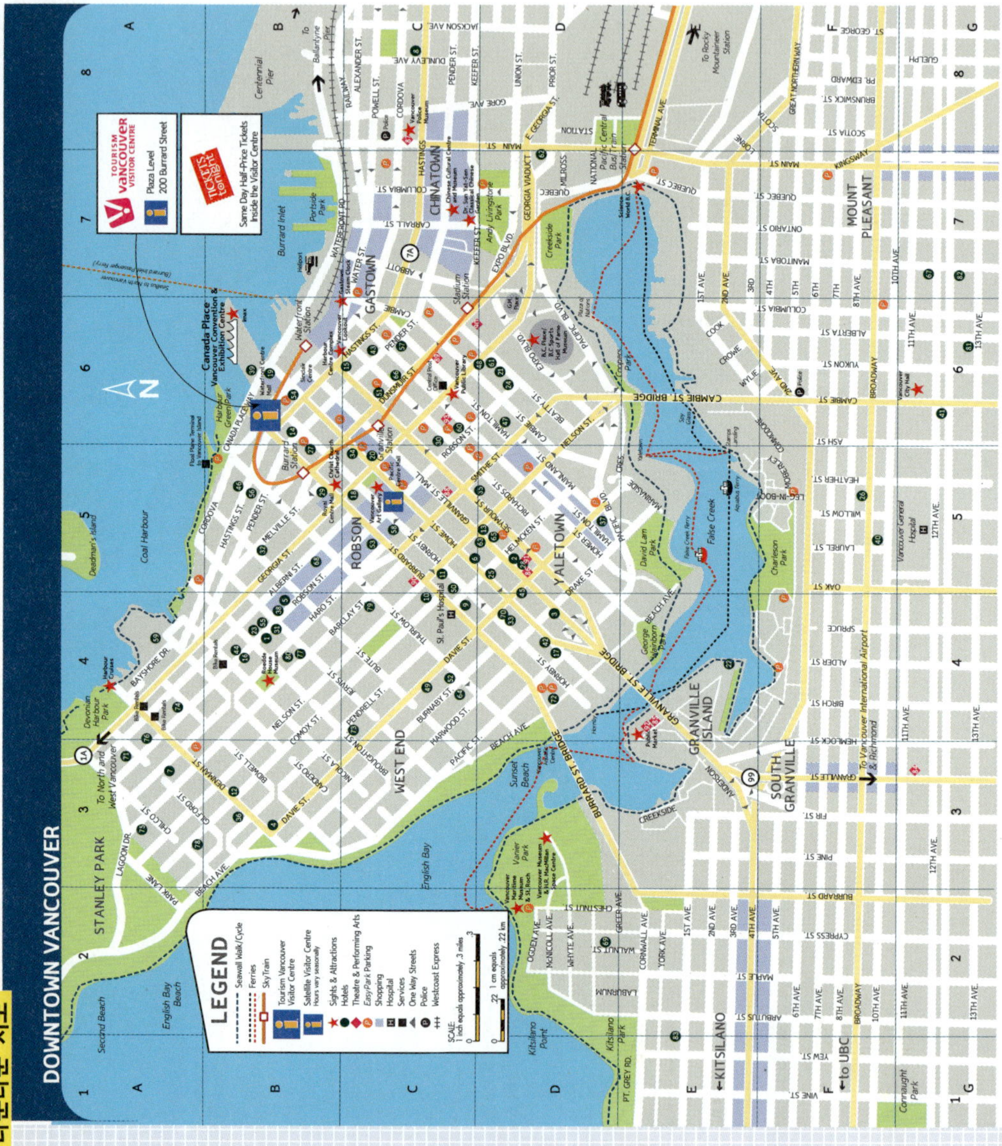

주요 도시 전철 노선도

몬트리올 지하철 노선도

Montmorency
De la Concorde
Cartier

Henri-Bourassa
Sauvé
Crémazie
Jarry

Saint-Michel
D'Iberville
Fabre

Honoré-Beaugrand
Radisson
Langelier
Cadillac
Assomption
Viau
Pie-IX
Joliette
Préfontaine
Frontenac
Papineau

Jean-Talon
De Castelnau
Parc
Beaubien
Rosemont
Laurier
Mont-Royal
Sherbrooke

Acadie
Outremont

Côte-Vertu
Du Collège
De la Savane
Namur
Plamondon
Côte-Sainte-Catherine

Édouard-Montpetit
Université-de-Montréal
Côte-des-Neiges

Berri-UQAM
Saint-Laurent
Place-des-Arts
McGill
Peel
Guy-Concordia
Atwater

Beaudry

Longueuil–Université-de-Sherbrooke
Jean-Drapeau
Champ-de-Mars
Place-d'Armes
Square-Victoria
Bonaventure

Snowdon
Villa-Maria
Vendôme
Place-Saint-Henri

Lionel-Groulx
Georges-Vanier
Lucien-L'Allier
Charlevoix

Angrignon
Jolicoeur
Monk
LaSalle
De l'Église
Verdun

TRAINS DE BANLIEUE DIRECTION BLAINVILLE—SAINT-JÉRÔME
TRAINS DE BANLIEUE DIRECTION DEUX-MONTAGNES
TRAINS DE BANLIEUE DIRECTION DORION/RIGAUD
TRAINS DE BANLIEUE DIRECTION DELSON-CANDIAC
TRAINS DE BANLIEUE DIRECTION MONT-SAINT-HILAIRE

Légende
- Station de métro
- Station intermodale
- Train de banlieue

317

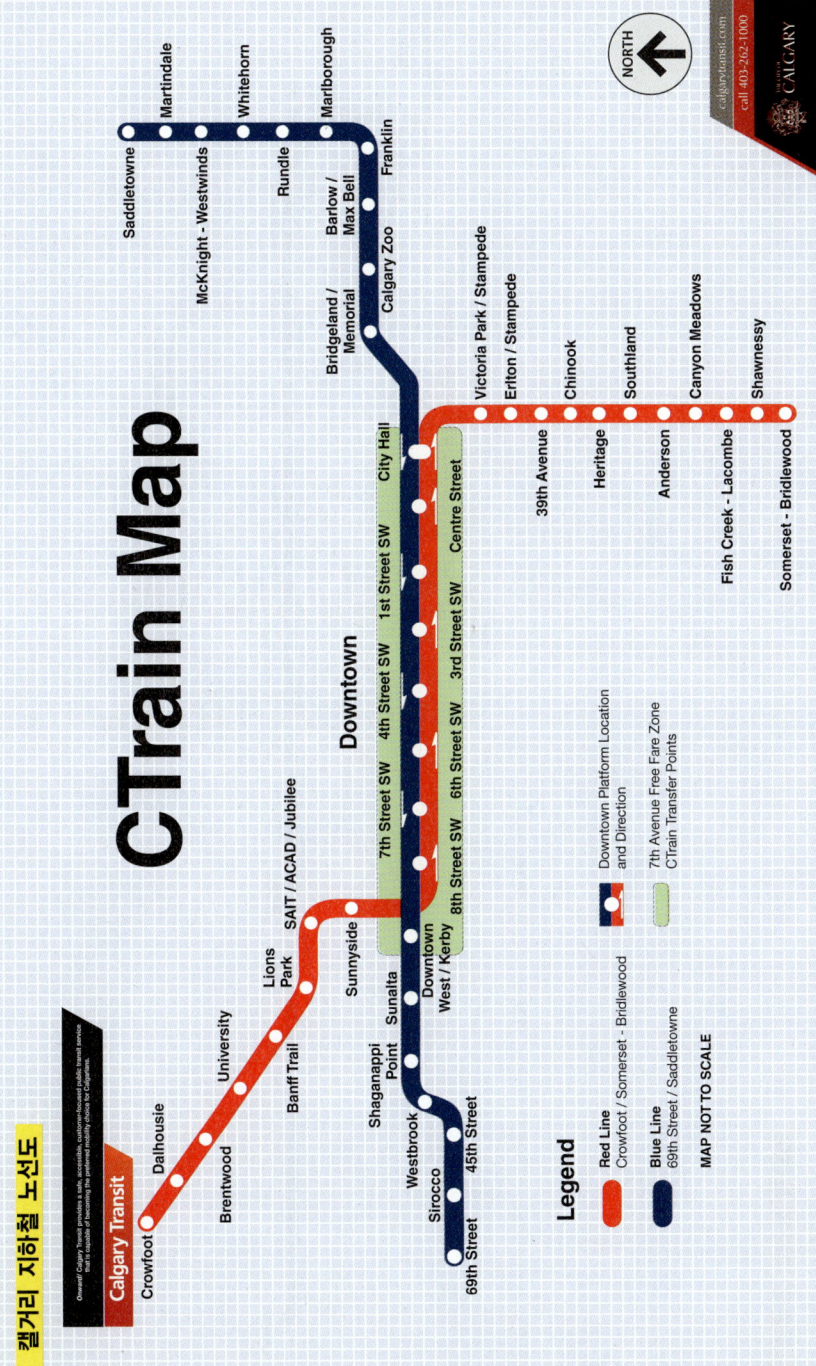

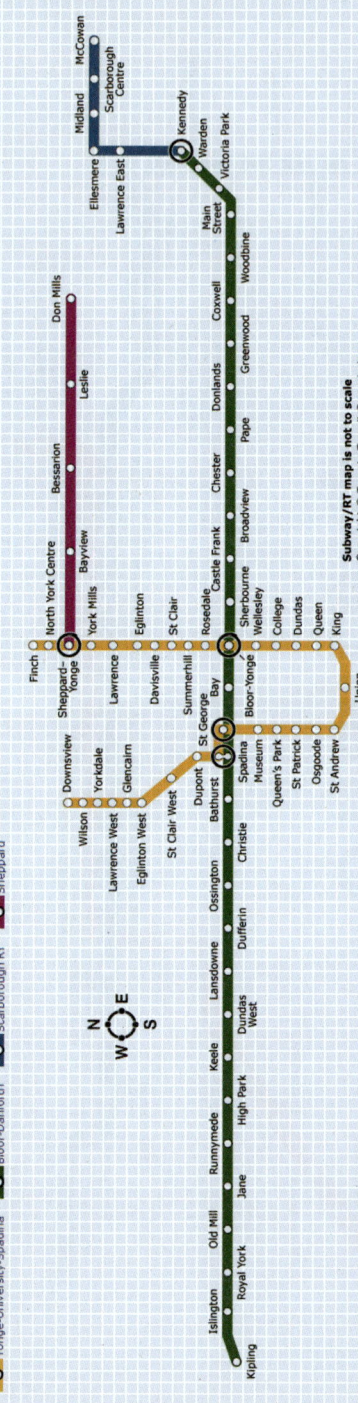

캐나다에서 사용되는 단위

캐나다에서 기본적으로 많이 사용되는 단위를 알아보자. 캐나다에서 물건 구매 시, 무게나 신발 치수 등이 우리가 사용하던 단위와 달라서 당황할 수 있다.

·무게
그램(g)/킬로그램(kg) 단위도 사용되지만, 파운드(lb)를 많이 쓰며 온스(oz) 단위도 사용된다. 우리나라에서는 고기를 살 때 주로 근의 단위를 쓰고, 캐나다는 파운드를 많이 쓴다. 하지만 대부분 파운드와 함께 킬로그램 단위도 표시되어 있다. (예) 1근=600g≒1.3lb, 1lb≒453g, 1oz≒28g≒0.06lb

·길이
피트(ft), 인치(in)의 단위를 주로 사용한다. 영어권 국가에서 키를 말할 때 피트 단위를 주로 사용한다. (예) 1ft=30.48cm, 1m≒3.3ft, 1in=2.54cm

·넓이
우리나라에서 넓이를 말할 때 주로 몇 평이나 m^2을 쓰지만, 캐나다에서는 스퀘어푸트(sq.ft=ft²), 에이커(ac) 단위를 쓴다. (예) 10평≒33m^2≒356sq.ft, 1sq.ft≒0.028평, 1ac≒1224평

·부피
우리나라처럼 리터(L) 단위도 쓰고, 갤런(gal)이라는 단위도 사용한다. (예) 1gal≒3.8L

·신발 사이즈
캐나다에서는 남자와 여자의 신발 사이즈가 다르다.
아래 표는 대략적인 비교이므로, 꼭 신어보고 구입하도록 하자.

캐나다(여)	6	6½	7	7½	8	8½	9	10	11
캐나다(남)	–	–	6	6½	7	7½	8	9	10
한국(mm)	230	235	240	245	250	255	260	270	280

·여자의류 사이즈

캐나다	2~4	4~6	8~10	12~14	14~16	16~18
호칭	XS	S	M	L	XL	XXL
한국	44(85)	55(90)	66(65)	77(100)	88(105)	–

·남자의류 사이즈

캐나다	S	M	L	XL	XXL
한국	90~95	95~100	100~105	105~110	110이상
허리둘레(inch)	30	32	34	36	38

유용한 무료 스마트폰 앱

★Skype iOS ▶

무료 메시지, 음성, 영상통화가 가능하며, 크레딧을 구매하여 저렴하게 국제전화도 할 수 있다. 노트북에 설치해서 쓰거나 스마트폰에서 앱으로도 많이 사용한다. 유학생들에게는 필수이다.

★Metro iOS

나라별 전철 정보를 제공한다. 출발역과 도착역을 선택하면 어떤 노선을 이용해야 하고, 어느 역에서 환승해야 하는지 알려준다.

★citymaps2go iOS ▶

세계 도시별 지도를 다운받아 오프라인 상태에서 사용할 수 있다. Wi-Fi를 사용할 수 없을 때 유용하다.

★Kijiji iOS ▶

캐나다의 대표적인 벼룩시장 사이트 키지지의 애플리케이션이다.

★Craigslist iOS ▶

Kijiji와 함께 많이 쓰이는 벼룩시장 Craigslist에서 제공하는 앱이다

★Groupon

캐나다에서도 소셜커머스의 인기가 점점 높아지고 있다. 그 중 캐나다에서 가장 많이 사용하는 앱이다.

★See Toronto iOS ▶

토론토 관광청에서 제공하는 앱이다. 토론토의 볼거리, 먹을거리, 쇼핑, 이벤트 등의 정보를 제공한다.

★TTC Navigator iOS

토론토 TTC 교통수단(버스, 스트리트카, 전철)의 연결노선 및 도착시간 등의 정보를 제공한다.

★Transit Now Toronto for TTC ▶

토론토의 TTC 교통수단을 이용할 때 유용하다. 원하는 정거장 도착 전에 알람 기능, 버스 도착 예정 시간 등의 정보를 제공한다.

★Transit Pro: Vancouver iOS

밴쿠버의 버스 노선을 알려준다.

★LiveTransit Vancouver ▶

GPS 위치를 이용하여 실시간으로 밴쿠버 트랜스링크 버스의 위치와 시간을 알려준다.

★STM iOS ▶

몬트리올 교통시스템 STM에서 제공하는 앱이다. 버스, 메트로 시간표 및 요금 정보를 제공한다. 현재 위치에서 가까운 정류장이나 메트로역을 안내해준다.

★밴우동(밴쿠버 우리동네) iOS ▶

자신의 가게를 만들어, 팔 물건들을 올리거나 살 수 있다. 유용하기는 하지만 아직은 활성화가 많이 되지 않았다.

★Urbanspoon iOS ▶

미국, 캐나다, 영국, 호주의 주요 도시에 대표적인 식당을 소개하는 앱이다. 전화번호, 위치, 리뷰 등의 정보가 제공된다.

★WiFi Finder iOS ▶

현재 있는 곳 주변에서 와이파이 사용 가능한 장소를 검색해주는 앱이다. 무료, 유료로 나눠서 보여주며, 해당 지역의 정보 및 찾아가는 길도 안내해준다.

★genie talk iOS ▶

우리말을 입력하거나 말하기를 하면 영어로 번역/통역 해주는 앱이다. 반대로 영어로 말하면 우리말로 통역된다.

★Google 번역(Google Translate) iOS ▶

60개 이상의 언어로 번역할 수 있는 앱이다. 긴 문장의 경우 번역이 매끄럽지 못하지만 영어나 프랑스어 사전 대용으로 사용하는 것은 괜찮다.

★Triposo iOS ▶

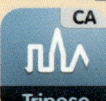

무료로 제공되는 여행가이드로 나라별로, 지역정보, 볼거리, 먹거리, 액티비티 등 다양한 정보를 제공하고 있다.

★Kayak iOS ▶

항공 및 호텔, 렌터카를 검색하고 예약할 수 있으며, 항공사별 연락처, 웹주소 정보는 물론 수화물 보낼 때 요금도 정리되어 있다. My trips, flight tracker를 통해 자신의 비행 일정을 관리할 수 있다.

★외교부 해외안전여행 iOS ▶

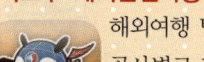

해외여행 팁, 위기상황별 대처 매뉴얼을 제공한다. 카드사, 항공사별로 전화번호가 잘 정리되어 있다.

아이폰 iOS (일부 앱은 미국 또는 캐나다 계정이 필요) / 안드로이드 폰 ▶

퀘벡 주에 가기 전 알고 가면 좋은 기본 프랑스어

퀘벡 주에서는 주로 불어를 사용하지만, 영어를 공용어로 사용하고 있어서 모든 안내문이나 메뉴 등이 불어와 영어로 쓰여 있다.

퀘벡 주에 사는 대부분의 사람들은 불어와 영어를 모두 사용할 수 있다. 하지만 간혹 불어만을 고집하는 사람을 만나거나 퀘벡시티를 여행할 경우에는 의외로 영어를 할 줄 모르는 사람도 만나게 된다. 안내문에 불어는 크게 영어는 작게 쓰여 있어, 영어가 쉽게 눈에 들어오지 않아 당황하는 경우도 있다. 어설프게나마 외국인이 한국말을 하면 우리도 신기하고 반갑듯이, 그들도 마찬가지다. 퀘벡 주에서 많이 쓰는 기본적인 불어 정도는 알고 간다면 도움이 될 것이다.

한국어	프랑스어	발음	영어
안녕하세요(아침, 낮 인사)	Bonjour	봉쥬-흐	Hello, Good day.
안녕하세요(저녁인사)	Bonsoir	봉쑤아-흐	Good evening.
안녕히 가세요.	Au revoir	오 흐부아-흐	Good bye.
좋은 하루 보내세요.	Bonne journée.	본 쥬-흐네	Have a good day.
정말 감사합니다.	Merci beaucoup	멕씨 보꾸	Thank you very much.
천만에요.	Je vous en prie	쥬 부정프리	You're welcome.
예 / 아니오 / 오케이	Oui / Non / D'accord	위 / 농 / 다코흐	Yes / No / Okay
부탁합니다.	s'il vous plaît	씰 부 쁠래	Please
실례합니다.	Pardon / excusez-moi	빠흐동 / 엑스뀌제 무아	Pardon me / Excuse me
미안합니다.	Je suis désolé(e)	쥬 쒸 데졸레	I'm sorry.
영어 할 줄 아십니까?	Pouvez-vous parler anglais?	뿌베-부 빠흘레 옹앙글레?	Can you speak English?
도와주시겠어요?	Pouvez-vous m'aider?	뿌베-부 메데?	Can you help me?

한국어	프랑스어	발음	영어
저는 불어 할 줄 모릅니다.	Je ne peux pas parler français.	쥬 느 뿌 빠 빠흘레 프랑쎄.	I can't speak French.
만나서 반갑습니다.	Enchanté(e) de faire votre connaissance (Enchanté남/Enchantée여)	엉셩떼 드 패-흐 보트흐 꼬내쓰.	Nice to meet you.
저는 한국 사람입니다.	Je suis Coréen(ne). (Coréen남/Coréenne여)	쥬 쒸이 꼬헤앵(앤).	I'm Korean.
이름이 무엇입니까?	Quel est votre nom?	껠 레 보트르 농?	What's your name?
제 이름은 주영입니다.	Je m'appelle Juyoung.	쥬 마뻴 주영.	My name is Juyoung.
어떻게 지내십니까?	Comment ça va?	꼬멍 싸 바?	How are you?
잘 지냅니다. 당신은요?	Bien, merci. Et vous?	비앵 메흐씨. 에 부?	I'm fine, thank you. And you?

한국어	프랑스어	발음	영어
커피 한잔주세요.	Un café, s'il vous plaît.	앵 꺄페 씰 부 쁠래.	A coffee, please.
포장해주세요.	Pour emportez	뿌흐 엉뽀흐떼	For take-out
(메뉴를 가리키며) 이것으로 하겠습니다.	Je prends ceci.	쥬 프헝 쓰씨	I'll have this.
이것은 무엇입니까?	Qu'est-ce que c'est?	께스끄 쎄	What is it?
얼마입니까?	C'est combien?	쎄 꽁비앙	How much is it?
계산서를 부탁합니다.	L'addition, s'il vous plaît.	라디씨옹 씰 부 쁠래	Bill, please.
잘 먹었습니다. 감사합니다.	C'était très bon. Merci.	쎄때 트헤 봉. 메흐씨	It was very good. Thanks.

한국어	프랑스어	발음	영어
여기가 어디입니까?	Où suis-je maintenant?	우 쒸 쥬 맹뜨넝?	Where am I?
이 지도에 표시해 주시겠어요?	Pouvez-vous marquer sur ce plan?	뿌베 부 마흐께 쒸흐 쓰 쁠렁?	Can you mark on this map?
화장실이 어디 있습니까?	Où sont les toilettes?	우 쏭 래 투알렛?	Where is the restroom?
벨리유캄역이 어디 있습니까?	Où est la gare de BERRI-UQAM?	우 엘 라 갸흐 드 벨리유 캄?	Where is the station Berri-UQAM?
여기서 사진을 찍어도 됩니까?	Je peux prendre une photo ici?	쥬 뿌 프헝드흐 윈 포또 이씨?	Can I take a picture here?
제 사진을 찍어주시겠어요?	Pouvez-vous prendre ma photo?	뿌베 부 프헝드흐 마 포또?	Can you take my picture?

한국어	프랑스어	발음	영어
입구	Entrée	엉트헤	Entrance
출구	Sortie	쏘흐띠	Exit
개점	Ouvert	우베흐	Open
폐점	Fermé	페흐메	Closed
당기시오	Tirez	띠헤	Pull
미시오	Poussez	뿌쎄	Push
거리	Rue	뤼	Street
광장	Place	쁠라쓰	Square
공원	Parc	빠흐끄	Park
도서관	Bibliothèque	비블리오떼끄	Library
박물관	Musee	뮈제	Museum
미술관	Musée d'art	뮈제 다-흐	Art Museum(gallery)
약국	Pharmacie	빠마씨	Pharmacy
식당	Restaurant	헤스또헝	Restaurant
슈퍼마켓	Supermarché	쉬뻬흐마흐셰	Supermarket
기차역	Gare	갸-흐	Train Station
지하철역	Station	스따씨옹	Subway Station

추천 어학연수 학교

메이저급 사설학교

★ILSC(International Language School of Canada)
- 홈페이지: http://www.ilsc.ca
- 캠퍼스: 밴쿠버, 토론토, 몬트리올

ILSC는 캐나다 최대 규모의 어학원 중 하나로 밴쿠버에만 5개의 캠퍼스가 운영되고 있다. 40여 개 이상의 다양한 과정을 제공하고 있어 인기가 높다. 특히, 각 학생이 프로그램 구분 없이 개인의 필요와 수준에 따라 시간과 내용을 자유롭게 편성할 수 있다. 그밖에 대학연계과정과 비즈니스, 테솔 과정이 좋은 반응을 얻고 있다.

★GV(Global Village)
- 홈페이지: http://www.gvenglish.com
- 캠퍼스: 밴쿠버, 토론토, 캘거리, 빅토리아

캐나다와 미국, 호주에 걸쳐 캠퍼스를 보유하고 있는 GV는 캐나다 최대 규모와 최고 시설을 자랑하며 메이저급 학교답게 체계적인 커리큘럼을 제공한다. 또한 매달 개인상담을 통해 꼼꼼하게 학생들을 관리하며 전문성과 경험을 겸비한 교사만을 채용하기 때문에 전세계 모든 센터에서 학생들의 만족도가 높게 나타나고 있다. 캠브리지 시험 준비, 비즈니스 과정이 인기가 많다.

★PGIC(Pacific Gateway International College)
- 홈페이지: http://www.pacificgateway.net
- 캠퍼스: 밴쿠버, 토론토, 빅토리아

PGIC는 토익 지정기관으로 레벨테스트를 모의토익으로 실시하고 있다. English only교칙으로 학교 내에서 영어만을 사용하게 하여 학생들로 하여금 영어로 생각하고 말하는 데 초점을 맞춘 교육기관이다. PGIC에서는 방과후 캐나다 사람들과의 프리토킹 시간이 무료로 제공되고 있으며, 파워스피킹 과정과 토익 과정이 매우 유명하다.

★EC(English Language Centres) - 구 LSC
· 홈페이지: http://www.ecenglish.com/learn-english-canada
· 캠퍼스: 밴쿠버, 토론토, 몬트리올

1962년에 설립된 캐나다 최초의 사립 어학원 EC(구 LSC)는 그 역사만큼이나 오래된 전통과 경험을 자랑하며 밴쿠버, 토론토, 몬트리올 세 곳에 캠퍼스를 두고 있다. 학생 개개인의 관리에 신경을 많이 쓰며, 경험이 풍부한 강사를 통해 수준 높고 체계적인 수업을 제공하고 있다. 특히 2개월간 담임제를 통해 교사와 학생의 관계를 밀접하게 하는 것이 특징이다. 캠브리지 시험 준비과정이 유명하며 남미와 유럽학생들의 비율이 높다.

★KGIC(King George International College)
· 홈페이지: http://www.kgic.ca
· 캠퍼스: 밴쿠버(랍슨, 써리), 빅토리아, 토론토, 핼리팩스

KGIC는 자체 개발한 교재를 가지고, 4개의 영역별로 개인수준에 맞춘 교육을 제공하고 있다. 타이트한 수업과 과제로 초급 학생들이 집중적으로 공부하기에 효과적인 학교이다. 특히, 인턴십과 비즈니스 과정이 강세이다. 캐나다 사설어학원 중 최대 규모의 기숙사를 운영하고 있다. 한국인 비율이 비교적 높은 편이지만, 한국인에게 가장 필요한 최적의 커리큘럼으로 수료 후 만족도가 높다.

★ILAC(International Language Academy of Canada)
· 홈페이지: http://www.ilac.com
· 캠퍼스: 밴쿠버, 토론토

ILAC는 여러 번 베스트 어학원으로 선정된 곳이다. 레벨이 세분화 되어 있어 자신의 수준에 적합한 수업을 들을 수 있다. 캠브리지시험준비 과정, 비즈니스 과정, 대학진학 과정, 테솔 과정, GMAP준비 과정 등 다양한 프로그램을 제공하고 있다.

중소 규모 사설학교

★WTC(Western Town College)-Toronto
· 홈페이지: http://www.westerntowncollege.com
· 캠퍼스: 토론토

테솔 과정으로 유명한 WTC는 토론토와 밴쿠버에 캠퍼스를 가지고 있었으나, 다른 재단이 밴쿠버 캠퍼스를 운영하면서 커리큘럼이 달라졌다. 토론토 캠퍼스에서는 대학연계과정 및 코업 과정이 인기가 많다.

★VEC(Vancouver English Centre)
· 홈페이지: http://www.vec.ca
· 캠퍼스 : 밴쿠버

체계적인 관리, 비교적 적은 한국인 비율과 저렴한 학비 등을 장점으로 꼽을 수 있다. 컴퓨터실에는 학생들이 토플, 비즈니스, 인턴십 과정, 발음, TOEIC과정 등을 준비하는 데 있어 필요한 최신 소프트웨어가 구비되어 있다.

★SGIC(St. George International College)
· 홈페이지: http://sgiccanada.com
· 캠퍼스: 밴쿠버, 토론토

비즈니스, 인턴십 과정으로 유명한 직업 전문학교로 실습 가능한 협력기관들이 많다. 단기 디플로마 프로그램, 테솔, 통번역 과정 등을 제공한다. 학생 기숙사를 운영하고 있다.

★VANWEST COLLEGE
· 홈페이지: http://www.vanwest.com
· 캠퍼스: 밴쿠버, 킬로나

VANWEST는 1988년에 설립된 전통 있는 어학원으로 캐나다에서 가장 인정받는 ESL 학교들 중 하나이다. 밴쿠버에서 유일하게 BULATS(Business Language Testing Service) 시험 과정 제공 및 시험센터로 지정되어 있으며 캠브리지 시험준비 커리큘럼을 통한 체계적인 프로그램으로 밴쿠버 최대 합격률을 보장한다.

★Omnicom School of Languages
· 홈페이지: http://www.omnicomstudy.com
· 캠퍼스: 토론토, 캘거리

1974년 토론토에 본교가 설립되어 30년 이상의 전통을 가진 학교로, 1997년에 캘거리에도 캠퍼스를 오픈하였다. 레벨에 따라 다양한 프로그램을 제공하고 있어 많은 학생들이 선호하는 학교이다.

★SOL Schools International (구 IH)
· 홈페이지: http://www.solschools.com
· 캠퍼스: 밴쿠버, 토론토, 캘거리

회화 중심의 수업으로 유명하다. 특히 오후 집중반은 소수로 이루어지기 때문에 가족적인 분위기에서 집중적으로 수업을 받을 수 있다. 다양한 액티비티 프로그램이 활발히 진행되고 있으며, 유럽학생 비율이 높은 어학원이다.

★Heartland International English School
- 홈페이지: http://www.heartlandenglish.com
- 캠퍼스: 위니펙

모든 강좌는 소규모 강의로 진행되며, 담당교사와의 상담을 통해 레벨간의 이동이 가능하다. 하트랜드의 강사진은 TESL 인증자격을 갖춘 것은 물론, 학사 및 석사 학위를 보유하는 등, 전문교육과정을 수료하였다.

★CORNERSTONE Academic College
- 홈페이지: http://www.cacenglish.com
- 캠퍼스: 밴쿠버, 토론토

초급에서 상급자까지 세세하게 레벨이 나누어진 CONERSTONE ESL프로그램은 생활 속에서 필요한 영어 커뮤니케이션 능력 향상을 주된 목적으로 커리큘럼이 짜여 있다. CORNERSTONE는 4주에 한 번씩 학생들로부터 강사평가서를 받아 강사의 질을 체크하고 관리한다.

★ESC(English School of Canada)
　·홈페이지: http://www.esc-toronto.com
　·캠퍼스: 토론토

ESC는 1999년 개교 이래 전 세계 40여 개국의 학생들이 함께 공부하고 있으며, 캐나다 정부에서 인정하고 있는 Languages Canada에 속해 있어 안심하고 선택할 수 있는 학교이다. 캐나다의 유명대학들로 진학하는 College Transfer Program이 유명하다.

★LLI(London Language Institute)
　·홈페이지: http://www.llinstitute.com
　·캠퍼스: 런던

온타리오주의 작은 도시 런던에서 양질의 영어 교육을 받을 수 있는 어학원이다. 낮은 레벨에서는 듣기와 발음 연습에 중점을 두고 있으며, 비즈니스, 토플, 테솔 과정이 운영되고 있다.

★CLLC(Canadian Language Learning College)
　·홈페이지: http://cllc.ca
　·캠퍼스: 핼리팩스(듀크, 시타델), 토론토, 오타와

핼리팩스에 메인 캠퍼스를 가지고 있는 CLLC는 다양한 액티비티 활동과 체계적인 수업으로 학생들에게 좋은 평가를 받고 있다. 소규모의 가족적인 분위기이며, 선생님들이 수업에 적극적으로 참여하여 밝고 활기찬 분위기의 학교이다. 대학진학 과정을 운영하고 있다.

★ILI(International Language Institute)
  · 홈페이지: http://ili.ca
  · 캠퍼스: 핼리팩스

1983년에 개교한 ILI는 노바스코샤주에서 가장 오래된 어학원이다. 토플, 캠브리지시험, 아이엘츠 시험센터이며, 영국의 RSA와 캠브리지대학이 보증하는 교사연수원이기도 하다.

주요 대학부설
★UVIC(The University of Victoria) ELC(English Language Centre)
  · 홈페이지: http://www.uvcs.uvic.ca/elc
  · 캠퍼스: 빅토리아

매월 초에 집중과정이 개강하며 무료 액티비티 및 Study zone에서의 무료수업도 제공된다. 또한 학교에는 캐나다인으로 구성된 문화 도우미가 있어 매달 다양한 행사에 참여할 수 있다.

★UBC(The University of British Columbia) English Language Institute
  · 홈페이지: http://www.eli.ubc.ca
  · 캠퍼스: 밴쿠버

캐나다 명문대 중 하나인 UBC 부설어학센터로, 밴쿠버 캠퍼스에서는 1969년에 ESL 전문과정을 개설하여 현재까지 운영하고 있다. 어학센터 내에서는 영어만 사용해야 한다. 캐나다 학생과의 활동이 제공되며, 동창회도 운영된다. UBC 본과 진학을 희망하는 학생뿐 아니라 영어연수만을 목적으로 하는 학생들도 집중 영어 프로그램을 수강할 수 있다.

★SFU(Simon Fraser University) ELC(English Language and Culture)
  · 홈페이지: http://www.sfu.ca/elc.html
  · 캠퍼스: 밴쿠버

버나비에 메인 캠퍼스와 밴쿠버 다운타운에 하버센터 캠퍼스를 운영하고 있다. 풀타임 일반영어과정과 아이엘츠 시험준비과정을 제공하고 있으며, 프리미엄 영어과정에서는 매주 금요일마다 비즈니스 회화, 영화로 배우는 문화,

문법, 아이엘츠 과정 등을 제공한다.

★University of Toronto English Language Program
· 홈페이지: http://english.learn.utoronto.ca
· 캠퍼스: 토론토

캐나다 최고 대학교인 토론토 대학교의 부설영어센터에서는 토론토 대학교 진학준비뿐 아니라 캐나다 내 다른 대학교 진학에 필요한 영어 실력을 향상할 수 있는 아카데믹한 과정을 제공한다. 또한 비즈니스 영어, 영어교사 과정 등의 특별 과정도 개설되어 있다. 말하기와 듣기 능력을 단기간에 향상시킬 수 있는 3주 집중과정도 있다.

★MacGill University Languages
· 홈페이지: http://www.mcgill.ca/conted/langprg
· 캠퍼스: 몬트리올

맥길 대학교는 토론토 대학교와 함께 세계적인 명문대학교 중 하나이다. 몬트리올 중심에 위치하고 있어 다운타운의 문화를 즐기면서 연수를 할 수 있다. 60개국에서 온 천 명 이상의 학생들이 연수를 하고 있다. 정규 영어과정 시작은 겨울, 여름, 가을 학기별로 두 번 가능하며, 정규수업 후에는 발음교정반도 운영되고 있다.

★University of Manitoba ELSIP(English Language Studies and International Program)
· 홈페이지: http://umanitoba.ca/coned/english
· 캠퍼스: 위니펙

매니토바 주의 주도 위니펙에 위치한 매니토바 대학교는 다운타운에서는 조금 떨어져 있지만 학교 주변으로 레드강이 흐르고 있어 경관이 아름답고 캠퍼스가 넓다. 매니토바 대학부설 어학센터에서는 집중영어과정, 토플, 아이엘츠, 토익 등 각종 시험준비 과정, 대학진학준비 영어과정 등 다양한 과정이 제공된다.

과정 \ 지역	TESL	유/무급 인턴쉽	비즈니스	통번역	대학 진학 과정	캠브리지	TOEFL /IELTS
밴쿠버	ILAC	SGIC	PGIC	SGIC	ILAC	PLI	SGIC
	ILSC	PLI	PLI	WTC	GV	GV	PLI
	KGIC	ILAC	ILSC	KGIC	KGIC	EC	ILAC
	IH	IH	WTC		ILSC	ILSC	GV
	GV	PGIC	KGIC		ILAC	ILAC	WTC
		WTC	SGIC			SOL	SOL
		ILSC	SOL				EC
		KGIC					
		SOL					
		GV					
토론토	ILAC	SGIC	ILSC	SGIC, WTC,	ESC	PLI	SGIC
	SOL	PLI	PGIC	KGIC	ILAC	GV	PLI
	ILSC	ILAC	WTC		GV	EC	ILAC
	KGIC	PGIC	KGIC		KGIC	ILSC	WTC
	ILAC	TC	SGIC		ILSC	ILAC	SOL
		ILSC	SOL			SOL	GV
		KGIC					EC
		SOL					
		GV					
		EC					
캘거리	SOL	GV	GV		GV	GV	SOL
		SOL	SOL			SOL	
빅토리아	KGIC	GV	KGIC	KGIC	GV	GV	GV
					KGIC		
몬트리올	ILSC	ILSC	ILSC		ILSC	EC	
			ALI			ILSC	
할리팩스	KGIC	KGIC	CLLC	KGIC	ECSL		
			ECSL		ILI		

337

캐나다에서 대학교 진학

캐나다에도 토론토대학교(University of Toronto), 맥길대학교(McGill University), UBC(University of British Columbia) 등 세계적으로 유명한 대학교들이 많이 있다. 또한 캐나다의 직업전문 기술학교들은 철저한 교육과 실습을 통해 높은 취업률을 자랑하며 세계적으로도 좋은 평가를 받고 있다.

캐나다의 대학교는 매년 9월에 학기가 시작한다. 겨울방학은 2주 정도로 짧지만 여름방학은 기말고사가 끝나고 5월부터 시작해 약 4개월 정도로 무척 길다. 일반적으로 9월 개강일을 기준으로 1~2월까지 입학지원서를 받으며, 5월 안에 입학심사 결과가 나온다. 합격이 되면 가능한 빨리 등록을 하고 학생비자를 신청해야 한다. 대학교에 따라 5월과 1월에 입학을 받기도 하며, 컬리지의 경우에는 1년에 여러 번 개강일을 제공하기도 한다.

★캐나다의 대학교

캐나다 대학교는 크게 세 가지로 분류할 수 있다.

① University

캐나다에는 약 100여 개의 대학교가 있다. 그 중 800개 이상의 학위과정을 제공하는 큰 규모의 대학교도 있고, 전체 학부생이 약 100명 정도인 작은 대학교도 있다. 학부과정(Undergraduate program)인 3~4년 학사 학위(Bachelor degree), 2년 준학사 학위(Associate Degree)와 대학원과정(Postgraduate program)인 석사(Master degree), 박사 학위(Doctor degree) 과정을 제공한다. 대부분의 대학교는 다양한 학문 분야를 가르치고 있으며, 미술 및 디자인과 같이 특정 분야를 전문적으로 가르치는 대학교도 있다.

② College

실무 위주의 교육 전문 기관으로, Institution, Technical college, CEGEPS(퀘백 주), Regional college, Community college, University college라고도 불린다. 1년 미만의 단기 수료(Certificate) 과정에서부터 1~3년 디플로마(Diploma) 학

위 과정을 제공하며, 2년 준학사 학위(Associate Degree)와 학사 학위(Bachelor degree) 과정을 제공하기도 한다. 다양한 분야에서 현장 실무 학습에 중심을 두고 교육한다. 많은 컬리지들이 대학교와 연계가 되어 있어 컬리지에서의 학점을 인정받아 대학교 입학도 가능하다.

③ Career College

Vocational 또는 Technical school이라고도 불리며, 정부 지원 없이 사립으로 운영되는 교육기관이다. 견습 제도나 대학교 진학 프로그램을 포함하여, 주로 직업에 초점을 맞춘 훈련을 제공한다. 대부분 1년 미만의 단기 과정으로 제공되지만, 짧게는 3개월 과정에서부터 길게는 1~2년 과정도 있다. 미용, IT, 멀티미디어, 요리, 관광/호텔/서비스, 의료서비스(치위생사, 간호사), 자동차 정비 등 특화된 다양한 과정을 제공한다. 대부분의 과정들은 교육기간 중에 인턴십이나 산업현장 실습을 포함하고 있다.

★입학 조건

대학교 입학자격은 학교나 전공에 따라 차이가 있지만 일반적으로는 영어점수, 고등학교 졸업 이상의 학력과 성적 등이 요구된다. 디자인이나 예술계열 등 특별한 전공의 경우에는 포트폴리오나 인터뷰를 요구하기도 하며, 엔지니어 등의 일부 전공은 수학, 과학 등 필수적으로 이수해야 하는 과목이 있다. 또한 일부 대학교에서는 학업계획서나 추천서 등을 요구하기도 한다. 입학을 희망하는 학교, 학과의 입학조건을 정확히 파악하고 그에 맞게 준비하는 것이 중요하다.

① 영어점수

영어실력 평가를 위해 TOEFL이나 IELTS 등의 공인된 영어시험 점수를 제출해야 한다. 요구되는 영어점수는 학교에 따라 전공이나 학위 과정에 따라 조금씩 차이가 있지만 일반적으로 컬리지의 경우 TOEFL IBT 80-90, IELTS Academic 6.0(각 항목5.5 이상), 대학교 학사과정에서는 TOEFL IBT 90-100, IELTS Academic 6.5(각 항목6 이상)를 요구한다. 대학부설이나 연계된 사설 어학교에서 ESL 과정을 통해 적정 레벨을 이수하거나 캐나다를 비롯해 기타 영어권 학교에서 풀타임으로 2~4년 이상 영어로 학업을 한 경우 영어점수를 면제받기도 한다.

② 학력

고등학교 졸업 이상의 학력을 요구한다. 전문대 졸업 이상의 학력을 가지고 동일계열의 학과로 입학을 희망하는 경우 학점을 인정받아 2, 3학년으로 편입학 할 수도 있다.

③ 성적

컬리지 입학의 경우에는 고등학교 때 성적이 큰 영향을 미치지 않지만, 대학교 입학 시에는 고등학교 때 성적, 특히 2~3학년 때 성적이 큰 비중을 차지한다. 입학 가능한 성적은 대학교의 인지도에 따라 차이가 있지만, 보통 상위권 대학교의 경우 85~90% 이상의 성적이 요구한다.

유용한 사이트

- **CICIC (Canadian Information Centre for International Credentials)**
  http://www.cicic.ca
  캐나다에 있는 대학교, 컬리지, 초중고등학교의 정보 및 캐나다 대학교에 입학하기 위해 필요한 정보들을 제공한다. 학위 등의 자격을 평가하는 기관이기도 하다.

- **Education in Canada**
  http://www.educationau-incanada.ca
  캐나다에서 공부하고자 하는 과정별로 학교 검색을 할 수 있으며, 선택한 학교에서 학업을 할 경우, 학비 생활비 등 대략적인 비용도 계산해 볼 수 있다. 캐나다에서 공부하기 위해 필요한 비자 정보, 캐나다 생활정보 등도 제공한다.

- **Imagine Canada (한글)**
  http://www.imaginecanada.ca
  캐나다 유학정보 및 학교 정보를 제공하며 주한캐나다대사관 주최로 매년 열리는 캐나다 유학박람회 정보도 제공한다.

- **Study in Canada 유학생을 위한 네트워크**
  http://www.studyincanada.kr
  캐나다에 있는 영어연수학교부터 중고등학교, 대학교 정보를 이름별, 지역별로 검색할 수 있으며, 그 외 캐나다 교육에 대한 기본 정보를 제공하고 있다.

체험기

어학연수와 워홀 경험을 동시에

박보영 / 워킹홀리데이비자 / 6개월 어학연수 및 서브웨이 취업 / 밴쿠버 체류

저는 밴쿠버에서 어학연수로 6개월, 아르바이트로 6개월을 보냈습니다. 워홀러로는 꽤 오래 어학연수를 받은 터라 좋은 점도 있었지만, 순간순간 후회가 드는 적도 있었습니다. 아르바이트를 하고 싶어 이력서를 한번 돌렸었는데 그땐 수업시간 때문에 일자리가 구해지지 않았거든요. 하지만 학원에서 다양한 사람들과 만나 친구가 됐고, 또 그런 시간들이 있었기 때문에 캐나다 생활에 빨리 적응할 수 있었던 것 같습니다.

어학연수 기간이 끝나고는 바로 아르바이트를 시작했습니다. 서브웨이에서 샌드위치를 만드는 일이었습니다.

손님들이 '메이요'라고 하는데, 처음에는 알아듣지 못했습니다. 알고 보니 '메이요'는 마요네즈를 말한 거였습니다. 수업에서 쓰는 영어와 실생활 영어의 차이를 실감한 순간이었습니다.

일을 하면서도 동료들이 여러 가지로 많이 도와줬습니다. 특히 한국인이었던 Amelia 언니는 제가 잘 모르는 단어라든지 문장에서의 단어의 뉘앙스 같은 것들을 친절하게 알려주었고, 필리핀계 캐나다인 친구는 제게 단어와 틀린 문장을 고쳐주기도 했고, 그 동안 몰랐던 관광지나 밴쿠버의 패션, 유행하는 브랜드, 유명 레스토랑 등 많은 것들을 알려주었습니다. 이런 친구들 덕분에 캐나다의 많은 것들을 직접 체험하면서 제가 밴쿠버 시민이 된 것 같았습니다.

Shy boy에서 Crazy boy로 불리기까지

김동우 / 관광비자 / 6개월 어학연수 / 밴쿠버 체류

캐나다에서의 첫 수업 시간, 저는 거의 입을 떼지 못했습니다. 그때 선생님께서는 "괜찮다", "대부분의 Korean 학생들은 Shy boy"라며 "용기를 내라"고 하셨습니다. 하지만 전 그 말에 마음이 놓이는 것이 아니라 오히려 화가 났고 오기가 생겼습니다. 난 Shy boy가 아닌데…… 그 후 한 달간의 슬럼프를 보내면서 마음을 먹었습니다. "그냥 말을 많이 하자. 여기 있는 사람들은 날 잘 모르니 다른 사람이 되자"라고요. 그 후로 선생님은 Shy boy라는 제 별명을 Crazy boy라는 별명으로 바꿔 부르기 시작했습니다. 영어를 쓸 수 있는 환경에 노출되도록 끊임없이 노력했으며, 외국인 친구들과의 활발한 교외 활동이나 홈스테이 가족들과의 돈독한 관계 형성도 영어 실력을 향상시켰습니다. 슬럼프가 왔을 때 수업 시간표를 대폭 조정해보는 것도 하나의 방법인 것 같습니다.

아르바이트 경력과 취미를 살린 워홀러

김별아 / 워킹홀리데이비자 / 네일아트샵 취업 / 밴쿠버 체류

캐나다에 도착해 은행계좌를 개설하고 집을 구해 놓으니 어느 정도 자리가 잡힌 듯 했습니다. 이젠 일자리를 구할 차례였습니다. 취미 삼아 시작했던 네일아트로 한국에서 아르바이트 경험이 있었고, 호주 연수 경험 덕분에 영어도 제법 할 수 있었지만 생각만큼 빨리 일자리를 구하지는 못했습니다. 그러다 다행히 인터뷰 기회를 얻게 됐고, 네일아트 경력과 관련된 질문이 끝나자 직접 네일아트를 테스트하는 기술면접으로 이어졌습니다. 그리고 그 곳에서 일을 시작했습니다. 어떤 일자리든 마찬가지겠지만 즐거운 일만 기다리고 있는 것은 아니었습니다. 저와 웃으며 이야기했던 손님이 막상 제 상사에게는 저에 대해 좋지 않은 평가를 했을 때나 손님에게 보잘 것 없는 팁을 받았을 때는 마음이 상하기도 했습니다. 하지만 캐나다에서 살며 만나게 된 사람들과 어울리고, 또 일하면서 배운 경험들은 모두 저의 소중한 추억이 되었습니다.

Beginner에서 Advanced 레벨까지…… 영어에 미쳐라

정유진 / 학생비자 / 1년 어학연수 / 몬트리올 체류

저는 영어가 정말 어려웠습니다. 대부분의 한국 학생들은 초, 중급 레벨반에 배정되는데 저는 가장 낮은 레벨인 시작반(beginner)부터 들었을 정도니까요. 그래서 "이번 연수 생활은 나의 처음이자 마지막인 해외 생활이다!"라고 생각하며 "이번 1년은 정말 영어만 생각하고 살자!"고 마음먹었습니다. 한국인들을 만나도 한국말을 하지 않고 영어만을 썼으며 가장 친한 친구들도 일본 사람들을 사귀었습니다. 제가 한국말을 쓰지 않자 많은 분들이 저를 일본인으로 착각할 정도였습니다. 한국인 친구를 사귀어도 양해를 구하고 같이 영어 공부를 하자고 권했습니다.

Beginner 레벨이라는 것이 창피하긴 했지만, 대신 한국 사람들이 정말 적었기에 외국인 친구들을 사귀기에는 좋은 반이었습니다. 또한 기초부터 차근차근 배우기에도 좋았습니다. 저는 총 10개월 동안 3개월 소규모 학교, 3개월 대규모학교, 3개월 대학부설공부를 했습니다. 마지막 한 달은 처음에 갔던 소규모 학교로 다시 돌아갔고 소수 인원으로 speaking이 중심이 되는 공부를 했습니다. 학교를 이동할 때마다 레벨 업을 해서 마지막 사설 어학원 한 달은 advanced 레벨을 들었습니다

숙소는 홈스테이를 했으며 그때 당시 좋은 분을 만나서 캐나다에 있는 기간 동안 내내 홈스테이를 하게 되었습니다. 홈스테이 어머니는 저에게 있어서 또 한 분의 영어 선생님이었으며, 모르는 게 있으면 언제든지 홈스테이 어머니에게 물어봤습니다. 그 분은 항상 친절하게 도움을 주셨습니다.

처음에 캐나다 땅을 밟았을 때 홈스테이 가족들과 이야기 할 때는 단어로만 얘기하던 제가 마지막 홈스테이를 나올 때는 모든 말을 알아듣고 대답하는 모습을 보고 홈스테이 가족 분들이 정말 다 놀랬습니다.

처음에는 그렇게나 싫었던 영어가 이제는 더욱 잘 하고 싶어졌고, 외국인만 보면 다가가게 됐습니다. 한국에 돌아와서는 영어를 사용하는 직장을 구하고 싶어 지금은 영어를 써야만 하는 직종에서 일을 하며 꾸준히 영어를 쓰고 있습니다.

내 인생을 바꾸는
NEW 캐나다에서 홀로서기

초판 1쇄 발행 2014년 3월 26일
초판 2쇄 발행 2016년 10월 24일

지은이 이주영, 한용석
감수자 Jeeho Kim, 유유현

펴낸이 김영철
펴낸곳 국민출판사
등록 제6-0515호
주소 서울시 마포구 동교로 12길 41-13 (서교동)
전화 (02) 322-2434 (대표)
팩스 (02) 322-2083
블로그 http://blog.naver.com/sunhanpub
홈페이지 www.kukminpub.com

주간 양영광
편집 이예지, 김수경
디자인 블루
영업 김종헌
경영 지원 한정숙

ⓒ 이주영 한용석, 2014

ISBN 978-89-8165-243-2 13890

* 이 책은 저작권법에 따라 보호받는 저작물이므로 무단전재와 무단복제를 금지하며,
  이 책의 전부 또는 일부를 이용하려면 국민출판사의 서면 동의를 받아야 합니다.

* 잘못된 책은 구입한 서점에서 교환하여 드립니다.

St. John's (세인트존스)

Halifax(핼리팩스)
Fredericton(프레더릭턴)
Prince Edward Island

London(런던)
Quebec(퀘벡시티)
Montreal(몬트리올)
Ottawa(오타와)
Toronto(토론토)

Newfoundland
Quebec
Ontario

Iqaluit(이칼루이트)

Nunavut

Yellowknife(옐로우나이프)
Manitoba

Winnipeg(위니펙)

Northwest Territories
Saskatchewan

Edmonton(에드먼턴)
Calgary(캘거리)
Regina(리자이나)
Alberta

Yukon Territory
Whitehorse(화이트호스)

British Columbia

Whistler(휘슬러)
Vancouver(밴쿠버)
Victoria(빅토리아)

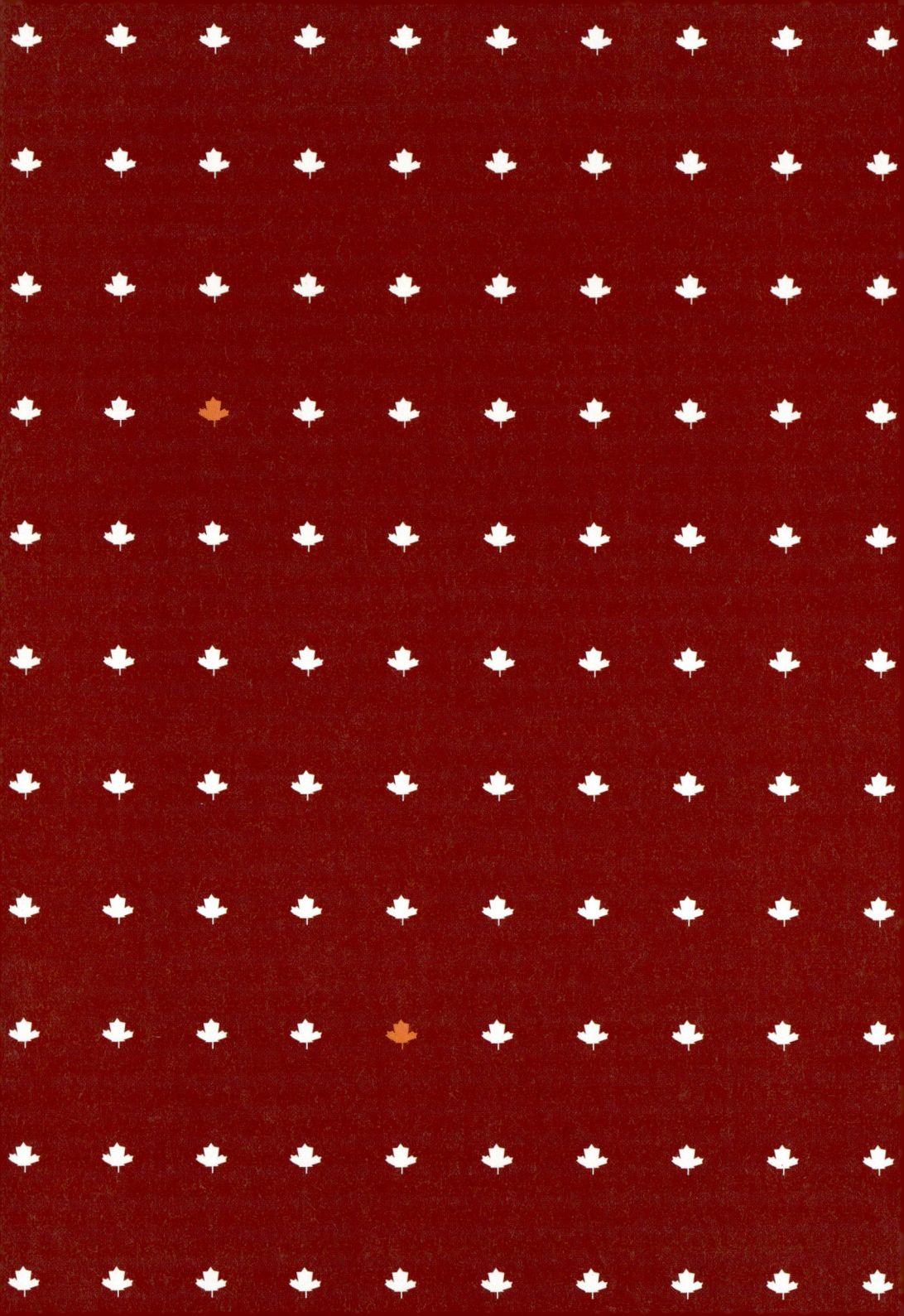